존 버니언(John Bunyan, 1628. 11. 28.–1688. 8. 31.)

영국 베드퍼드셔의 엘스토우에서 태어났으며, 집안 형편이 어려워 정규교육은 조금밖에 받지 못했다. 스물한 살에 신앙심 깊은 여인과 결혼했는데, 아내는 결혼지참금 대신 아서 덴트의 《평범한 자가 하늘에 이르는 길》(*The Plain Man's Pathway to Heaven*)과 루이스 베일리의 《경건의 실천》(*The Practice of Piety*)을 가져왔고, 버니언은 이 두 책에 이끌려 신앙 생활을 하게 되었다. 25세 되던 해에 세례를 받고 1655년 전도사가 되어 설교 활동을 시작했다. 1660년, 영국국교회의 가르침에 어긋나는 예배를 집행했다는 죄목으로 기소된 뒤 같은 죄를 저지르지 않겠다는 서약을 거부하여 12년간 수감 생활을 했다. 찰스 2세의 비국교도에 대한 관용선언 이후 석방되었다가 다시 시작된 박해 때문에 두 번째로 투옥되어 6개월 형을 살고 출소했다. 이후에도 영국 전역을 돌아다니며 전도를 했으며, 설교하러 가던 중 심하게 비를 맞아 고열에 시달리다 숨을 거두었다.

대표작 《천로역정》(1678)을 비롯하여 《죄인의 괴수에게 넘치는 은혜》(*Grace Abounding to the Chief of Sinners*, 1666), 《악인의 삶과 죽음》(*The Life and Death of Mr. Badman*, 1680), 《거룩한 전쟁》(*The Holy War*, 1682), 《속 천로역정》(*The Pilgrim's Progress, Second Part*, 1684), 《소년 소녀를 위한 책》(*A Book for Boys and Girls*, 1686) 등을 저술했다.

천로역정
The Pilgrim's Progress

<u>지은이</u> 존 버니언
<u>옮긴이</u> 김미정
<u>펴낸곳</u> 주식회사 홍성사
<u>펴낸이</u> 정애주
국효숙 김의연 김준표 박혜란 송승호 오민택 오형탁
이현주 임영주 주예경 차길환 최선경 허은

2007. 12. 27. 양장 1쇄 발행 2011. 9. 9. 양장 3쇄 발행
2019. 12. 20. 무선 1쇄 인쇄 2019. 12. 24. 무선 1쇄 발행

<u>등록번호</u> 제1-499호 1977. 8. 1.
<u>주소</u> (04084) 서울시 마포구 양화진4길 3 <u>전화</u> 02) 333-5161 <u>팩스</u> 02) 333-5165
<u>홈페이지</u> hongsungsa.com <u>이메일</u> hsbooks@hongsungsa.com
<u>페이스북</u> facebook.com/hongsungsa <u>양화진책방</u> 02) 333-5163

The Pilgrim's Progress
Original Copyright ⓒ 1678 John Bunyan
This edition Copyright ⓒ 2005 Christian Focus Publications

Originally Published in English under the title THE PILGRIM'S PROGRESS
published by Christian Focus Publications, Geanies House, Fearn, Ross-shire, IV20 1TW UK
All rights reserved.

ⓒ 홍성사, 2007

ISBN 978-89-365-1394-8 (03230)

천로역정
The Pilgrim's Progress

존 버니언 지음

김미정 옮김

홍성사.

꿈에 빗대어 전하는,

현세에서 내세로 떠나는 순례

이 책을 드립니다

_____

_____

_____

이 책에서 권면하는 충고를 따른다면
당신은 영적 순례자가 될 것입니다.

차례

편집자의 말 ·· 8

이 책에 대한 작가의 변명 ·· 14

멸망의 도시 ·· 19

좁은 문 ··· 39

아름다움이라는 궁전 ··· 53

아볼루온 ·· 75

믿음 ·· 87

허영의 시장 ··· 111

절망의 거인 ··· 125

기쁨의 산 ·· 149

하늘의 성으로 가는 큰길 ······································· 155

하늘의 성 ·· 185

꿈 이야기를 마치며 ·· 199

존 버니언의 일생 ··· 200

버니언을 찾아 떠나는 여행 ···································· 203

존 버니언 연표 ·· 206

자세히 알아보기 ·· 209

《천로역정》에 대한 명인들의 한마디 ······················· 220

등장인물과 장소 ·· 222

존 버니언의 생가, 엘스토우

편집자의 말

왜 《천로역정》이 인기가 있을까요?

《천로역정》은 어떤 평가를 받고 있을까요? 이 책은 여러 세대에 걸쳐 전해 내려오는 가족용 양서임에 분명합니다. 이 책은 셀 수 없이 많은 편집을 통해 다양한 형태로 발간되었고, 그 원문은 아직도 그리스도인들을 위한 위대한 고전 중의 하나로 손꼽히고 있습니다. 《천로역정》은 시적인 정취와 모험, 생생한 구성뿐만 아니라 인간에 대한 심오한 영적 통찰, 그리스도인으로서의 발자취, 구원받지 못한 죄인과 용서받은 신도(信徒) 모두의 구원과 영원한 목적지에 관한 내용으로 오늘날까지도 널리 사랑받고 있습니다.

존 버니언의 책이 오늘날까지 읽히고 있는 이유는 무엇일까요? 그것은 이 이야기가 사람들에게 쉽고도 널리 다가갈 수 있기 때문일 것입니다. 몇 살이냐, 어떤 인생을 사느냐 또는 그리스도인으로서 어떤 행보를 걷고 있느냐를 떠나, 독자들은 이 책에서 무언가를 얻게 되고 그 이야기를 즐기면서 생각에 잠기게 됩니다.

만약 신나는 읽을거리를 찾고 있다면《천로역정》만 한 것이 없습니다. 쇠사슬에 묶여 있지만 등골을 오싹하게 만드는 사자도 나오고, 결국 속임수에 걸려드는 섬뜩한 거인도 나오며, 하나님께서 말씀으로 크리스천을 위로해 주시자 아침 햇살에 사라져 버리는 피물 이야기도 나옵니다.

우리도 '크리스천'이 겪은 이 모든 경험을 겪게 될지 모릅니다. 어둠을 두려워하는 아이나 죽음을 두려워하는 남녀가 사망의 음침한 골짜기를 지나가게 될지도 모르죠. 자신의 미래를 걱정하던 어떤 남자가 크리스천과 그의 동료 순례자들이 순례길에서 겪은 유혹을 만날 수도 있습니다. 인생을 살다 보면, 쉽지만 부정직한 길을 택할 수도 있습니다.

우리는 매일 이 책에 나오는 크리스천처럼 싸우고 있습니다.
'그냥 돈이나 받고 눈감아 줄까?'
'친구들이 모두 나를 놀리는데 예수님을 믿어야 하나?'
'이런 멍청한 실수를 또다시 하지 않으면 얼마나 좋을까?'

세상현인, 무신론자, 무지…… 나이와 상관없이 그리스도인들은 이 등장인물들을 자세히 관찰함으로써 주변 사람들, 동료, 심지어 가족까지 다시 인식하게 될 것입니다.

《천로역정》을 읽는 동안 우리는, 크리스천과 다른 순례자들이 똑같은 문제를 겪는 모습을 보게 될 것입니다. 이야기 속에서 그들이 자신들 앞에 놓인 문제를 해결하는 모습을 지켜볼 수 있으며 다른 길로 접어드는 바람에 고초를 겪지만 결국 성공하게 되는 모습도 지켜보게 됩니다.

《천로역정》은 꿈이 빚어낸 이야기로 버세운 우화적인 작품이지만, 매우 사실적입니다. 크리스천은 위험에서 벗어나고 많은 어려움으로부터 기적적으로 구원받습니다. 또다시 어려움을 겪게 되지만 이를 이겨 버기도 하고, 때론 실수하는 바람에 고통받기도 합니다. 우리도 이런 어려움을 겪을 수 있습니다. 버니언의 작품은 환상적, 우화적, 사실적인 요소를 두루 갖추고 있습니다. 《천로역정》은 강력한 성경의 메시지를 강조하며 깊은 영적 교훈을 전해 줍니다. 성경의 어느 부분을 참고했는지도 본문에 명시되어 있습니다.

《천로역정》이 처음 발간되었을 때는 구두점이 통일되어 있지 않았습니다. 그래서 이 책에서는 원전에 있는 어휘를 최대한 살리면서도 읽기 편하도록 약간 편집했습니다. 따옴표를 삽입했으며 필요한 경우 설명 문구를 덧붙여 누가 말하는 것인지 독자들이 분명히 알 수 있도록 했습니다. 하지만 원문의 버용에는 조금도 손대지 않았습니다.

가족과 함께 이 책을 활용하는 법

《천로역정》은 가족들이 함께하는 시간에 읽거나, 한적한 오후에 비디오나 DVD를 보는 대신 읽어도 좋습니다. 지루한 저녁 시간에 아이들과 차분하게 하루를 정리하며 읽기에도 참 좋습니다. 텔레비전 드라마만 너무 많이 보지 마세요.

《천로역정》을 읽는 것은 소설 속에 감추어진 암호를 풀어버는 것 같습니다. 바로 이런 이유로 아이들도 이 책을 좋아합니다. 모험, 미스터리, 퍼즐이 이 책 한 권에 모두 담겨 있습니다.

이 책은 장별로 끊어 읽기에 좋습니다. 보다시피 여러 장으로 나뉘어 있고, 각각의 장은 또다시 세부적으로 나뉘어 있습니다. 그래서 시간 날 때마다 짬짬이 읽으면 됩니다. 등장인물이 언제 등장했다가 퇴장하는지 잘 살펴보세요. 이 점을 눈여겨 보면 어디쯤에서 책 읽기를 잠시 멈출지 결정할 수 있습니다.

이 책을 실제 모험담이라고 생각하고 읽어도 좋습니다. 더 나아가, 이 책에서 최대한 많은 교훈을 얻어 즉각 실천하고 싶다면, 해당하는 성경 구절을 한두 개씩 찾아보고 여러분의 삶에 적용시켜 보세요. 만일 함께 이야기 나눌 기회가 있다면 아래와 같은 질문을 던져 보는 것도 좋습니다.

† 여러분의 삶에서 이 책의 등장인물과 비슷한 사람이 있습니까?

† 이 책에 나오는 인물과 유사한 반론을 제기하는 사람을 알고 있습니까?

† 가끔 자신이 이 책의 등장인물처럼 행동하지는 않습니까?

† 나의 이런 행동을 보고 하나님은 뭐라고 하실까요?

† 당신은 주인공 크리스천처럼 실패하고 승리한 적이 있습니까?

† 순례자의 동행자들 중 순례자와 다르게 말하고 행동하는 사람이 있다면, 좀더 자세히 살펴보십시오. 누가 옳습니까? 누가 하나님의 길을 따르고 있습니까?

† 이 책을 다 읽은 다음, 크리스천·믿음·소망 등의 주요 등장인물에 대해 생각해 보십시오. 이들은 자기 이름에 걸맞게 살았습니까?

어휘와 글귀

《천로역정》을 읽어 줄 때는 감정을 듬뿍 실어 읽어 주십시오. 내용이 흥미진진하면, 읽어 줄 때도 신나게 읽어 주세요. 크리스천이 절체절명의 위기에 빠지면, 무서움에 질린 듯 읽어 주세요. 그리고 크리스천이 위대한 승리를 거두게 되면, 그 벅찬 기쁨이 묻어나도록 읽어 주세요. 이런 식으로 책을 읽어 준다면 이야기의 흐름에 따라 다른 시대, 다른 세계로 인도될 것입니다. 여러분이 읽어 주는 소리를 듣는 사람들은 이 책을 더 잘 이해하게 될 것입니다. 그러면 크리스천과 소망이 그런 상황에 처하여 하는 말들이 자연스럽게 보일 것이고, 이들은 갑옷으로 무장을 하고 극악무도한 대적들과 싸우게 됩니다. 이런 장면에서 신도들의 말을 쇼핑을 마치고 백화점에서 막 나온 사람들의 대화처럼 읽어 준다면 잘 어울리지 않겠지요.

어린이들이 고전 작품 문체에 익숙해지면 문체뿐만 아니라 서정적인 아름다움, 성경의 진실함까지 마음속 가득히 간직하게 됩니다. 이 책을 어린이들에게 읽어 주고 싶다면, 여러분이 읽어 주고 싶은 곳을 하루 전쯤 먼저 읽어 두십시오. 한 번에 처음부터 끝까지 모두 다 읽어 줄 필요는 없습니다. 책을 대충 몇 부분으로 나눈 다음, 가족이나 듣는 사람들이 즐길 수 있을 만큼만 읽어 주십시오.

또 이를 통해 더 많은 즐거움을 얻을 수 있는 방법도 있습니다. 책을 읽는 동안, 이야기 속에 나오는 장소들을 죽 적어 놓고 크리스천과 동료 순례자들이 지나간 상상의 여정을 따라 지도를 그려 보는 것입니다. 가족과 함께 그려도 좋습니다. 이 여정은 하늘의 성으로 향하는 길입니다. 크리스천이 방문했던 여러 장소들은 모두 그리스도인들에게 매우 중요한 의미를 지니고 있습니다. 낙담의 수렁과 고난의 언덕을 직접 경험해 보지 못한 신자들은 없습니다. 이 두 곳은 우리가 매일 살아가면서 겪고 있는 고난과 어려움을 상징하니까요.

시간이 허락된다면, 게임이나 연극으로 이 이야기를 재현해 볼 수도 있습니다. 아이들에게 고난의 언덕을 직접 오르는 것처럼 연기를 시키거나 마음대로 이야기를 꾸며 보라고 해도 좋습니다. 이 책에 삽입된 19세기의 뛰어난 석판화 작품을 유심히 살펴보고 화가가 장면과 등장인물을 어떻게 그려 냈는지도 이야기해 보십시오. 또 이 석판화들을 잘 살펴 보십시오. 등장인물이나 장소에 대해 무엇을 알 수 있습니까? 만약 직접 해 볼 수 있는 다른 놀잇거리를 찾는다면, 크리스천이 아볼루온과 싸우는 대목을 읽을 때 하나님이 주신 갑옷과 여러 무기들이 나오는 부분을 다시 한 번 읽어 보십시오. 우리가 매일 겪고 있는 일상적인 전투에서 하나님이 주신 갑옷과 여러 무기들을 어떻게 사용할 것인지 토론해 보십시오. 얼마

든지 자유롭게 상상의 나래를 펼칠 수 있습니다.

개인적으로 이 책을 활용하는 법

가족과 함께 읽든 혼자 읽든 "자세히 알아보기" 부분을 제대로 활용하면 좋습니다. 등장인물과 장소를 서로 연관 지어 읽으면 이 책에 숨겨진 교훈을 더욱 선명하게 배울 수 있습니다.

이 책은 독자층이 넓기 때문에 여러 사람들에게 다양한 용도로 쓰일 수 있습니다. 어린 시절에 이 책을 읽었더라도, 지금 다시 읽으면 뭔가 새로운 점을 발견할 수 있을 것입니다. 성숙한 그리스도인들은 때로 사물을 다른 관점에서 바라볼 줄 아는데, 우화적인 소설이 바로 그것을 가능하게 해 줍니다.《천로역정》이 허구이긴 합니다만, 또 한편으로 사실이기도 합니다. 이 책을 읽은 사람들은 누구나 이 이야기를 통해 자기 자신과 다른 사람들을 인정하게 되며 이 책이 주는 교훈과 이해를 소중히 여깁니다.

캐서린 맥킨지

이 책에 대한 작가의 변명*

내가 펜대를 처음 쥐었을 때는
한 권의 작은 책이라도 이런 형태로 만들려는 생각이
추호도 없었다.
사실, 다른 작품을 쓰고 있다가
그 책이 거의 마무리되어 갈 무렵,
나도 모르게 이 책을 시작하게 되었다.
나는 오늘날과 같은 복음의 시대를 사는
성도들의 발자취를 따라가는 책을 쓰고 있었으나,
갑자기 이 이야기가
영광을 향해 길을 떠나는 우화로 변해 가기 시작했다.
이미 20편이 넘는 이야기를 썼는데도
또다시 20편이 넘는 이야기가 머릿속에 떠올랐다.
석탄의 불꽃에서 날아오르는 불티처럼
이야기들은 점점 더 불어났다.

사실 신성한 얘기를 글로 써서 사람들에게 전달할 때는
견고하게 표현해야 한다.
하지만 나는 은유적으로 글을 썼고,
그렇다고 견고함이 결여되었다고는 생각하지 않는다.
그 옛날에 쓰인 하나님의 복음의 율법도
상징, 암시, 은유들로 되어 있지 않은가?
진실한 사람이라면 가장 위대한 지혜가 담긴 책의
오류를 찾아버려 하지 않을 것이다.
오히려 걸쇠와 고리, 송아지와 양, 암소와 숫양,
새와 풀, 어린양의 피를 통해 하나님께서 전하시는

* 존 버니언이 쓴 "이 책에 대한 작가의 변명"을 영문판 편집자가 요약한 것임.

말씀을 깨달으려고 몸을 낮추지 않을까?
그 속에서 빛과 은혜를 발견하는
사람은 얼마나 행복할 것인가.
선지자들은 진실을 밝히기 위해
은유를 많이 사용한다.
예수님과 사도들에 대해 곰곰이 생각해 본 사람이라면
그 진실이 오늘날까지
겉 껍질 속에 숨겨져 있다는 사실을 잘 알 것이다.
감히 말씀드리자면
모든 지혜를 모아 놓은 성경 여기저기에서도
이러한 암시와 은유가 문체와 표현에 가득 차 있지 않은가?
그래도 성경에서 뿜어져 나오는 광채는
가장 어두운 밤을 대낮처럼 환하게 밝혀 주고 있다.
나는 (아주 고귀한) 사람들이
대화체로 글을 쓰는 편이라는 것을 안다.
그렇다고 해서 아무도 그들을 얕잡아 보지 않는다.
만약 그들이 진실을 왜곡한다면 그들뿐만 아니라
그들이 사용한 그 기교까지도 비난받아야 마땅한 법.
하지만 진실이 우리를 자유롭게 공격한다면
이는 하나님을 기쁘게 하는 길일 것이다.
우리의 마음과 펜을 인도하는 방법을,
우리에게 제일 먼저 땅 일구는 법을 일러 주신 하나님보다
그 누가 더 잘 안단 말인가?
하나님께서는 천한 것들을 거룩하게 하신다.

이 책은 영원불변의 상을 받고자 하는 성도에 관한 이야기를
여러분의 눈앞에 펼쳐보인다.

그가 어디서 와서 어디로 가는지,
어떤 일을 하지 않고 또 하는지 얘기해 준다.
또한 그가 달리고 또 달리다가 결국에는
영광의 문 앞에 도착하는 모습도 보여 준다.
그리고 영원한 면류관을 얻을 줄 알고
기를 쓰고 순례 여행을 떠나는 사람의 이야기도 들려준다.
또한 이들이 결국 헛수고만 하다가
어이없이 죽음을 맞이하는 모습도 볼 수 있다.

이 책을 읽으면 당신은 순례자가 될 것이다.
만약 이 책의 충고를 따른다면
당신은 곧장 거룩한 땅으로 인도될 것이다.
또한 이 책의 가르침을 제대로 따른다면
게으른 자는 부지런해지고
눈먼 자는 기쁜 일들을 보게 될 것이다.

고귀하면서도 유익한 것을 찾고 있는가?
우화 속에서 진리를 깨닫고 싶은가?
건망증이 있는가?
새해 첫날부터 12월 31일까지 있었던 일들을
모조리 기억하고 싶은가?
나의 이야기들을 읽으라. 그러면
이야기가 마음에 밤송이처럼 들러붙어서
마음 둘 곳 없는 사람들은 위로받을 수 있을 것이다.
이 책은 무기력한 사람들의 마음을 움직이는
글로 쓰여 있다.
이 안에는 진기하지만 건전하고 진실한
복음의 말씀만이 가득하다.

우울한 마음을 떨쳐 버리고 싶지 않은가?

어리석음에서 벗어나 기쁨을 맛보고 싶지 않은가?
수수께끼와 그 해답을 알고 싶지 않은가?
아니면 묵상에 잠겨 보고 싶은가?
같은 문장을 여러 번 읽고도
그 내용을 제대로 파악하지 못하여
자신이 축복받은 존재인지 아닌지 여전히 모르겠는가?
그렇다면 이제 여러분의 가슴과 머리를 모아
내 책을 읽어 보기를.

존 버니언 *John Bunyan*

멸망의 도시

이 세상에서 황무지를 걷던 나는 어떤 동굴*에 들어가 불을 밝힌 후 잠을 자려고 몸을 뉘었다. 그러고는 꿈을 꾸게 되었다. 꿈에 한 남자가 누더기를 걸치고 어떤 곳에 서 있는 모습이 보였다. 집을 나온 듯한 몰골에 손에는 책을 들고 등에는 무거운 짐을 지고 있었다. 그는 책을 펼쳐서 그 안의 글을 읽었다. 책을 읽던 그는 흐느껴 울며 몸서리를 쳤다. 그러다 더는 참을 수 없었는지 통곡을 하며 이렇게 말했다. "이제 어찌해야 하나?"

이사야 64:6; 누가복음 14:33; 시편 38:4; 사도행전 2:37; 16:30; 하박국 1:2,3

비참한 마음으로 집에 돌아온 그는 아내와 아이들에게 자신의 고통스런 마음을 들키지 않으려고, 애써 태연한 척했다. 하지만 고통스런 마음이 점점 커져 더 이상 침묵을 지킬 수 없었다.

결국 그는 가족들에게 속내를 털어놓았다. "사랑하는 여보, 그리고 얘들아. 나는 지금 내 몸을 짓누르고 있는 무거운 짐 때문에 너무나 고통스러워. 게다가 하늘에서 불덩이가 쏟아져 버려 이 도시가 불바다로 변해 폐허가 될 거라는 소문도 들었고. 나도, 당신도, 그리고 사랑스런 너희들까지도 모두 처참히 죽게 될 거야. 하지만 아직까지 도망갈 방법을 찾지 못했어."

이 말을 듣고 가족들은 크게 놀랐다. 그 얘기가 사실일 거라 믿어서가 아니라, 그가 미쳤다고 생각했기 때문이다. 날이 저물어 가고 있었기에 가족들은 그가 잠을 자고 일어나 제정신을 차리길 바랐다. 가족들은 서둘러 그를 재웠다. 밤이 되었지만 그는 낮에 그랬던 것처럼

---

* 존 버니언은 자신이 투옥되었던 베드퍼드 감옥을 동굴로 묘사했다.

여전히 고통스러웠다. 그는 잠 못 이루며 한숨과 눈물로 밤을 하얗게 지새웠다.

날이 밝자 가족들은 그에게 기분이 어떠냐고 물었다. 그는 "점점 더 나빠만 가고 있어"라고 대답하며 어제 했던 얘기를 또 했다. 하지만 가족들은 여전히 냉담한 반응을 보였다. 그의 머리에서 광기를 몰아내려면 모질고 무뚝뚝하게 대해야 한다고 생각했기 때문이다. 그래서 가족들은 이따금씩 그를 비웃고 잔소리를 하고 때론 완전히 무시하기도 했다.

그는 방에 틀어박혀 가족들을 안쓰러워하며 기도했고, 자신의 고통을 달랬다. 가끔 혼자 들판에 나가 거닐며 책을 읽고 기도하기도 하며 여러 날을 지냈다. 어느 날, 그는 들판을 거닐며 책을 읽다가 갑자기 낙담하게 되었다. 책을 읽다 말고 눈물을 쏟아 버리며 이렇게 울부짖었다. "어떻게 해야 구원받을 수 있단 말인가?"

사도행전 16:30,31

그는 도망이라도 가려는 듯 안절부절못했다. 하지만 여전히 그 자리에 서 있었다. 나는 그가 어디로 가야 할지 모른다는 것을 알아챘다. 그때 '전도자'라는 남자가 그에게 다가와 이렇게 물었다. "왜 울고 계십니까?"

그가 대답했다. "선생님, 제가 들고 있는 이 책에 따르면 제가 저주받아 죽을 것이며, 죽은 후엔 심판을 받는답니다. 전 죽고 싶지도, 심판받고 싶지도 않습니다."

히브리서 9:27; 욥기 16:21; 22장; 에스겔 22:14

그러자 전도자가 말했다. "이 세상은 사악한 일로 가득 차 있는데 왜 죽기 싫다는 겁니까?"

남자가 대답했다. "제가 짊어지고 있는 이 무거운 짐에 눌려 무덤 저 밑바닥으로 꺼졌다가 결국엔 지옥*으로 떨어질까 봐 두려워서 그렇습니다. 선생님, 제가 감옥에도 가지 않고 심판이나 형벌을 받지 않는다 해도, 그저 이 모든 일을 생각하는 것만으로도 눈물이 쏟아져 버립니다."

이사야 30:33

---

* '지옥'으로 번역한 단어 '도벳'(Tophet)은 히브리어로 '쓰레기 버리는 곳'이라는 뜻을 담고 있다. 힌놈 골짜기가 있는 예루살렘 동쪽에 위치해 있으며(열왕기하 23:10), 주로 지옥을 상징하는 곳으로 묘사된다.

저기 저 좁은 문 보이십니까?

전도자가 물었다. "그런 처지라면 왜 그렇게 서 있기만 합니까?"

남자가 대답했다. "어디로 가야 할지 몰라서요."

전도자는 그에게 "임박한 진노를 피하라"고 쓰여 있는 양피 두루마리를 건넸다.

마태복음 3:7

남자는 그 글을 읽은 후 전도자를 조심스럽게 올려다보았다. "그럼 어디로 떠나야 한단 말씀이시죠?"

전도자는 손가락으로 저 들판 너머를 가리켰다. "저기 저 좁은 문* 보이십니까?"

남자는 "아뇨"라고 대답했다. 그러자 전도자는 "저기 반짝이는 불빛은 보이시죠?"라고 물었다. 남자는 "그런 것 같군요"라고 말했다. 전도자는 "저 불빛을 주시하며 저리로 곧장 가십시오. 그러면 문이 보일 겁니다. 거기에 도착해서 문을 두드리면 누군가 당신에게 할 일을 일러 줄 것입니다"라고 말해 주었다.

나는 꿈에서 그 남자가 뛰어가는 모습을 보았다. 그가 집을 나선 지 얼마 되지 않아 아내와 아이들이 이 사실을 알고 돌아오라고 소리쳤다. 하지만 그는 손으로 귀를 틀어막고 이렇게 외치며 달렸다. "생명, 생명, 영원한 생명이여!" 그는 뒤돌아보지 않고 들판을 향해 버달렸다.

마태복음 7:13,14; 시편 119:105; 베드로후서 1:19; 누가복음 14:26; 창세기 19:17

달려가는 남자를 본 이웃 중에는 비웃는 이들도 있고, 겁 주는 이들도 있고, 쫓아가며 돌아오라고 소리치는 이들도 있었다. 그중 두 사람은 그를 억지로라도 데려와야겠다고 마음먹었다. 한 사람은 '고집', 다른 한 사람은 '줏대없음'이었다. 남자는 이미 멀찌감치 가 버렸지만 두 사람은 작정하고 달려가 결국 그를 따라잡았다.

남자가 물었다. "왜 여기까지 절 따라온 거죠?"

그들이 말했다. "우리와 함께 돌아갑시다."

❀ ∞∞∞∞∞∞∞∞∞∞∞∞∞∞∞∞∞∞

* "자세히 알아보기"의 '멸망의 도시'와 '줏대없음과 고집' 참조.

"절대로 그렇게는 못합니다. '멸망의 도시'는 내가 태어난 고향이긴 하지만 곧 위험이 닥쳐 모두 죽게 될 겁니다. 땅들은 무덤 저 밑바닥으로 꺼져서 불과 유황이 들끓는 곳으로 떨어지게 될 거라고요. 그러니 이제 내 말을 믿고 나와 함께 갑시다."

예레미야 20:10

줏대없음

고집이 말했다. "뭐요? 지금 나더러 안락한 생활과 친구들을 버리고 떠나라는 거요?"

"그래요." '크리스천'이 말했다. (남자의 이름은 크리스천이었다.) "지금 당신네들이 좇고 있는 생활은 내가 찾고자 하는 기쁨에 비하면 아무것도 아닙니다. 나와 함께 가서 그 기쁨을 찾으시죠. 그곳에는 모든 것이 풍성하여 같이 나눌 수 있어요. 어서 같이 가서 내 말이 맞나 틀리나 보자고요."

고린도후서 5:17; 누가복음 15:17

"이 세상을 등지고 대체 뭘 찾아 떠난다는 거요?" 고집이 물었다.

"나는 썩지도 않고 더럽혀지거나 사라지지도 않는 것을 찾고 있습니다. 그것은 천국에 안전하게 보관되어 있어요. 열심히 구하는 사람들은 때가 되면 얻을 수 있답니다." 크리스천이 고집을 바라보며 덧붙였다. "내 책에 그렇게 쓰여 있으니 한번 읽어 보시죠."

베드로전서 1:4; 히브리서 11:16

고집

23

"됐소, 책 치우쇼. 우리랑 되돌아갈 거요 말 거요?"

"손에 쟁기를 잡았으니 되돌아갈 순 없지요." 크리스천이 말했다.

누가복음 9:62

"할 수 없군, 줏대없음 씨, 저 사람은 그냥 놔두고 우리끼리 돌아갑시다. 이렇게 정신 나간 사람도 있는 법이라오. 아무리 설명을 해 줘도, 자기가 제일 잘난 줄 알고 쓸데없는 꿈이나 꾼다니까."

줏대없음이 말했다. "심한 말은 삼갑시다. 여기 이 착한 크리스천이 하는 말이 사실이고, 이 사람이 찾고자 하는 것이 우리가 찾으려는 것보다 더 낫다면, 난 크리스천을 따라갈 테요."

"거 참, 여기 더한 바보가 있네그려. 내 말을 믿고 돌아가요. 이 정신 나간 작자가 당신을 어디로 끌고 갈지 알고 이러는 거요? 제발 돌아갑시다. 정신 좀 차리쇼!" 고집이 소리를 버럭 질렀다.

"고집 씨, 그러지 마시고 줏대없음 씨처럼 나와 동행하시지요. 내가 말했던 것을 분명히 찾을 수 있어요. 게다가 더 영광스러운 것들도 많습니다. 날 믿지 못하겠다면 이 책의 이 구절을 읽어 보세요. 이 책은 진리만을 말하죠. 예수님의 피로 증명된 진리만을요."

히브리서 9:17-21

"음, 고집 씨. 전 이 착한 남자를 따라가 운명을 함께하고 싶군요. 헌데…… 선생, 그곳으로 가는 길은 잘 알고 있습니까?"

"전도자라는 분께서 직접 알려 주셨습니다. 서둘러 저 앞에 있는 좁은 문까지만 가면 거기서 누군가 길을 알려 준다고 했어요." 크리스천이 설명했다.

"그렇다면 착한 이웃님, 우리 같이 갑시다." 그래서 두 사람은 함께 길을 떠나게 되었다.

고집은 되돌아오며 중얼거렸다. "저런 허황된 생각에 빠진 작자들하고 같이 갈 수야 없지."

내가 꿈에서 보니 고집은 돌아가고, 크리스천과 줏대없음은 들판을 걸으며 얘기를 나누고 있었다.

24

"줏대없음 씨, 자 어떻습니까? 같이 가게 되어서 기쁘군요. 눈에 보이지는 않지만 내가 느낀 힘과 공포를 고집 씨도 느꼈다면 그렇게 쉽게 돌아서지는 못했을 텐데요."

"크리스천 씨, 이제 우리 단 둘뿐이니 좀더 자세히 말씀해 보세요. 대체 그것들은 무엇이고, 얼마나 좋으며, 우리는 지금 어디로 가는 건가요?"

"잘 알고는 있지만 말로 설명하기가 어렵군요. 하지만 정 그렇게 알고 싶다면 내 책을 읽어 보세요."

"이 책에 쓰여 있는 말들이 모두 사실이라고 생각하십니까?"

"그럼요. 거짓말할 수 없으신 분이 쓴 책이니까요."

디도서 1:2

"그렇다면, 사실이라는 말이군요?"

"영원한 왕국이 있어서 우리는 그곳에서 영생을 얻어 영원히 살 수 있다고 합니다."

이사야 45:17; 요한복음 10:27-29

"좋아요. 또 뭐가 있죠?" 줏대없음이 계속해서 물었다.

"우리는 영광의 면류관을 쓰고, 저 하늘의 태양처럼 눈부신 옷을 입게 될 겁니다."

디모데후서 4:8; 요한계시록 22:5; 마태복음 13:43

"그거 아주 좋군요. 또요, 또 뭐가 있죠?"

크리스천은 더 자세히 설명해 주었다. "눈물도, 슬픔도 없습니다. 그곳의 주인께서 우리의 눈물을 닦아 주실 테니까요."

이사야 25:8; 요한계시록 7:16,17; 21:4

"거기에 가면 누구와 지내게 됩니까?"

"그곳에 가면 쳐다만 봐도 눈이 휘둥그레지는 천사들과 함께 지내게 될 것입니다. 또한 우리보다 먼저 그곳에 도착한 수없이 많은 사람들도 만나게 됩니다. 고통받는 사람도 없고 모두가 사랑이 넘치고 거룩하죠. 모두가 하나님이 받아들이신 이들이기에 하나님 앞에서 자유롭게 거닐고 그분 앞으로 나아갈 수 있습니다. 영원히 말이에요. 황금 면류관을 쓴 장로들과 황금 하프를 켜는 거룩한 동정녀들도 볼 수 있지요. 또한 이 세상에서는 하나님에 대한 사랑을 지키다가 육신이 갈기갈기 찢기고, 불에 타 죽고, 맹수들의 먹이가 되거나 바다에 빠져 죽었지만, 그들 모두가 온전한 모습으로 불멸의 옷을 입고 사는 것을 보게 될 것입니다."

이사야 6:2; 데살로니가전서 4:16,17; 요한계시록 5:11; 4:4; 14:1-5; 요한복음 12:25; 고린도후서 5:4

"말만 들어도 가슴이 뛰는군요. 정말 이 모든 것을 얻을 수 있을까요? 어떻게 하면 그런 것들을 누릴 수 있다는 거죠?"

크리스천은 들고 있던 책을 펼쳐 들었다. "그 나라의 주인이신 하나님께서 이 책에 다 기록해 놓으셨습니다. 우리가 이를 진정 누리기를 원한다면 주님께서는 다 주신다고요."

이사야 55:1,2; 요한복음 6:37; 7:37; 요한계시록 21:6; 22:17

줏대없음은 크리스천을 바라보며 고개를 끄덕였다. "그 말을 들으니 기분이 좋군요. 어서 갑시다."

"등에 짊어지고 있는 이 짐 때문에 더 빨리는 못 갑니다." 크리스천은 탄식했다.

대화가 끝나갈 무렵 나는 꿈에서 두 사람이 들판 한가운데 있는 진흙 수렁 가까이로 다가가는 모습을 보았다. 아무 생각 없이 걷던 두 사람은 그만 수렁에 빠지고 말았다. 그 수렁의 이름은 '낙담'이었다. 그 안에서 한동안 허우적대는 바람에 두 사람은 온몸에 오물을 뒤집어써 엉망진창이 되었다. 짐을 짊어진 크리스천은 점점 더 수렁 속으로 가라앉고 있었다.

줏대없음이 말했다. "이봐요, 크리스천 씨. 지금 여기가 대체 어딥니까?"

"뭐가 뭔지 하나도 모르겠어요." 크리스천이 대답했다.

이 말을 들은 줏대없음은 매우 화가 나서 쏘아붙였다. "이게 당신이 지금껏 떠들던 그 행복이라는 거요? 여행을 시작하자마자 이렇게 험한 꼴을 당했는데, 이 길을 계속 가다가는 무슨 봉변을 당할지 알 게 뭐랍니까? 여기에서 살아 나가게 되면 그 잘난 왕국에는 당신 혼자서나 가시구려." 줏대없음은 죽을힘을 다해 발버둥 쳐서 자신의 집 쪽과 가까운 수렁 가장자리로 빠져나온 후 훌쩍 돌아가 버렸다. 크리스천은 그 후로 다시는 그를 볼 수 없었다.

크리스천은 낙담의 수렁에 홀로 남게 되었다. 그는 집 방향에서 멀리 떨어진, 좁은 문으로 가기에 가장 가까운 쪽으로 올라가려고 버둥댔다. 하지만 등에 매달린 무거운 짐 때문에 수렁에서 빠져나올 수 없었다. 내가 꿈에서 보니 어떤 남자가 크리스천에게 다가가고 있었다.

크리스천은 낙담의 수렁에 홀로 남게 되었다.

그의 이름은 '도움'으로 크리스천에게 무슨 일이냐고 물었다.

"선생님, 저는 전도자라는 분이 시키는 대로 길을 가고 있었습니다. 그분은 좁은 문으로 가는 길을 일러 주며 거기에 도착하면 다가올 진노를 피할 수 있다고 하셨지요. 그분 말씀대로 길을 가던 중이었는데 그만 이렇게 수렁에 빠지고 말았습니다."

"디딤돌을 찾지 그러셨어요?" 도움이 물었다.

"두려움에 쫓겨 다른 길로 피하려다 그만 여기에 빠져 버렸어요."

"손을 내미세요." 크리스천이 도움에게 손을 내밀자 도움은 그를 수렁에서 건져 땅 위로 끌어 올려 주었고 가던 길을 계속 갈 수 있게 해 주었다.

시편 40:2

나는 꿈에서 크리스천을 구해 준 남자에게 다가가 물었다. "선생님, 왜 이 수렁을 메우지 않는 겁니까? 멸망의 도시에서 좁은 문으로 가려면 반드시 여기를 통과해야 할 텐데요. 여기를 메우기만 하면 불쌍한 순례자들이 훨씬 안전하게 좁은 문으로 갈 수 있지 않을까요."

"이 진흙 수렁은 메울 수 없습니다. 이곳은 온갖 오물이 끊임없이 모여드는 곳이기 때문이죠. 이곳의 이름은 낙담의 수렁이랍니다. 사람들이 자신의 죄를 깨닫게 되면 공포와 의심, 절망과 걱정들이 생겨나고, 그 모든 것은 여기로 모여들어 고이게 되지요. 그래서 이곳이 이렇게 엉망진창이 되어 버린 거죠. 하나님께서도 이런 모습에 언짢아하십니다.

하나님의 일꾼들은 하나님이 세우신 감독관들의 명을 받아 지난 1천6백 년 동안 이곳을 고쳐 보겠다고 갖은 애를 썼습니다. 들리는 말로는 수레 2만 대분이 넘칠 정도의 수백 가지 가르침을 총동원했다고 하더군요. 혹시 이 땅을 메울 수 있을까 해서 사계절 내내 하나님 왕국 곳곳에서 가르침이란 가르침은 모두 긁어모았습니다. 그들 말로는, 최고의 땅을 만들어 주는 최고의 재료들을 모았다고 하더군요. 하지만 낙담의 수렁은 여전히 이렇게 남아 있고, 무슨 수를 쓴다 한들 앞으로도 이 모습 그대로 남아 있을 겁니다.

율법을 만드신 분의 가르침을 따라 만든, 꽤 쓸 만한 디딤돌이 수렁 한가운데 있기는 하지요. 하지만 가끔씩 그곳에도 오물이 밀려들어 오는 데다가 날씨가 나쁘기라도 하면 디딤돌이 잘 보이지 않습니다. 사실 디딤돌이 보이더라도 사람들은 정신이 혼미해져서 발을 헛디뎌 수렁에 빠지고 말죠. 하지만 좁은 문으로 향하는 길에 일단 들어서기만 하면, 거기서부터는 가는 길이 괜찮은 편이지요."

이사야 35:3,4; 사무엘상 12:23

꿈에서 보니 그 시간 즈음 줏대없음은 집에 도착했다. 동네 사람들이 줏대없음을 찾아왔다. 어떤 사람들은 잘 돌아왔다고 했고, 어떤 사람들은 크리스천을 따라나서서 위험을 자초한 바보라고 놀려 댔다. 또 어떤 사람들은 겁쟁이라며 비웃었다. "모험을 하겠다고 나섰으면 끝까지 해야지, 그깟 어려움을 겪었다고 포기해 버리다니" 하며 놀려 댔다. 줏대없음은 한동안 기가 죽어 한쪽 구석에 쭈그리고 앉아 있었지만 조금씩 기운을 되찾게 되자 그동안의 얘기를 꾸며 대며 크리스천을 헐뜯기 시작했다. 줏대없음의 얘기는 여기까지가 전부다.

이제 홀로 남아 길을 걷던 크리스천은 저 멀리 들판을 가로질러 가는 한 남자를 보게 되었다. 둘은 각각 길을 질러 가다가 우연히 만난 것이다.

크리스천이 만난 신사의 이름은 '세상현인'이었다. 그는 '세상수단'이라는 아주 큰 마을에서 온 사람으로, 그곳은 크리스천의 고향과 그리 멀지 않았다. 그는 크리스천에 대해서 익히 들어 알고 있었다. 크리스천이 멸망의 도시를 떠난 일은 그의 마을뿐만 아니라 다른 마을에까지 소문이 파다했기 때문이다. 세상현인은 탄식하며 고생스럽게 걷고 있는 크리스천의 모습을 보고 그가 크리스천이라고 짐작한 후 이렇게 말을 걸었다.

"그 무거운 짐을 짊어지고 대체 어디로 가십니까?"

"이거 정말 무겁긴 무겁네요. 저는 정말이지 누구보다도 불쌍한 사람입니다. 제가 어디로 가는지 물으셨나요? 저 앞에 있는 좁은 문으로 가는 중입니다. 거기에 가면 이 육중한 짐을 벗어 버릴 수 있는 방법을 알 수 있다고 해서요." 크리스천이 진지하게 말했다.

"아내와 자식들은 있습니까?" 세상현인이 물었다.

"네. 하지만 이 무거운 짐 때문에 가족과 보내는 시간이 예전만큼 즐겁지 않습니다. 그래서 이젠 아예 가족이 없는 셈 치지요."

고린도전서 7:29

몸을 숙여 크리스천을 살펴본 세상현인이 충고했다. "내가 충고 하나 할 테니 들어 보겠습니까?"

"좋으신 말씀이라면 듣지요. 전 조언이 절실히 필요하니까요." 크리스천이 대답했다.

"그럼 하나 해 드리죠. 당장 그 짐을 버려놓으십시오. 그러지 않으면 마음을 진정시킬 수 없고, 하나님이 버리시는 은총도 절대로 누릴 수 없습니다."

"저도 이 짐을 버려놓을 방법을 찾고 있답니다. 저 혼자서는 못하고, 이 나라에 사는 그 어떤 누구도 못하니까요. 그 때문에 지금 이 길을 따라가서 짐을 벗어 버리려고 하는 겁니다."

"그 짐을 벗어 버리려면 이 길로 가라고 누가 그러던가요?" 세상현인이 물었다.

크리스천은 자초지종을 설명했다. "아주 위대하고 고귀하게 보이는 분이 제 앞에 나타났습니다. 그분 성함은 전도자였습니다."

"그 몹쓸 자가 나타났군요. 그 작자가 당신더러 가라고 한 길은 이 세상에서 가장 위험하고 험한 길입니다. 그 작자의 말대로 따라해 보면 알게 될 겁니다. 벌써 무슨 일을 겪었을 텐데…… 낙담의 수렁에 있는 오물이 묻은 걸 보니 그곳에 빠졌던 것 같군요. 하지만 그 수렁은 이 길을 가다가 겪게 될 슬픔의 시작에 불과하답니다. 내 말을 들으시죠. 난 당신보다 나이를 더 먹었잖소. 이 길로 가다가는 피로와 고통, 굶주림과 위험, 헐벗음과 칼, 사자와 용, 어둠과 죽음을 맞이하고 말 겁니다. 지금 내가 한 말은 사실이며 많은 사람들도 그렇게 증언하고 있답니다. 낯선 사람의 말만 듣고 자기 목숨을 내던지는 무모한 사람이 되고 싶으십니까?"

"전 지금 선생님이 얘기하신 것보다 등에 짊어지고 있는 이 짐의 무게가 더욱 끔찍합니다. 이 짐에서 해방될 수만 있다면 가는 길에 무얼 만나도 상관없어요."

"어쩌다 그 짐을 짊어지게 된 겁니까?" 세상현인이 물었다.

"지금 들고 있는 바로 이 책을 읽다가 이리 되었습니다."

"그렇군요. 당신처럼 나약한 사람들에게 그런 일이 종종 생기지요. 자기 능력에 벅찬 일에 간섭하다 보니 갑자기 마음이 심란해지고 맙니다. 그러면 사람들이 나약해지죠. 보아하니 당신도 그렇군요. 게다가 뭔지도 제대로 모르면서 무모한 위험에 뛰어들기까지 하다니요."

"전 제가 뭘 얻을 수 있는지 압니다. 이 짐을 벗어 버릴 수 있게 될 거예요." 크리스천이 말했다.

"하지만 왜 굳이 수많은 위험이 도사리고 있는 이 길을 택해서 그 짐을 떨쳐 버리려고 하는 겁니까? 내 말을 끝까지 듣는다면 원하는 것을 곧장 얻을 수 있는 길을 알게 될 거요. 내가 말하는 길로 가면 전혀 위험하지 않아요." 세상현인은 크리스천의 얼굴을 보며 말했다. "방법은 아주 가까이 있습니다. 한마디 더 하자면, 그 방법대로 하면 위험 대신 안전과 우정과 만족을 만나게 될 겁니다."

"선생님, 제게 그 비법을 알려 주십시오." 크리스천이 울부짖었다.

"저 건너 '도덕'이라는 마을에 '율법'이라는 신사가 살고 있지요. 아주 현명하시며, 그 이름만큼이나 좋으신 분입니다. 그분은 당신이 지고 있는 그런 짐을 버려놓을 수 있는 비법을 사람들에게 가르쳐 주고 있답니다. 내가 아는 한 그분은 이 일을 수도 없이 많이 해 왔죠. 짐 때문에 약간 실성한 사람들을 치료해 주는 기술도 갖고 있고요. 내 말대로 당장 그분께 가서 도움을 받으시죠."

세상현인은 저쪽 방향이라고 가리키며 이렇게 덧붙였다. "그의 집은 여기에서 2킬로미터도 떨어져 있지 않습니다. 혹시 그분이 집에 계시지 않더라도 젊은 아들은 있을 겁니다. 그 아들의 이름은 '예의'랍니다. 그도 아버지만큼이나 뛰어나기 때문에 아마 댁의 짐을 벗겨 줄 수 있을 겁니다. 전에 살던 집으로 돌아갈 마음이 없다면(댁이 그러기를 바라지도 않지만), 아내와 자식들에게 전갈을 보내 이쪽 마을로 오라고 해도 좋습니다. 빈 집들도 많으니 집 한 채 정도는 괜찮은 값에 장만할 수 있습니다. 물가도 저렴한 편이고, 물건들도 좋지요. 그곳에 살면 확실히 더 행복해질 수 있어요. 정직한 이웃들과 서로 믿으며 폼 나게 잘 살 수 있다니까요."

크리스천이 갈등하다가 이윽고 결론을 내렸다. '이 신사 분의 말이 사실이라면 그의 충고를 들어야만 해.' 크리스천이 말을 이었다. "선생님 어느 길로 가야 그 정직한 분을 뵐 수 있을까요?"

"저기 저 높은 언덕 보이시오?"

"네, 아주 잘 보입니다."

세상현인

"저 언덕으로 가다가 나오는 첫 번째 집이 그분 댁입니다."

크리스천은 발길을 돌려 율법의 집으로 향했다. 하지만 언덕을 오르다 보니 몹시 힘들어졌다. 언덕은 너무나 높았고 길 양쪽은 편편하지 못했다. 크리스천은 무서워서 앞으로 한 발짝도 나아가지 못했고 언덕은 머리 위로 쏟아질 듯 가팔랐다. 그는 당황해서 그 자리에 꼼짝도 못하고 서서 안절부절못하고 있었다. 이 길로 가자니 좀 전까지 걷던 길보다 등에 짊어진 짐이 천근만근 더욱 무거웠다. 언덕에 불길이 일자 크리스천은 데일까 봐 겁이 났다. 그는 진땀을 빼면서 두려움에 온몸을 떨었다.

출애굽기 19:16,18; 히브리서 12:21

그는 세상현인의 충고에 따른 것을 후회하기 시작했다. 바로 그때, 전도자가 다가오고 있었다. 그 모습을 본 크리스천은 창피함에 얼굴이 벌게졌다. 전도자는 점점 더 가까이 다가와 아주 엄한 표정으로 그를 쳐다보았다. 그러고는 크리스천에게 호통을 쳤다. "대체 여기서 뭐

하는 겁니까, 크리스천?" 이 말을 들은 크리스천은 입을 꽉 다물었다. 그는 아무 말도 못하고 전도자 앞에 섰다. 전도자가 말을 이었다. "멸망의 도시 성곽 밖에서 울던 그분 맞지 않으십니까?"

"맞습니다. 제가 바로 그 사람입니다."

"저기 저 좁은 문으로 가는 길을 제가 일러드리지 않았던가요?"

"네, 그러셨죠." 크리스천이 대답했다.

"그런데 어떻게 이토록 금방 그 길에서 벗어날 수 있는 겁니까? 가야 할 길에서 아주 멀리 벗어나지 않았습니까!"

"낙담의 수렁을 벗어나자마자 어떤 신사 분을 만났습니다. 그분이 저더러 저 앞에 있는 마을에 가면 이 짐을 벗겨 줄 사람이 있을 테니 찾아가 보라고 해서……."

"그 남자가 어떻던가요?"

"신사답고, 말씀도 많이 해 주던걸요. 그러다 보니 그의 말에 넘어가서 여기까지 오게 되었습니다. 하지만 이 언덕을 올려다 보니 마치 제 머리 위로 쏟아져 버릴 것 같은 기세라 겁이 났습니다. 그래서 이렇게 서 있습니다."

"그 신사가 뭐라고 했습니까?" 전도자가 물었다.

"제게 어디로 가냐고 하기에 말해 주었습니다."

"그랬더니 뭐라 하던가요?"

"혹시 가족들이 있냐고 묻기에 등에 짊어진 짐이 너무 무거워서 가족들과 보내는 시간이 예전만큼 즐겁지 않다고 대답해 주었습니다."

"그랬더니요?"

크리스천은 세상현인의 말을 전했다. "나더러 짐을 빨리 벗어 버리라고 했습니다. 그래서, 안 그래도 그 방법을 찾기 위해 좁은 문으로 가는 중이라 했습니다. 이 짐에서 해방되기 위해 이 길을 가고 있다고 말이죠. 그랬더니 그 신사가 더 빨리 짐을 버려놓을 수 있는 길을 알려 주겠다고 했습니다. 그 길은 선생님이 제게 알려 주신 길보다 훨씬 힘이 덜 든다고 하더군요. 그러면서 어떤 신사 분의 집에 가면 짐을 벗어 버릴 수 있는 방법을 알려 준다고 했습니다. 저는 그 말만 철석같이 믿고, 가던 길에서 벗어나 이곳까지 오게 되었습니다. 혹시나 이 짐을 빨리 벗어 버릴 수 있을까 해서요. 하지만 막상 여기에 와 보니, 너무 무서워서 발길이 떨어지지 않습니다. 이제 뭘 어떻게 해야 할지 모르겠습니다."

"그렇다면 잠깐 가만히 서 계십시오. 하나님의 말씀을 전해 드리겠습니다."

크리스천은 온몸을 부들부들 떨며 서 있었다. 전도자가 말했다. "너희는 삼가 말씀하신 이를 거역하지 말라. 땅에서 경고하신 이를 거역한 그들이 피하지 못하였거든 하물며 하늘로부터 경고하신 이를 배반하는 우리일까 보냐." 그는 계속 말씀을 읽어 나갔다. "나의 의인은 믿음으로 말미암아 살리라. 또한 뒤로 물러가면 내 마음이 그를 기뻐하지 아니하리라."

히브리서 12:25; 10:38

그는 이렇게 설명해 주었다. "당신은 비참함 속으로 뛰어든 사람입니다. 하나님의 말씀을 거역하고 평화의 길에서 뒷걸음치는 바람에 파멸 직전까지 이르게 되었습니다."

그러자 크리스천은 그의 발밑에 엎드려 울부짖었다. "어찌하면 좋습니까, 파멸해 버리고 말았으니!"

이 모습을 본 전도자는 그의 오른손을 붙들고 말했다. "사람의 모든 죄와 훼방은 사하심을 얻으리라. 믿음 없는 자가 되지 말고 믿는 자가 되라."

마태복음 12:31; 요한복음 20:27

이 말씀으로 인해 크리스천은 조금이나마 기력을 되찾았지만, 온몸은 계속 바들바들 떨렸다. 그는 간신히 몸을 일으켜 전도자 앞에 섰다. 전도자는 이렇게 말했다. "제가 하는 말을 좀더 경청하십시오. 당신을 홀렸던 자와 그가 만나 보라고 한 자에 대해서 말해 드리겠습니다. 당신이 만난 자는 세상현인이라는 자로, 그런 이름으로 불릴 만한 이유가 있습니다. 그는 이 세상의 교훈만을 섬기는 사람으로 도덕이라는 마을에 있는 교회에 다닙니다. 십자가 때문에 겪어야 할 어려움을 피할 수 있는 것은 자신이 신봉하고 있는 세상 교훈이라고 믿고 있는 자죠. 이렇듯 세속적인 기질을 지녔기 때문에 제가 당신에게 바른길을 알려줬음에도 그는 이를 그르치려고 작정했던 것이죠."

요한일서 4:5; 갈라디아서 6:12

전도자는 크리스천에게 세상현인의 조언이 왜 위험한지 경고했다.

"이자가 한 조언 중에서 전적으로 증오해야 할 세 가지가 있습니다.

첫째, 당신을 바른길에서 벗어나게 한 점.

둘째, 십자가를 미워하게 만든 점.

셋째, 당신의 발걸음을 그릇된 길로 인도하여 죽음으로 이끈 점.

우선, 당신을 바른길에서 벗어나게 한 그를 증오해야 합니다. 아울러 그것에 동조한 자신도 혐오해야 하고요. 이는 세상현인의 충고를 따르느라 하나님 말씀을 거역했기 때문입니다. 하나님께서는 이렇게 말씀하셨습니다. '좁은 문으로 들어가기를 힘쓰라.' 그곳은 바로 제가 당신에게 일러 준 곳입니다. '멸망으로 인도하는 문은 크고 그 길이 넓어 그리로 들어가는 자가 많고 생명으로 인도하는 문은 좁고 길이 협착하여 찾는 이가 적음이라.' 이 사악한 자는 좁은 문을 향해 가는 당신을 돌려세워 파멸 직전까지 몰고 갔습니다. 따라서 당신을 바른길에서 버로 그를 미워하고, 그의 말에 홀린 자신을 혐오하십시오.

누가복음 13:24; 마태복음 7:13,14

둘째, 그가 당신으로 하여금 십자가를 증오하게 만든 점을 혐오해야 합니다. 당신은 애굽의 보물보다 십자가를 더욱 소중히 생각해야 합니다. 게다가 영광의 하나님께서는 당신에게 '자기 목숨을 얻는 자는 잃을 것이요'라고 말씀하셨지요. 또한 '무릇 내게 오는 자가 자기 부모와 처자와 형제와 자매와 및 자기 목숨까지 미워하지 아니하면 능히 나의 제자가 되지 못하리라'고도 말씀하셨습니다. 따라서 십자가 없이는 절대로 영원한 생명을 얻을 수 없다는 진리의 말씀에도 불구하고, 누군가 그 십자가가 결국 당신을 죽게 만들 것이라고 설득하려 든다면, 이 가르침을 반드시 혐오해야 합니다.

셋째, 그자가 당신의 발걸음을 그릇된 길로 인도하여 죽음으로 이끈 것을 미워해야 합니다. 또한 그가 만나 보라고 한 자가 누구인지도 알아야 하며, 그자가 당신의 짐을 버려놓게 해 줄 수 없다는 사실도 깨달아야 합니다. 당신이 짐을 쉽게 버려놓기 위해 만나려 했던 자의 이름은 율법이랍니다. 그자의 어머니는 여종이며 자식들도 모두 노예로서 종노릇하고 있습니다. 비유하자면 그 여자는 당신이 머리 위로 쏟아져 버릴까 봐 두려워했던 이 시내산과 같은 모습이라고 할 수 있습니다.

히브리서 11:25,26; 마가복음 8:35; 요한복음 12:25; 마태복음 10:39; 누가복음 14:26; 갈라디아서 4:21-27

그 여자뿐만 아니라 자식들까지 종노릇하고 있는 처지인데, 어찌 그자들이 당신의 짐을 내려놓게 해 줄 거라 기대할 수 있단 말입니까? 율법이라는 자는 그 짐을 벗겨 주지 못합니다. 그 어떤 사람도 그자 덕분에 짐을 버려놓지 못했으며, 앞으로도 그런 일은 없을 겁니다. 율법에 의해서는 아무도 의롭게 되지 못하며 그 누구도 율법의 힘으로 짐을 벗기지 못합니다. 따라서 세상현인은 이방인이고, 율법은 사기꾼이며, 그의 아들 예의는 마지못해 웃고 있는 위선자일 뿐, 당신에게 절대로 도움이 되지 않습니다. 제 말을 믿으세요. 당신이 들었던, 이 바보 같은 작자들의 이야기는 모두 헛소리랍니다. 단지 당신을 구원한다고 속이고 제가 알려 준 길에서 당신을 등 돌리게 하려고 계략을 세웠을 뿐이라고요."

이렇게 말한 전도자는 자신이 한 말을 확인받기 위해 하늘을 바라보며 크게 외쳤다. 그러자 하나님의 말씀이 들려오고 불쌍한 크리스천이 서 있는 자리에서 불길이 솟아올랐다. 크리스천의 머리칼이 쭈뼛 섰다.

하나님의 말씀이 들려왔다. "무릇 율법 행위에 속한 자들은 저주 아래 있나니 기록된 바 누구든지 율법책에 기록된 대로 온갖 일을 항상 행하지 아니하는 자는 저주 아래 있는 자라 하였음이라."

갈라디아서 3:10

이제 끔찍없이 죽게 됐다고 생각한 크리스천은 통곡하기 시작했다. 그는 세상현인을 만났던 시간을 저주하면서 그의 충고에 귀를 기울인 자신을 바보 중의 바보라고 자책했다. 또한 육신의 욕망 때문에 그의 말에 혹해서 바른길을 저버리게 되었다고 생각하니 부끄럽기 짝이 없었다.

잠시 후, 그는 다시 전도자에게 다가가 이렇게 물었다. "선생님, 어떻게 생각하십니까? 아직 희망은 있는 걸까요? 지금이라도 돌이켜 좁은 문으로 가면 안 될까요? 저의 잘못 때문에 이렇게 버림받은 채 좁은 문 앞에서 창피를 당하고 돌아가야만 하나요? 그자의 충고를 따랐던 제 모습이 후회스럽습니다. 저의 죄를 용서받을 수 있을까요?"

"당신의 죄는 막중합니다. 잘못을 두 가지나 저질렀지요. 바른길을 저버리고 금지된 길에 발을 들여놓았습니다. 하지만 모든 이에게 호의를 베푸는 남자가 아직은 좁은 문에서 당신을 받아 줄 겁니다. 다시는 그 길에서 벗어나지 않도록 주의하십시오. 그렇지 않으면 당신은 길에서 망할 것입니다. 하나님의 진노가 지체 없이 이를 것입니다."

시편 2:12

좁은 문

크리스천이 바른길로 돌아가기로 마음을 정하자 전도자는 그에게 입을 맞추고 무사히 여행하기를 빌어 주었다. 크리스천은 길을 재촉했고 도중에 만나는 그 누구와도 말하지 않았다. 누가 말을 걸어와도 대꾸하지 않았다. 마치 금지된 땅을 걷는 것처럼 여행을 했다. 세상 현인의 꼬임에 넘어가 길을 벗어났던 지점으로 다시 접어들기 전까지 잠시도 마음을 놓지 않았다. 그리고 드디어 좁은 문에 다다랐다. 문 앞에는 이렇게 쓰여 있었다. "문을 두드리라. 그러면 너희에게 열릴 것이니."

마태복음 7:7

"이 문으로 들어오려는 자는
지체하지도 의심하지도 말고 문을 두드리십시오.
여기는 문을 두드리는 사람만 들어올 수 있습니다.
그래야만 당신을 사랑하시는 하나님이 죄를 사하여 주실 수 있기 때문입니다."

그는 두어 번 문을 두드리며 이렇게 말했다.

"들어가도 되겠습니까? 안에 계신 분께서는
저를 불쌍히 여기시어 자격 없는 배반자를 위해
문을 열어 주시겠습니까? 그렇게만 해 주시면
높이 계신 하나님께 찬송을 드리겠습니다."

마침내 위엄 있는 사람이 문에서 나왔다. '선의'*라는 이름의 남자였다. 그는 밖에 있는 사람이 누구냐고 물었다. 또 어디서 왔고, 왜 왔는지도 물었다.

"저는 짐을 짊어진 불쌍한 죄인입니다. 멸망의 도시에서 왔는데, 시온산으로 가서 임박한 진노를 피하려 합니다. 이 문을 통과해야 그곳으로 간다고 들었습니다. 저를 받아 주실 수 있으신지요?"

"물론이죠." 그는 이렇게 말하고 문을 활짝 열었다. 크리스천이 문 안으로 발을 디디려 하자 선의는 그를 안으로 확 잡아끌었다. 크리스천이 놀라서 물었다. "왜 그러시죠?"

선의가 말했다. "이 문에서 조금 떨어진 곳에 커다란 성이 있습니다. 성 주인인 바알세불은 이 문으로 들어오려는 자를 향해 부하들과 함께 화살을 쏘아 댑니다. 운이 나쁘면 좁은 문 안으로 들어오기도 전에 죽을 수도 있지요."

크리스천이 말했다. "기쁘면서도 떨리는군요."

크리스천이 문 안으로 들어가자 선의는 누가 이 길을 알려 주었냐고 물었다. "전도자께서 여기로 와서 문을 두드리라고 하시기에 그렇게 했습니다. 그분은 제가 할 일을 선생님께서 일러 주실 거라고 말씀하셨지요."

"당신 앞에 활짝 열린 문이 있습니다. 그 문은 그 누구라도 능히 닫을 수 없습니다." 선의가 알려 주었다.

"아, 그렇다면 이제 저는 고생 끝에 평안을 얻은 것이로군요!" 크리스천이 소리쳤다.

그러자 선의가 물었다. "어찌 혼자 오셨습니까?"

"저는 제게 닥친 위험을 보았지만 제 주변 사람들은 아무도 자신들에게 닥친 위험을 보지 못했으니까요."

"당신이 여기 오는 걸 알고 있는 사람이 있었습니까?"

"네, 아내와 자식들이 제게 돌아오라고 소리쳤습니다. 이웃들도 소리를 지르며 돌아오라고 했죠. 하지만 전 귀를 손으로 틀어막고 여기까지 오게 되었습니다."

* "자세히 알아보기"의 '선의' 참조.

"따라오면서 돌아오라고 설득한 사람은 아무도 없었나요?"

"있긴 있었죠. 고집과 줏대없음이 따라오긴 했었죠. 하지만 고집은 저를 설득할 수 없다는 것을 알고 나자 조롱하며 돌아갔고, 줏대없음은 잠깐이나마 저를 따라왔었습니다."

"왜 끝까지 같이 오지 않았나요?"

"함께 길을 걷다가 낙담의 수렁에 빠져 버렸거든요. 그러자 실망해서 더 이상 모험을 하려 들지 않더군요. 자기 집에서 가까운 가장자리 쪽으로 빠져나가더니 그 거룩한 나라엔 저 혼자 가 보라고 했습니다. 그리곤 자기 갈 길로 가 버렸죠. 저는 다시 혼자 남게 되었고요. 줏대없음은 고집을 뒤쫓아 돌아갔고 저 홀로 좁은 문까지 오게 된 것입니다." 크리스천이 설명했다.

"참으로 안타깝군요. 천상의 영광을 너무 과소평가한 나머지, 영생이 위험을 무릅쓰고까지 얻을 가치가 있음을 생각지 못했군요."

"좀 전에 줏대없음 얘기를 해 드렸지만, 사실 저도 그 사람보다 나을 게 하나도 없습니다. 그는 자기 집으로 돌아갔지만 저는 세상현인의 세속적인 말에 속아 죽음의 길로 들어서기까지 했으니까요."

"이런, 그 작자가 당신에게도 나타났군요? 그래서 율법의 손을 빌려 편안하게 그 짐을 버려놓을 방법을 찾았던 거고요. 두 사람 다 악랄한 사기꾼입니다. 그런데 그자의 꾀임에 넘어갔단 말입니까?"

"그러고 말았지요. 저는 율법을 만나러 가는 중이었는데 그의 집 옆에 있는 언덕이 제 머리 위로 쏟아질 것만 같더군요. 그래서 그만 거기에서 발길을 멈추고 말았습니다."

"그 산 때문에 사람들이 많이 죽었습니다. 앞으로도 많은 사람들이 그곳에서 죽을 것입니다. 몸이 갈기갈기 찢기지 않고 그곳에서 빠져나와 다행이군요."

크리스천은 선의의 말에 고개를 끄덕였다. "제가 낙담하여 이러지도 저러지도 못할 때 전도자 님과 다시 만나지 못했다면 거기에서 무슨 일을 당했을지 알 수 없습니다. 하지만 하나님께서는 자비를 베푸시어 전도자 님을 제게 보내 주셨습니다. 그렇지 않았다면 전 여기까지 오지 못했을 겁니다. 다행히 이렇게 좁은 문까지 왔네요. 그 언덕에서 죽음을 맞이해도 싼 제가 이곳에서 선생님과 얘기를 나누고 있다니…… 게다가 좁은 문 안으로 저를 받아 주시기까지 하시니 참으로 큰 은혜를 입었습니다."

"이곳에 오기 전까지 무슨 일을 했더라도 우리는 그 누구도 버치지 않습니다. '버게 오는 자는 버가 결코 버쫓지 아니하리라'는 말씀처럼요. 그러니 착한 크리스천 씨, 나와 함께 조금만 가시지요. 버가 당신이 가야 할 길을 알려 드리겠습니다. 저 앞을 보세요. 저 좁은 길이 보입니까? 바로 저 길로 가야 합니다. 저 길은 조상들과 선지자들, 예수님과 사도들이 만들어 놓은, 아주 곧은 길이지요. 여기가 당신이 가야 할 길입니다."

요한복음 6:37

"하지만, 혹시 처음 가는 사람들이 도중에 길을 잃어버릴 만한 모퉁이나 구불구불한 길이 나오지는 않나요?"

"물론 여러 갈래 길이 나올 것입니다. 굽은 길도 널찍한 길도 나올 겁니다. 그렇지만 어떤 길이 바른길인지 구별하려면 곧고도 좁은 길로 가야 함을 명심하십시오."

마태복음 7:14

그리고 버가 꿈에서 보니 크리스천은 선의에게 혹시 자기 등을 짓누르고 있는 짐을 벗겨 줄 수 있는지 물었다. 크리스천 혼자서는, 다시 말해 어떤 도움 없이는 아무리 애를 써도 자기의 짐을 버려놓을 수 없었기 때문이다. 선의는 그에게 말했다. "구원의 장소에 도착하기 전까지는 꾹 참고 그 짐을 지고 있으세요. 그곳에 도착하면 짐이 등에서 저절로 떨어질 테니까요."

크리스천은 떠날 채비를 했다. 선의는 그에게 이 문에서 조금만 더 가면 '해석자'*의 집에 도착할 것이며, 그 집에 가서 문을 두드리면 해석자가 멋진 것을 보여 줄 것이라고 알려 주었다. 크리스천이 작별 인사를 하자 선의는 여행을 잘 하라고 당부했다.

계속 길을 가던 크리스천은 마침버 해석자의 집에 도착했다. 크리스천은 문을 여러 번 두드렸다. 마침버 한 사람이 나와서 누구냐고 물었다.

---

* 여기서 '해석자'는 성령을 은유적으로 표현한 것임.

"선생님, 저는 순례자입니다. 이 집의 선하신 분을 잘 아는 사람의 소개를 받고 도움을 청하러 왔습니다. 이 집 주인을 한번 만나 뵙고 싶군요." 크리스천이 주인을 만나게 해 달라고 청하자, 잠시 후 주인이 크리스천 앞에 나타나서 무슨 일이냐고 물었다.

"선생님, 저는 멸망의 도시에서 온 사람인데 시온산을 향해 가고 있습니다. 이 길 초입에 위치한 좁은 문에 계시던 분께 선생님 얘기를 들었습니다. 여기에 오면 선생님께서 제 여행 길에 도움이 될 굉장한 것을 보여 줄 거라고 하던데요."

"그렇다면 들어오시지요. 당신에게 도움이 될 만한 것을 보여 드리겠습니다." 해석자가 말했다.

그는 하인에게 양초에 불을 붙이라고 말한 후 크리스천에게 따라오라고 했다. 해석자는 밀실로 크리스천을 안내하더니 하인에게 문을 열라고 했다. 방 안으로 들어간 크리스천은 벽에 초상화 한 점이 걸려 있는 것을 보았다. 아주 위엄 있게 생긴 사람이 그려져 있는 그 그림은 정말 장관이었다. 그림 속 사람은 눈을 하늘로 치켜뜨고, 손에는 최고로 좋은 책을 들고 있었으며, 입술에는 진리의 법이 새겨져 있었다. 그의 등 뒤로는 세상이 펼쳐져 있었다. 그는 머리에 황금 면류관을 쓰고 사람들에게 간절히 호소하는 듯한 모습으로 서 있었다.

크리스천이 물었다. "이분이 누구십니까?"

해석자는 그림을 설명해 주기 시작했다. "이 그림 속에 계신 분은 아주 귀한 분이시랍니다. 이분은 자녀를 낳으실 수 있고 해산의 고통을 알고 계시며 태어난 자녀를 손수 기를 줄도 아는 분이죠. 보시다시피 이분은 눈을 하늘로 치켜뜨고, 손에는 최고로 좋은 책을 들고, 입술에는 진리의 법이 쓰여 있습니다. 이것은 이분이 하시는 일이 어둠의 일들을 알아내 죄인들에게 밝혀 주시는 것임을 나타냅니다. 그림을 보면 이분이 사람들에게 무언가 호소하는 듯하며 세상을 등지고 계신 듯하며 또 머리에 면류관을 쓰고 계십니다. 이 모습은 이분이 현세의 것들을 하찮게 여기고 있음과, 이분이 하나님을 사랑하고 섬기기 때문에 다가올 세상에서 그 영광의 보상을 받을 것임을 보여 주는 것이지요. 제가 이 그림부터 보여 드린 이유는, 여행 중에 당신이 그 어떤 어려움을 겪는다 해도 이 그림 속 주인공이 당신을 인도해 줄 것이기 때문입니다. 이분은 그렇게 할 수 있는 권한을 하나님께 부여받은 유일한 분이십니다. 그러니 지금 제가 보여 주는 것들을 눈여겨 봐 두세요. 그리고 여행하는 도중에 당신을 인도하겠다고 나서는 사람들을 만나게 되면 그들이 결국 당신을 죽음으로 이끌 거란 사실을 꼭 가슴에 새기십시오."

고린도전서 4:15; 갈라디아서 4:19

그런 다음 그는 크리스천의 손을 잡고, 한 번도 빗자루질한 적이 없어 바닥에 먼지가 뽀얗게 쌓인 거실로 데리고 갔다. 해석자는 방을 잠깐 살펴보더니 한 남자에게 바닥을 쓸어 버리고 시켰다. 그가 바닥을 쓸자 먼지가 이리저리 풀썩거렸다. 크리스천은 숨이 막혀 죽을 것만 같았다. 그러자 해석자는 옆에 있는 소녀에게 "가서 물을 가져와 방에 뿌리라"고 했다. 소녀는 시키는 대로 물을 뿌린 뒤 방 안의 먼지를 깨끗이 닦아 냈다.

크리스천이 물었다. "여긴 어디지요?"

해석자가 대답했다. "이 거실은 단 한 번도 복음의 은혜로 정화된 적이 없는 인간의 마음입니다. 먼지는 그의 원죄이자 부패된 마음을 의미하며, 사람을 온통 더럽힌답니다. 먼저 먼지를 쓸어 낸 남자는 율법이며, 물을 가져와 뿌린 여자는 복음입니다. 보시다시피 처음에 쓸어 버리기 시작하자 먼지가 방에 한가득 풀썩거려 숨이 막혀 죽을 뻔했습니다. 즉 율법은 인간의 마음에서 죄를 씻어 버리기는커녕 되살려 버리고 이를 더욱 강하게 만들어서 인간의 영혼에 죄가 더 쌓이게 한답니다. 물론 율법은 죄를 드러내고 죄를 짓지 말라고 금지시키긴 하지만 죄를 정복할 수 있는 힘은 없죠. 하지만 방에 물을 뿌리니 말끔해지지 않았습니까? 이는, 복음이 들어오면 부드럽고도 귀한 기운이 따라 들어오게 되어 마치 바닥에 물을 뿌림으로써 먼지가 사라지듯 죄가 사라지고 굴복당하게 됨을 의미하죠. 복음을 믿게 되면 인간의 영혼은 깨끗해지고 영광의 왕께서 살기 좋은 곳이 된답니다."

로마서 7:6; 고린도전서 15:56; 로마서 5:20; 요한복음 15:3; 에베소서 5:26; 사도행전 15:9; 로마서 16:25,26

내가 꿈에서 보니 해석자는 크리스천의 손을 잡고 작은 방으로 이끌었다. 거기에는 각각 다른 의자에 앉아 있는 두 소년이 있었다. 나이가 좀더 많은 소년의 이름은 '욕망', 다른 소년의 이름은 '인내'였다. 욕망은 뭔가 상당히 못마땅한 표정을 짓고 있었지만 인내는 매우 차분해 보였다. 크리스천이 물었다. "욕망은 뭐가 불만인가요?"

해석자가 대답했다. "저 아이들의 아버지가 그에게 제일 좋은 것을 가지려면 내년 초까지 기다리라고 했는데, 욕망은 지금 당장 갖고 싶어 하는 거고 인내는 기꺼이 참고 기다리고 있는 중이랍니다."

그러자 한 남자가 보물이 가득 담긴 자루를 가지고 욕망에게 다가가 그의 발밑에 보물을 쏟아 부었다. 욕망은 그것을 집어 들고 매우 기뻐하더니 인내를 바라보며 비웃었다. 하지만 잠시 후 보물은 모두 사라져 버리고 그에게 남은 것이라곤 누더기 옷뿐이었다.

그러자 크리스천이 해석자에게 물었다. "이것은 또 무엇을 의미하는지 좀더 자세히 말씀해 주세요."

해석자가 말했다. "이 두 소년은 상징적인 비유랍니다. 욕망은 지금 이 세상에 살고 있는 사람들을 말하고, 인내는 앞으로 다가올 세상의 사람들을 말합니다. 욕망은 모든 것을 지금 당장, 올해 안에, 즉 이 세상에서 가지려 하지요. 이 세상 사람들이 그렇습니다. 그들은 좋은 것을 지금 다 가지려고 합니다. 그 사람들은 좋은 것을 내년까지, 다음 세상까지 기다리지 못한답니다. 이런 속담이 있죠. '손 안에 든 새 한 마리가 숲 속에 있는 새 두 마리보다 낫다.' 그들은 다가올 세상에 좋은 것이 많다는 하나님 말씀보다 이 속담을 더 중요하게 생각하지요. 하지만 보셨다시피 욕망은 모든 것을 순식간에 잃고 아무것도 갖지 못한 채 겨우 누더기만 걸치게 되었죠. 이 세상의 종말이 오면 욕망과 같은 사람들은 모두 저런 행색이 되고 말 것입니다."

이에 크리스천이 말했다. "인내가 대단히 지혜로우며 생각이 깊은 사람이란 걸 알겠습니다. 그는 최고의 것을 기다릴 줄 아는군요. 그는 남들이 누더기만 걸치고 있을 그때에 비로소 영광을 얻게 될 테니까요."

해석자는 말을 이었다. "네. 덧붙이자면 다가올 세상의 영광은 절대로 닳아 없어지지 않는답니다. 그러나 이 세상의 영광은 순식간에 사라져 버리죠. 따라서 욕망이 처음에 좋은 것을 지녔다고 인내를 비웃을 이유가 전혀 없습니다. 인내는 마지막에 최고의 것을 갖게 될 테니까요. 마지막 시간이 다가오면 '처음'은 자기 자리를 내주어야 합니다. 하지만 '마지막'은 뒤따라 나올 것이 아무것도 없기 때문에 다른 사람에게 자리를 내주어야 할 필요가 없는 거죠. 자신의 몫을 미리 가진 사람은 시간이 지나면 다 써 버리지만, 자신의 몫을 나중에 갖게 되는 사람은 영원히 간직할 수 있답니다. 따라서 큰 부자에게 하나님께서는 이렇게 말씀하셨다고 합니다. '너는 살았을 때에 네 좋은 것을 받았고 나사로는 고난을 받았으니 이것을 기억하라. 이제 저는 여기서 위로를 받고 너는 고민을 받느니라.'"

누가복음 16:25

"그러니까 지금 모든 것을 가지려 하지 말고 나중에 올 세상을 기다리는 것이 최고라는 말씀이시군요." 크리스천이 요점을 짚어 냈다.

"그렇습니다. '보이는 것은 잠깐이요 보이지 않는 것은 영원함이니라'는 말씀도 있습니다. 그러나 이 세상 것들과 우리 육체의 욕망은 매우 닮아 있기 때문에 서로 쉽게 친해집니다. 반면, 다가올 세상의 것들과 세속적인 생각은 서로 낯설기 때문에 계속 멀어지는 거죠."

그런 뒤에 나는 꿈에서 해석자가 크리스천의 손을 잡고 불길이 활활 타오르는 벽으로 데려가는 모습을 보았다. 한 사람이 그 위에 물을 끼얹고 있었으나 불길은 점점 더 활활 타오르고 있었다.

고린도후서 4:18

크리스천이 물었다. "이건 또 무슨 뜻이죠?"

해석자가 대답했다. "이 불은 우리 마음속에 있는 하나님의 은총을 말합니다. 물을 뿌리며 그 불을 끄려는 자는 악마입니다. 그럼에도 이 불길이 점점 더 거세져만 가는 이유를 알려 드리죠."

해석자는 크리스천을 데리고 벽 뒤로 돌아 들어갔다. 거기에는 한 남자가 있었는데, 손에 기름병을 들고 아무도 모르게 그 불 위로 기름을 조금씩 뿌리고 있었다.

"저건 무슨 의미입니까?"

"저분이 바로 그리스도이십니다. 은혜의 기름을 계속 뿌려 마음속에 일어난 불꽃을 지켜 주고 계신답니다. 그 때문에 악마가 아무리 날뛰어도 사람들의 영혼엔 여전히 은혜가 넘칠 수 있지요. 보신 대로 벽 뒤에 서 계신 분께서는 불길을 지켜 주려고 하시지 않습니까? 여기에서 우리는 인간의 영혼에 은총을 유지시키는 일이 얼마나 힘든지 깨달을 수 있습니다."

내가 꿈에서 보니 해석자는 또다시 그의 손을 잡고 즐거운 곳으로 이끌었다. 여기에는 위풍당당한 성이 아름답게 서 있었다. 이것을 본 크리스천은 매우 기뻐했다. 그는 성의 가장 높은 곳에서 온통 황금으로 된 옷을 입고 걸어 다니는 사람들도 보았다.

고린도후서 12:9

크리스천이 말했다. "저 궁전 안으로 들어가 봐도 될까요?" 해석자는 그를 데리고 궁전의 문으로 이끌었다. 문 앞에는 많은 사람들이 모여 있었다. 모두들 간절히 들어가 보고 싶어 했지만 감히 엄두를 내지 못했다. 문에서 조금 떨어진 곳에는 한 남자가 책상을 놓고 앉아 있었다. 그는 책상 위에 장부와 잉크병을 올려놓고 그 안에 들어가려는 사람들의 이름을 적고 있었다. 출입구에는 갑옷을 입은 병사 여럿이 문을 지키고 서 있었는데 누구라도 그 안으로 들어오려는 자가 있으면 그에게 상처를 입힐 태세였다. 이 모습을 본 크리스천은 약간 놀랐다. 다들 무장한 병사들을 두려워하며 뒷걸음질치고 있을 무렵, 체력이 좋은 사내 한 명이 책상 앞에 앉아 있는 남자에게 다가가 이렇게 말했다. "내 이름을 적으시오." 책상 앞의 남자는 그의 이름을 받아 적었다. 건장한 사내는 칼을 빼들고 머리에 투구를 쓴 다음, 문 앞에 버티고 있는 무장한 병사들을 향해 달려들었다. 이들은 필사적으로 사내를 밀쳐 냈지만, 사내는 조금도 굴하지 않고 이들에게 마구 칼을 휘둘렀다.

사내는 큰 상처를 입었지만, 자신을 막아서는 병사들에게도 큰 상처를 입힌 후 그들을 제치고 성을 향해 돌진했다. 순간, 성 안에서 아름다운 목소리가 울려 퍼졌다. 성 꼭대기에 있던 사람들의 소리였다.

"들어오시오, 들어오시오
영원한 영광을 얻게 될지니."

마태복음 11:12; 사도행전 14:22

그는 성 안으로 들어가서 성 꼭대기에 있던 사람들처럼 황금 옷을 입게 되었다. 이 모습을 본 크리스천은 웃으며 말했다. "이게 무슨 뜻인지 잘 알겠습니다. 그럼 이제 저는 그만 길을 떠나야겠군요."

해석자가 말했다. "아직 보여 드릴 것이 조금 더 남았으니 마저 보고 길을 떠나십시오." 그는 크리스천의 손을 잡고 어두운 방으로 안내했다. 그곳에는 한 남자가 철로 된 감옥에 갇혀 있었다.

이 남자는 매우 슬퍼 보였다. 그는 팔짱을 낀 채 땅만 보고 앉아 있었다. 그는 가슴이 찢어지는 듯 땅이 꺼져라 한숨을 내쉬었다.

크리스천이 물었다. "이건 무슨 뜻입니까?" 해석자는 크리스천에게 이 남자와 직접 얘기해 보라고 말했다. 크리스천이 남자에게 물었다. "당신은 누구시지요?"

남자가 대답했다. "전 예전엔 이런 사람이 아니었습니다."

크리스천이 되물었다. "그럼 예전엔 어떤 사람이셨나요?"

남자가 다시 말했다. "왕년엔 자타가 공인하는 바르고 훌륭한 신앙인이었습니다. 한때 저는 제가 하늘의 성에 살 만한 자격이 있다고 생각했었죠. 내가 그곳에 들어가 살 거라는 생각에 가슴이 쿵쿵 뛰었으니까요."

누가복음 8:13

"그렇다면 지금은요?" 크리스천이 남자에게 물었다.

"이젠 절망에 빠져서 이렇게 철창에 갇힌 신세가 되고 말았습니다. 여기서 나갈 수가 없어요. 빠져 나갈 수가 없다고요!"

"어쩌다 이렇게 되신 건가요?" 크리스천이 한 번 더 물었다.

"저는 정신 못 차리고, 생활도 절제하지 않았습니다. 욕정을 자제하기는커녕 마음껏 활개치도록 내버려 두었으니까요. 전 말씀의 빛과 하나님의 선하심을 거역하는 죄를 범했습니다. 또한 성령님을 피롭혀 절 떠나게 만들었죠. 이젠 마음이 굳어 버려 회개할 수도 없답니다."

크리스천이 해석자에게 물었다. "이런 사람에겐 희망이 없는 겁니까?"

"그에게 직접 물으시지요." 해석자가 대답했다.

"아뇨, 이 남자를 위해 기도해 주세요." 크리스천이 말했다.

48

그러자 해석자가 그 남자에게 물었다. "이렇게 절망에 빠져 철창에 갇혀만 있는데, 그렇다면 당신은 희망이 전혀 없다고 생각하는 건가요?"

"전혀 없습니다." 남자가 대답했다.

"하나님의 아드님은 인자하신 분인데도요?"

"전 예수님을 다시 십자가에 못박은 놈입니다. 전 그분을 모독하고 그분의 의로우심도 멸시한 인간입니다. 또한 예수님의 보혈을 부정한 것이라 여기고 은혜의 성령도 모욕했죠. 제 스스로 모든 약속을 저버리고 나니, 남은 것이라고는 참혹하기 그지없는 위협과 끔찍한 심판과 노여움뿐이더군요. 이로써 저는 주님의 원수처럼 파멸하고 말 것입니다."

히브리서 6:6; 10:29; 누가복음 19:14

해석자가 다시 물었다. "어쩌다 이 지경까지 되셨습니까?"

"이 세상의 욕정, 쾌락, 재물만 밝혔기 때문이죠. 전 이런 것에 푹 빠져 즐거움을 느꼈습니다. 하지만 이 모든 것들은 저를 갉아먹기 시작했죠. 마치 끔찍한 벌레들처럼 절 서걱서걱 파먹어 버렸습니다."

"그럼 지금이라도 회개하고 뉘우치면 안 될까요?"

"하나님께서는 제 회개를 받아 주지 않으십니다. 하나님의 말씀으로도 제가 신앙의 용기를 얻지 못하니까요. 그래서 저를 여기 이 철창에 가두신 것이지요. 이 세상 사람 그 누구도 이곳에서 절 꺼내 주지 못합니다. 세상에, 영원히 이 꼴로 살아야 한단 말입니까! 어떻게 이 고통을 영원히 견뎌 낼 수 있단 말입니까?"

그러자 해석자가 크리스천에게 말했다. "이 남자의 비참함을 가슴에 새기고 늘 교훈으로 삼으십시오."

크리스천이 말했다. "너무 끔찍합니다. 하나님께서 저를 도우사 제가 정신 차리고 똑바로 살도록 해 주시고, 제가 이 남자의 비참함의 근원을 막을 수 있게 기도하도록 해 주십시오. 선생님, 이제 떠나야 할 시간인 것 같네요."

"하나 더 보여 줄 것이 있으니 조금만 더 있다 가십시오. 그런 다음에 길을 떠나시지요." 해석자는 다시 크리스천의 손을 잡고 잠에서 막 깨어난 사람이 있는 방으로 데려갔다. 그는 옷을 주섬주섬 입으며 온몸을 바들바들 떨고 있었다.

크리스천이 물었다. "이 남자는 왜 이리 떨고 있습니까?"

해석자는 그 남자에게 왜 그러고 있는지 크리스천에게 직접 말해 주라고 했다. 그는 이렇게 말했다. "잠을 자다가 꿈을 꾸었는데, 하늘이 칠흑처럼 어두워지면서 천둥과 번개가 휘몰아치기 시작하더군요. 전 너무나 고통스러웠죠. 꿈에 고개를 들어 하늘을 보니 구름의 움직임이 심상치 않았으니까요. 그러더니만 우렁찬 나팔 소리가 울려 퍼지면서 수천 명의 천사를 거느린 어떤 분께서 구름 위에 앉아 계시지 뭡니까. 사람들은 불길에 휩싸여 있었고 하늘도 온통 불바다였습니다. 그때 목소리가 들려왔습니다. '일어나라, 너희는 죽었으니 심판을 받으라'고요. 이 말소리에 바위가 부서지고 무덤이 갈라지면서 그 속에서 죽은 자들이 걸어 나왔습니다. 몇몇은 기쁨에 젖어 하늘을 올려다보았고, 또 몇몇은 몸을 숨길 곳을 찾아 산 밑으로 헤맸지요. 구름 위에 앉아 있던 분은 책을 열어 온 세상 사람들을 불러 모으셨습니다. 하지만 활활 타오르는 불길 때문에 그분과 사람들 사이는 상당히 벌어져 있었습니다. 그 간격은 마치 심판관과 철창에 갇힌 죄수의 사이만큼 떨어져 있는 것 같더군요.

고린도전서 15:52; 데살로니가전서 4:16; 유다서 14절; 요한복음 5:28,29; 데살로니가후서 1:8-10; 요한계시록 20:11-14; 이사야 26:21; 미가 7:16,17; 시편 95:1-3; 말라기 3:2,3; 다니엘 7:9,10

구름 위에 앉으신 분이 사람들에게 이렇게 소리치셨습니다. '알곡은 모아 곳간에 들이고 쭉정이는 꺼지지 않는 불에 태우리라!' 이 말이 끝나자마자 제가 서 있던 바로 그곳이 뻥 뚫리며 그 깊이를 헤아릴 수 없는 커다란 구멍이 생기지 뭡니까? 그 구멍에서는 섬뜩한 소리와 함께 자욱한 연기와 화염이 솟구쳐 올랐습니다. 그분께서 다시 말씀하셨습니다. '알곡은 모아 곳간에 들여라.' 말소리가 떨어지기 무섭게 그 많던 사람들이 다 구름 위로 올라갔고, 저만 혼자 남게 되었습니다. 숨을 곳을 찾으려 해도 찾지 못하는 제 모습을 구름 위에 앉아 계신 분께서 눈여겨보셨습니다. 제가 지은 죄가 모조리 떠오르자 전 양심에 찔려 너무나 피로웠습니다. 그 순간 잠에서 깨고 말았죠."

마태복음 3:12; 13:30; 말라기 4:1; 누가복음 3:17; 데살로니가전서 4:16,17; 로마서 2:14,15

"그 모습을 보고 왜 그렇게 떠셨습니까?" 크리스천이 궁금해하며 물었다.

"심판의 날이 왔을 때 제가 아무런 준비를 하지 못했기 때문인 것 같습니다. 하지만 무엇보다도 천사들이 다른 사람들은 모두 데려가면서 저만 홀로 남겨 두었다는 점이 가장 몸서리쳐졌습니다. 게다가 제가 서 있던 바로 그곳에서 지옥의 구멍이 뚫렸다는 것도 두려웠습니다. 전 지금 양심에 가책을 느껴 너무나 피롭습니다. 심판하시는 분께서는 근엄한 모습으로 늘 저를 지켜보고 계셨으니까요."

그러자 해석자가 크리스천에게 말했다. "이 모든 것들의 의미를 아시겠지요?"

"물론입니다. 희망과 두려움이 한꺼번에 몰려오는데요."

"이 모든 교훈을 가슴 깊이 꼭 새기십시오. 당신이 꼭 가야 할 길을 걷는 데 자극제가 되어 줄 테니까요." 해석자가 충고했다.

크리스천은 옷매무새를 가다듬은 다음 다시 여행을 떠났다. 해석자가 말했다. "위로자께서 하늘의 성으로 가는 길에서 늘 당신을 인도해 주실 것입니다."

크리스천은 길을 가며 이렇게 말했다.

"이곳에서 진기하고도 이로운 것들을 보았네.
즐거운 것과 끔찍한 것을 보니
굳은 결심으로 이제 길을 떠나야겠네.
그들이 내게 보여 준 모습을 곰곰이 새기고
그 이유를 마음속에서 깨달아야겠네.
오, 선하신 해석자여, 그대에게 감사를."

아름다움이라는 궁전

내가 꿈에서 보니 크리스천은 가파른 오르막길을 올라가야만 했다. 길 양 옆으로는 '구원'이라는 벽이 세워져 있었다. 크리스천은 등에 짐을 짊어진 채 이 길을 뛰어 올라갔다. 하지만 등에 매달린 짐의 무게 때문에 여간 고생스러운 게 아니었다.

오르막길을 달려 올라가다 보니 언덕이 나왔다. 그 위에는 십자가가 서 있었고 바로 아래에는 작은 무덤이 하나 있었다. 내가 꿈에서 보니 크리스천은 그 십자가가 있는 쪽으로 걸음을 옮기고 있었다. 순간, 그의 등에 매달려 있는 짐이 스르르 떨어져 나가더니 데굴데굴 굴러가 버렸다. 짐은 무덤 앞까지 굴러가더니 그 속으로 빠져 버린 후 영영 모습을 감추었다. 크리스천은 너무나 기뻐하며 벅찬 가슴으로 이렇게 말했다.

"주께서 고통을 당하심으로 내게 안식을 주시고, 죽음을 당하심으로 내게 생명을 주셨구나."

그는 한동안 가만히 서서 십자가를 응시했다. 십자가를 그저 바라 본 것만으로도 메고 있던 짐이 떨어져 나갔다는 사실이 매우 경이로웠다. 그래서 몇 번이고 십자가를 계속 바라보았다. 눈물이 뺨을 타고 흘러버렸다. 그가 흐느끼며 십자가를 바라보고 있을 때, 빛나는 천사 셋이 그에게 다가와 인사를 했다.

"평화를 누리소서."

첫 번째 천사가 다가와 말했다. "당신의 죄는 사하여졌습니다." 두 번째 천사는 크리스천이 걸치고 있던 누더기 옷을 벗기고 새 옷으로 갈아입혔다. 세 번째 천사는 그의 이마에 표시를 하고 봉인된 두루마리를 주면서 그가 순례길을 가는 도중에 읽어 보고 하늘의 성 문 앞에 도착하면 건네주라고 했다. 그러곤 세 명의 천사는 사라졌다. 크리스천은 너무나 기쁜

빛나는 천사 셋이 그에게 다가와 인사를 했다.

나머지 그 자리에서 껑충껑충 세 번 뛰었고, 이렇게 노래를 불렀다.

이사야 26:1; 스가랴 12:10; 3:4; 마가복음 2:5; 에베소서 1:13

"지금까지 나는 죄짐을 짊어지고 왔다네.
이곳에 오기까지 아무도 내 슬픔을 달래 주지 못했네.
이곳은 얼마나 좋은 곳인가!
이곳에서 분명 내 축복이 시작되는 것인가?
이곳에서 분명 내 짐이 벗겨진 것인가?
이곳에서 분명 나를 묶었던 끈이 끊어진 것인가?
복된 십자가여! 복된 무덤이여!
나를 위해 수치를 당하신 복되신 예수님이여!"

나는 꿈에서 그가 계속 길을 가다가 산기슭까지 다다른 것을 보았다. 조금 더 길을 가 보니 남자 세 명이 곤히 자고 있었다. 이들의 발목에는 모두 족쇄가 채워져 있었다. 세 남자의 이름은 '단순', '게으름', '무례'였다. 크리스천은 이들을 깨워야겠다는 생각에 이렇게 소리쳤다.

"저 밑으론 죽음의 바다가 펼쳐져 있는데, 돛대 위에서 잠자는 모양새군요! 죽음의 바다는 너무 깊어서 그 깊이를 알 수 없답니다. 어서 일어나 길을 가시죠. 그럼 제가 이 족쇄를 풀어 드리겠습니다."

크리스천은 계속 말을 이었다. "우는 사자같이 두루 다니며 삼킬 자를 찾는 남자가 오게 되면 그의 이빨에 당신네들은 물어뜯기고 말 것입니다."

잠언 23:34; 베드로전서 5:8

그 말에 남자들은 크리스천을 올려다보면서 각각 말했다. 단순은 "뭐가 위험하다는 거요?"라고, 게으름은 "잠이나 더 잡시다", 무례는 "사람은 모두 제 힘으로 살아야 하죠. 대체 나한테 무슨 말을 듣고 싶어서 이러는 거요?"라고 대꾸했다. 그러고는 모두 다시 잠을 청했다. 크리스천은 하는 수 없이 가던 길을 다시 재촉했다. 하지만 위험에 처한 세 남자를 깨워 위험을 알리고 족쇄도 풀어 주려 했건만, 아무 대가 없이 도우려 했던 자신의 선의가 묵살당한 게 내내 마음에 걸렸다. 서운한 마음을 안고 길을 가던 그는 두 명의 남자가 좁은 길의 왼쪽 담장을 훌쩍 뛰어 넘어오는 것을 보았다. 그들이 크리스천에게 다가왔다. 한 명은 '형식', 다른 한 명은 '위선'이었다. 크리스천은 그들과 이야기를 나누기 시작했다.

위선

"어디서 오신 분들이며 어디로 가시는 거죠?" 크리스천이 물었다.

둘은 이렇게 대답했다. "우리는 '헛된 영광'이라는 땅에서 태어나 찬양을 드리러 시온산으로 가는 중이랍니다."

"그럼 왜 이 길의 입구로 들어오지 않으신 거죠? '문으로 들어가지 아니하고 다른 데로 넘어가는 자는 절도며 강도'라는 말씀도 모르시나요?"

요한복음 10:1

그들은 자기네 마을 사람들은 좁은 문을 통과하여 길을 걷게 되면 너무 멀리 돈다고 생각하기 때문에 대부분 이렇게 지름길을 택해 중간에 담을 넘어 들어온다며, 자기들도 그래서 그렇게 한 거라고 대답했다.

크리스천은 놀라서 다가갔다. "하지만 그런 행동은 지금 우리가 향하고 있는 성에 사시는 주님의 말씀을 거역하는 일 아닌가요?"

형식과 위선은 크리스천에게 그건 당신이 상관할 바가 아니며 자신들의 행동은 하나의 관습이기 때문

형식

에 그래도 된다고, 원한다면 중간에 담을 넘는 행동이 수천 년도 더 된 오랜 관습임을 증명해 보이겠다고 큰소리쳤다.

"하지만 하나님의 심판을 받게 될 텐데요?"

이 말에도 그들은 여전히, 그런 관습은 이미 수천 년 동안 이어 온 것이기 때문에 공평하지 못한 판사가 심판을 한다고 해도 분명히 타당한 행동으로 인정될 거라고 장담했다. "우리가 이 길로 들어섰으면 됐지, 어디로 들어왔느냐가 뭐 그리 중요하단 말이오? 어디로 어떻게 들어왔든, 들어온 게 중요하지! 보아하니 당신은 길 입구에서부터 걸어 온 것 같은데, 우리가 담 넘어 들어오긴 했어도 지금은 이렇게 당신과 똑같이 이 길을 걷고 있지 않소? 뭐 그렇다고 해서 당신이 우리보다 나은 게 뭐가 있소?"

"저는 하나님의 말씀에 따라 걷고 있지만, 당신들은 당신들 마음대로 이 길을 걷는 거라고요. 이미 하나님께서는 이 길에 들어선 당신들을 도둑으로 여기시기 때문에, 이 길의 끝에서 진실한 사람으로 인정받지 못할 것입니다. 하나님의 지시를 따르지 않고 이 길에 들어선다면 하나님의 은혜를 입지 못하는 게 당연한 것 아닙니까!" 크리스천이 통탄하며 말하자 그들은 별다른 말 없이 당신이나 잘하라고 했다. 그러고 나서 이들과 크리스천은 서로 아무 말도 나누지 않고 가던 길을 계속 걸었다. 그러다 두 사람은, 율법과 규례라는 측면에서 본다면, 양심적으로 따라야 한다는 점에서는 자신들과 크리스천이 다를 바 없다고 말했다. "그래 봐야 당신이나 우리나 별반 달라 보이지도 않구려. 당신이 걸친 옷만 빼면. 그 옷 보아 하니 벗고 다니는 당신이 불쌍해서 이웃들이 준 것 같은데 뭘."

이에 크리스천은 단호히 말했다. "올바른 문으로 들어오지 않은 당신들이 율법과 규례로 구원받을 수는 없습니다.

갈라디아서 2:16

또한 제가 지금 입고 있는 옷은 제가 잠시 들렀던 하나님의 집에서 얻은 것이며 당신들 말대로 벌거벗은 부끄러움을 가려 주기도 하지요. 저는 이 옷을 그곳에서 제게 베풀어 주신 친절의 징표로서 받아들입니다. 사실 그 전까지는 누더기를 걸치고 있었으니까요. 게다가 길을 가면 갈수록 이 옷이 편안해지는군요. 제가 그 성의 문 앞에 도착하면 하나님께서는 분명히 이 옷을 보고 절 알아보실 것입니다. 하나님께서 제 등에 있는 짐을 벗겨 주시던 날, 이 옷을 아무 대가 없이 주셨고, 당신네들 눈에는 보이지 않겠지만 그분과 아주 친한 분이 제 이마에 표를 해 주셨습니다. 게다가 봉인된 두루마리를 주시면서 길을 갈 때 읽으면 마음의 위안을 얻을 것이라 하셨습니다. 그리고 하늘의 성 문에 다다랐을 때 이 두루마리가 그 안으로 들어갈 수 있게 해 주는 분명한 징표가 될 것이라고도 하셨지요. 그러나 당신들은 좁은 문을 통해 들어온 것이 아니니 이 모든 것을 갖지 못할 것입니다."

크리스천의 말에 그들은 아무 말도 못했다. 그저 서로 얼굴을 멀뚱히 쳐다보다가 웃음을 터뜨렸다. 내가 꿈에서 보니 그들은 모두 가던 길을 계속 갔다. 크리스천은 조금 앞서 걸으면서 간혹 혼잣말을 했다. 가끔 한숨을 내쉬기도 했고, 또 가끔은 마음 편하게 길을 걸었다. 그러고는 천사들이 건네준 두루마리를 펴서 읽으며 마음을 달랬다.

내가 꿈에서 보니 그들은 모두 '고난의 언덕' 기슭에 다다랐다. 기슭에는 샘이 하나 있었다. 그 가운데에는 문에서 곧장 뻗은 길이 있었고 양 옆으로도 길이 나 있었다. 샛길로 온 두 남자 중 한 명은 왼쪽, 다른 한 명은 오른쪽 길로 갔다. 하지만 크리스천은 그 가운데 있는 길을 택했다. 그 길은 좁았고 언덕을 따라 곧장 뻗어 있었다. 그 길의 이름은 '고난'이었다.

크리스천은 샘으로 가서 물을 들이켠 후 기운을 차리고 언덕을 오르며 이렇게 말했다.

"언덕이 높으나 나는 기꺼이 오르리라.
어떤 고난도 날 막지 못할 것이네.
바로 이 길이 생명길임을 알고 있기에
용기를 내어 겁내지도 두려워하지도 않으리.
힘들더라도 바른길로 가는 편이 나은 법.
쉽다고 그릇된 길로 가면 그 끝엔 멸망이 있을 뿐."

이사야 49:10

두 남자도 언덕을 올랐다. 하지만 언덕은 가파르고 꽤 높아 보였다. 옆을 힐끗 보니 양쪽으로 나 있는 두 갈래 길이 보였다. 양쪽 옆길로 올라가면 크리스천이 오른 가운뎃길과 언덕 저 위쪽에서 만날 것 같았다. 그래서 둘은 양쪽 옆길로 오르기로 했다. 한쪽 길의 이름은 '위험'이었고 다른 쪽 길 이름은 '파멸'이었다. 위험이라는 길을 택해 올라간 남자는 첩첩산중에 갇히고 말았다. 그리고 파멸의 길로 곧장 올라간 남자는 음침한 산들이 연달아 솟아 있는 황야에 도착한 후 비틀거리다 쓰러져서 다시는 일어나지 못했다.

나는 크리스천이 어디쯤 가고 있나 살펴보았다. 그는 뛰다가 걷다가 하면서 언덕을 오르고 있었다. 워낙 경사가 가파르다 보니 손과 무릎으로 짚어 가며 기어오르기도 했다. 정상에서부터 한 허리 정도 되는 곳까지 오르자 쾌적한 '정자'가 하나 서 있었다. 이곳은 하나님께서 지친 여행자들을 위해 지어 놓으신 것이었다. 크리스천은 그곳에 앉아서 휴식을 취했다. 그는 마음을 달래기 위해 품속에서 두루마리를 꺼내 읽어 버려갔다. 또한 십자가 근처에 있을 때 얻어 입은 옷의 매무새를 가다듬었다. 이렇게 기분을 추스르던 그는 꾸벅꾸벅 졸다가 그만 깊은 잠에 빠져들고 말았다. 그는 어둠이 버릴 때까지 정자에서 곤히 잠을 잤고, 그러는 와중에 손에 들고 있던 두루마리를 떨어뜨렸다. 그때 한 남자가 다가와 곯아떨어진 그를 깨우며 이렇게 말했다. "게으른 자여, 개미에게로 가서 그 하는 것을 보고 지혜를 얻으라." 이 말소리에 잠이 깬 크리스천은 허겁지겁 다시 가던 길을 재촉했다. 그리고 열심히 걷고 걸어 마침내 정상에 다다르게 되었다.

잠언 6:6

정상에 오르자 남자 두 명이 황급히 달려왔다. 한 사람의 이름은 '겁쟁이', 다른 한 사람의 이름은 '의심'이었다. 크리스천이 물었다. "선생님들, 무슨 일입니까? 왜 가던 길을 되돌아오시는 겁니까?"

겁쟁이는 시온산으로 가려고 고생고생해서 여기까지 올라왔다고 하면서 이렇게 말했다. "오르면 오를수록 점점 더 고생스럽기만 하더군요. 그래서 되돌아가는 중입니다. 다시는 올라가지 않을 거요."

"맞아요, 저 앞에 가다 보니 사자 두 마리가 떡하니 버티고 있지 않겠어요! 잠을 자는 건지 깨어 있는 건지 잘은 모르겠지만, 아마 그 근처까지 갔다가는 온몸이 갈기갈기 찢겨 사자의 먹잇감이 될지도 몰라요. 정말 생각하고 싶지도 않군요." 의심이 말했다.

그러자 크리스천이 물었다. "그 말을 들으니 섬뜩하군요. 하지만 그 어디라도 안전한 곳이 있을까요? 고향으로 돌아간다고 해도 그곳은 불길과 유황이 들끓어서 분명 죽음을 당할 수밖에 없을 텐데요. 만약 하늘의 성에 도착하게 되면 그곳은 안전할 겁니다. 그러니 한번 모험을 해 보는 수밖에요. 되돌아가면 죽음이 기다리고 있습니다. 앞으로 나아가면 죽을지도 모른다는 두려움이 들지만, 그 두려움을 넘어서면 영생이 기다리고 있다고 합니다. 전 계속 앞으로 나아가겠습니다."

겁쟁이와 의심은 언덕을 따라 내려갔고, 크리스천은 계속 앞으로 나아갔다. 하지만 두 사람한테 들은 말이 떠오르면서 그도 두려워졌다. 그는 두루마리를 꺼내 그 안에 적힌 글을 읽고 마음을 가라앉혀야겠다고 생각했다. 하지만 품 안을 아무리 뒤적여 봐도 두루마리가 잡히지 않았다. 크게 낙담한 크리스천은 당황했다. 마음을 달래 주던 그 두루마리는 하늘의 성에 들어갈 수 있는 징표였기 때문이었다. 크리스천은 너무나 당황한 나머지 머릿속이 텅 비어 버렸다.

그러다 문득 언덕 중턱에 있던 정자에서 잠들었던 기억이 떠올랐다. 그는 무릎을 꿇고 자신의 어리석은 행동을 용서해 달라며 하나님께 빌었다. 그러고는 두루마리를 찾기 위해, 왔던 길을 되짚어 내려갔다. 하지만 크리스천의 마음에 고인 슬픔을 그 누가 달래 줄 수 있겠는가? 정자로 돌아가는 내내 그는 한숨을 내쉬기도 하고 흐느끼기도 하며, 바보처럼 잠들어 버렸던 자신을 원망하기도 했다. 지친 몸을 잠시 쉬었다 가라고 지어 놓은 정자에서 아예 잠들어 버리다니! 그는 중턱까지 내려오는 내내, 순례길에 많은 위안을 주던 그 두루마리를 혹시나 찾을 수 있을까 하고 이쪽저쪽 꼼꼼히 살폈다. 그러다 어느새 아까 잠이 들었던 정자까지 되돌아오게 되었다. 크리스천은 정자를 보자마자 슬픔이 북받쳐 올랐다. 잠깐 쉬려고 했다가 그만 잠에 곯아떨어진 죄가 떠올랐기 때문이다.

요한계시록 2:4; 데살로니가전서 5:6-8

그는 잠에 빠졌던 자신의 죄를 두고 통곡하기 시작했다. "대낮에 잠에 곯아떨어지다니 참으로 한심한 인간이구나. 어떻게 이 힘든 길에서 잠을 잘 수 있단 말인가! 순례자들의 영혼을 달래 주기 위해 하나님이 만들어 주신 이 정자를 내 몸뚱이 편하자고 이용하다니! 그래

서 그 덕분에 얼마나 헛걸음을 쳤단 말인가! 이스라
엘도 마찬가지였지. 그들은 죄를 지어 홍해 길로 되
돌아갔었으니. 잠만 자지 않았더라면 기쁨에 차서 걸
었을 이 길을 다시 버딛게 되니, 한 걸음 버걸 때
마나 슬픔이 몰려오는구나. 지금쯤이면 벌써 저만치
갔을 텐데. 한 번만 지나면 될걸, 같은 길을 세 번씩
이나 가야 하다니. 이제 해가 져서 깜깜한 밤이 되어
버렸으니. 잠들지 않았더라면 얼마나 좋았을까!"

정자에 도착한 그는 한동안 그곳에 앉아 하염없이
눈물을 흘렸다. 슬픔이 가득한 마음으로 몸을 숙여
정자 밑을 들여다보던 바로 그때, 크리스천의 눈에
두루마리가 번뜩 들어왔다. 그는 떨리는 가슴으로 두
루마리를 재빨리 집어 들어 가슴에 품었다. 다시 두
루마리를 찾은 기쁨을 그 무엇에 비할 수 있을까? 왜
냐하면 이 두루마리는 그의 생명의 보증서이자 그토
록 바라던 안식처로 들어갈 수 있는 입장권이기 때
문이었다. 크리스천은 두루마리를 가슴에 품고 두루
마리가 있는 곳으로 눈길을 돌릴 수 있게 해 주신 하
나님께 감사드렸다. 그리고 기쁨과 눈물이 뒤범벅된
채 다시 길을 떠났다.

크리스천은 발걸음도 가볍게 정상을 향해 걸어갔
다. 하지만 정상에 오르기 전에 주위는 칠흑같이 캄
캄해지고 말았다. 크리스천은 잠에 곯아떨어졌던 기
억이 다시 떠올라서 스스로를 원망하고 또 원망했다.
"사악한 잠이여! 너 때문에 내가 이 밤길을 가고 있

의심

겁쟁이

구나. 밤이 되었어도 계속 길을 가고 있다. 내가 버딛는 길을 어둠이 뒤덮어 버렸구나. 사악한 잠 때문에 스산한 동물 울음소리까지 들어야 하다니."

데살로니가전서 5:6-8

크리스천은 겁쟁이와 의심이 정말 무섭다고 했던 사자 얘기를 떠올렸다. 그러고는 혼잣말로 중얼거렸다. "밤에는 그런 맹수들이 먹이를 구하러 돌아다닐 텐데, 어둠 속에서 맞닥뜨리기라도 하면 녀석들을 어떻게 떼어 놓아야 하지? 짐승의 먹잇감이 되어 온몸이 갈기갈기 찢기지 않으려면 어떻게 도망쳐야 하지?" 크리스천은 이런저런 궁리를 하며 계속 길을 걸었다. 어리석은 실수를 통탄하며 걷던 그는 눈을 들었다가 앞에 있는 웅장한 궁전을 바라보게 되었다. 이 궁전의 이름은 '아름다움'으로, 오르막길 옆에 서 있었다.

나는 꿈에서, 크리스천이 그 궁전에서 하룻밤 묵어갈 수 있는지 알아보러 그곳으로 서둘러 달려가는 모습을 보았다. 그는 저만치 앞으로 멀어지더니 아주 좁은 길로 들어섰다. 그 길은 문지기의 집에서 한 200미터 정도 떨어져 있었는데, 나아갈수록 더 좁아 보였다. 크리스천은 그 길을 걷다가 저 앞에 사자 두 마리가 버티고 있는 모습을 보았다. "겁쟁이 씨와 의심 씨가 말하던 그 위험이 버게도 닥쳤군." (사자는 쇠사슬에 묶여 있었지만 크리스천은 그걸 보지 못했다.) 두려운 마음에 여기서 그만 되돌아가야 하는 건 아닐까 생각했지만, 되돌아가 봐야 죽음만이 기다리고 있을 뿐이었다.

그때 '주의'라는 문지기가 집에서 나와 돌아갈까 말까 머뭇거리고 있는 크리스천을 보았다. 문지기는 크리스천에게 말했다. "왜 그리 용기가 없는 게요? 사자는 쇠사슬에 묶여 있으니 무서워하지 않아도 돼요. 순례자들에게 믿음이 있는지 없는지 시험해 보려고 녀석들을 거기에 갖다 놓은 것이에요. 길 한가운데로 걸어오면 아무런 해도 입지 않을 겁니다." 내가 꿈에서 보니 크리스천은 사자가 무서워 온몸을 벌벌 떨면서도 문지기가 있는 쪽으로 조심스레 발걸음을 버딛었다. 사자들은 으르렁거리기는 했지만 아무런 해코지도 하지 않았다. 크리스천은 기쁨에 겨워 손뼉을 치며 계속 걸어갔고, 마침버 문지기가 있는 곳까지 당도하게 되었다. "선생님, 이 집은 누구의 집입니까? 혹시 하룻밤만 신세져도 괜찮겠습니까?"

마가복음 4:40

문지기가 대답했다. "이 집은 이 언덕 주인의 집이지요. 순례자들이 편안히 쉬어 갈 수 있도록 지어진 집입니다." 문지기는 크리스천에게 어디에서 와서 어디로 가는 중인지 물었다.

"저는 멸망의 도시를 떠나 시온산으로 가는 중입니다. 날이 저물어서 그러니, 괜찮다면 하룻밤 자고 갈 수 있을까요?"

"이름이 어떻게 되시오?"

"크리스천이라고 합니다. 원래 이름은 '박복'이었습니다. 저의 조상님들은 하나님께서 셈의 장막에 살라고 하셨던 야벳족이랍니다."

창세기 9:27

"어쩌다가 이렇게 늦은 시각에 오게 되셨소? 해도 다 졌는데."

크리스천은 앞서 있었던 일들을 자세히 이야기했다. "더 빨리 올 수도 있었는데 제가 변변치 못해서 그만 언덕에 있던 정자에서 잠을 자고 말았습니다! 그러지 않았더라면 훨씬 더 빨리 왔을 텐데 말입니다. 자다가 징표를 잃어버렸는데 잃어버린 것도 모른 채 언덕 꼭대기까지 올라갔습니다. 거기서 비로소 징표를 잃어버린 사실은 알게 되었지만 찾을 수가 없었습니다. 메어지는 가슴을 안고 잠에 곯아 떨어졌던 그 정자까지 되돌아갈 수밖에 없었고 다행히 정자에서 징표를 다시 찾게 되었지요. 그러다 보니 지금에야 도착하게 된 것입니다."

"그렇다면 이 집 아가씨들 중 한 분을 불러 드리지요. 이 집의 규칙에 따라, 아가씨가 당신 얘기를 마음에 들어하면 나머지 가족들에게 소개시켜 줄 겁니다."

이렇게 말하고 나서 문지기 주의가 초인종을 눌렀다. 초인종 소리에 아름다운 처녀 '분별'이 집에서 나와 무슨 일이냐고 물었다.

문지기가 대답했다. "이 사람은 멸망의 도시를 떠나 시온산으로 향하는 순례자인데, 밤도 어둡고 몸도 지쳐서 혹시 이곳에서 하룻밤 묵어갈 수 있냐고 묻는군요. 그래서 제가, 아가씨가 나오셔서 이 집의 규칙에 따라 당신이 괜찮은 사람인지 아닌지 얘기를 나눠 보실 거라고 했습니다."

분별은 그에게 어디서 왔으며 어디로 가는지 물었다. 이에 크리스천은 조금 전에 문지기에게 한 말을 되풀이했다. 분별은 또 그에게 어떻게 여기까지 왔는지, 여기까지 오면서 무엇

사자는 쇠사슬에 묶여 있었지만 크리스천은 그걸 보지 못했다.

을 보고 누구를 만났는지 물었다. 크리스천은 그것도 대답해 주었다. 끝으로 처녀가 이름을 묻자 크리스천은 이렇게 말했다. "제 이름은 크리스천입니다. 여기에서 하룻밤 꼭 묵어가고 싶습니다. 듣기로는 언덕의 주인님께서 순례자들이 편히 쉬어 가라고 만드신 곳이라면서요."

크리스천의 말을 듣고 난 분별은 웃음을 띠고 있었지만 눈에는 눈물이 고여 있었다. 잠시 아무 말이 없던 분별은 이렇게 말했다. "저희 가족을 두어 분 더 만나 보시죠." 분별은 문가로 가서 '신중', '경건', '자선'을 불러냈다. 이들은 크리스천과 얘기를 좀더 나눠 본 후 그를 집 안으로 들였다. 많은 사람들이 크리스천을 맞으며 이렇게 말했다. "어서 오세요. 이 집은 언덕의 주인님께서 당신과 같은 순례자들이 쉬었다 가라고 지으신 곳이랍니다."

크리스천은 정중히 인사하고 나서 사람들을 따라 집으로 들어갔다. 그가 안으로 들어가 자리에 앉자 사람들은 음료를 대접했다. 저녁상이 차려질 때까지 시간을 보내기에는 이야기 나누는 것이 제일이었기에 서로 대화를 나누기로 했다. 사람들은 신중, 경건, 자선더러 크리스천과 얘기를 나눠 보라고 했다.

"잘 오셨어요, 착한 크리스천 씨. 오늘 밤 저희 집에서 묵고 가시게 되어 참으로 기쁘군요. 그동안 순례 여행에서 겪었던 일들을 상세히 알려 주신다면 저희에게 많은 도움이 되겠어요." 경건이 부탁했다.

"기꺼이 말씀드리죠. 이렇게 다들 좋아해 주시니 저도 참 기쁩니다." 손님으로 하룻밤 묵게 된 크리스천이 대답했다.

"순례자의 길을 걷게 되신 계기가 있나요?" 경건이 물었다.

"저는 제가 살던 곳에서 끔찍한 이야기를 직접 듣고 고향을 떠나 오게 되었습니다. 거기 계속 살다가는 아무리 몸부림쳐도 피할 수 없는 멸망이 닥친다는 이야기였거든요."

"그럼 고향을 떠난 후 어쩌다가 이리로 오시게 된 거죠?"

"그건 아마 하나님의 뜻이라고 생각합니다. 멸망이 닥칠까 봐 두려워하고 있을 때 어디로 가야 할지 알 수 없었습니다. 그래서 두려움에 온몸을 벌벌 떨고 있었는데 우연히 한 남자분을 만나게 되었지요. 그분의 이름은 전도자였고 저더러 좁은 문으로 가라고 일러 주셨습니다. 그분이 아니었다면 좁은 문을 찾지 못했을 겁니다. 그분이 알려 주신 대로 길을 따라 걷다 보니, 이곳까지 곧장 오게 된 것입니다."

경건이 계속 물었다. "그럼 해석자의 집에는 들르지 않으셨나요?"

크리스천이 대답했다. "물론 거기 들러서 많은 것을 보았지요. 거기에서 본 것들은 죽을 때까지 잊지 못할 겁니다. 특히 다음의 세 가지가 기억에 또렷이 남아요. 첫째, 사탄의 방해가 있을지라도 그리스도께서 마음속 은혜의 역사를 어떻게 유지하시는지 알게 되었습니다. 둘째, 하나님의 은혜를 입지 못하여 희망을 잃은 인간이 어떤 죗값을 치르고 있는지도 보았습니다. 셋째, 심판의 날이 다가오는 꿈을 꾼 사내를 만나기도 했습니다."

"그 사람이 꿈에서 본 것을 얘기하던가요?"

"그럼요, 아주 끔찍하던데요. 그 남자가 하는 소리를 듣고 있자니 가슴이 찢어질 듯 아팠습니다. 그런데 다 듣고 나니 오히려 기쁘던걸요."

"해석자의 집에서 본 건 그게 다인가요?"

"아뇨, 그분은 제게 웅장한 성 안에서 황금빛 옷을 입은 사람들도 보여 주셨습니다. 그 성에 들어가지 못하게 하려고 성문 앞을 지키고 있던 병사들을 어떤 용감한 남자가 무찌르고 성 안으로 들어가 영원한 영광을 누리는 것도 보았지요. 이런 광경을 보고 나니 제 가슴은 기쁨으로 벅차올랐습니다. 저도 그 남자가 머무는 곳에서 일 년 열두 달 머물 수 있다면 얼마나 좋을까요? 하지만 전 갈 길이 아직도 멀었죠."

"여기까지 오시는 중에 보신 건 또 없나요?"

"왜요, 있다마다요. 조금 더 길을 가다가 바로 그분을 뵈었습니다. 가만히 생각해 보니 그분이 십자가에 매달려 피를 흘리시는 걸 본 것 같기도 했어요. 그분을 뵙게 되는 순간, 제 등을 짓누르고 있던 짐이 스르르 떨어져 나가지 뭡니까? 등에 짊어진 짐이 너무 무거워서 그동안 고생이 이만저만이 아니었는데, 그분을 보는 순간 짐이 저절로 벗겨져 버렸다니까요. 정말 신기한 일이었습니다. 이런 일은 처음입니다. 그분에게서 눈을 뗄 수 없어서 십자가를 쳐다보며 한참을 서 있었죠. 잠시 후 빛나는 천사 셋이 제 앞에 나타났습니다. 첫 번째 천사는 제 죄가 사해졌다고 말해 주었고, 두 번째 천사는 제가 입고 있던 누더기 옷을 벗기고 이 옷을 입혀 주었습니다. 세 번째 천사는 제 이마에 표시를 한 다음, 이 봉인된 두루마리를 주었습니다." 크리스천은 품에서 두루마리를 주섬주섬 꺼냈다.

"또 보신 게 있으면 얘기해 주세요."

"좀 전까진 좋은 이야기였지만 지금부터는 아닙니다. 단순, 게으름, 무례 이렇게 세 남자가 족쇄를 차고 잠을 자고 있기에 저는 그들 곁으로 다가갔죠. 하지만 제가 아무리 애를 써도 그들은 일어나지 않았습니다. 그리고 형식과 위선이란 남자들도 만났답니다. 이 사람들은 담을 훌쩍 뛰어넘어 순례길로 들어오더니 아무 일도 없었다는 듯 시온산을 향해 가더군요. 제가 여러분께 해 드린 이야기들을 그들에게 해 주었지만, 그 사람들은 제 말을 믿지 않고 가다가 곧 길을 잃고 말았답니다. 하지만 무엇보다도, 이 언덕을 오르면서 정말 힘들었던 건 사자의 먹잇감이 될까 봐 잔뜩 겁에 질렸던 때였어요. 사실 문 앞에 서 있던 마음씨 좋은 문지기님이 아니었다면 전 사자가 묶여 있다는 사실도 모른 채 어쩌면 되돌아갔을지도 모릅니다. 하나님 덕분에 제가 여기까지 오게 되었지요. 저를 받아 주신 여러분께도 감사드립니다."

신중은 질문 몇 가지를 더 해도 괜찮겠냐며 물었다. "가끔 고향 생각이 나지는 않으세요?"

"나기야 나죠. 하지만 생각해 보면 창피하고 지긋지긋하네요. 떠나온 고향 생각만 했다면 솔직히 돌아갈 기회는 여러 번 있었죠. 하지만 전 더 나은 고향, 하늘의 성에 가고 싶었습니다."

"그래도 아끼던 물건이나 친하게 지내던 사람들이 있으셨을 텐데 이에 대한 미련이 남아 있지는 않으신가요?"

"남아 있기는 해요. 하지만 다들 제 의지에 반하는 것들뿐이랍니다. 저 자신도 고향 사람들과 마찬가지로 육체적인 쾌락에 빠져 있었습니다. 하지만 이 모든 것들이 지금은 후회로 남았지요. 제 맘대로 선택할 수 있다면, 그런 일들은 두 번 다시 생각조차 하지 않을 겁니다. 그러나 저는 선을 행하려고 할 때도 늘 악이 따라다니거든요."

히브리서 11:15,16; 로마서 7:15,21

"이전에는 해결되지 않았던 그런 일들이 순식간에 모두 사라져 버리고 극복할 수 있게 된 것을 발견하지는 않으십니까?" 신중이 물었다.

"네, 아주 드물지만 그런 적이 있습니다. 그런 일이 일어나는 때는 제게 아주 소중한 시간이죠."

"그럼 피로운 일들이 모두 극복된 것 같은 기분이 드는 때는 언제인가요?"

"음, 십자가를 봤을 때 그랬던 것 같습니다. 또 자수가 놓인 이 옷을 볼 때도 그렇고 가슴에 품고 있는 두루마리를 읽어 볼 때도 그렇고요. 또 제가 지금 가고 있는 곳이 어디인지 생각하면 새 힘과 용기가 솟습니다."

"시온산에 가고 싶어 하는 가장 큰 이유는 무엇이지요?" 신중이 물었다.

"전 시온산에 가서, 십자가에 매달리신 분이 살아 계신 모습을 보고 싶습니다. 그리고 지금껏 제 안에서 저를 피롭혀 왔던 것들을 그곳에서 모두 털어 버리고 싶어요. 그곳은 죽음도 없으며 제가 가장 좋아하는 사람들과 함께 살 수 있다고 들었습니다. 솔직히 말씀드리자면, 전 그분 덕분에 제 어깨의 짐을 벗어 버릴 수 있었기에 그분을 사랑합니다. 속병을 앓는 것도 지겹습니다. 이젠 죽음 없는 그곳에서 "거룩하시다, 거룩하시다, 거룩하시다!" 하고 외치며 찬송하는 이들과 함께 살고 싶습니다.

이사야 25:8; 요한계시록 21:4

그러자 자선이 크리스천에게 물었다. "가족은 어떻게 되세요? 결혼은 하셨나요?"

"아내와 아이 넷이 있습니다."

"그럼 왜 데리고 오지 않으셨어요?"

크리스천은 그 질문을 듣자마자 흐느끼며 말했다. "그걸 제가 얼마나 바랐겠습니까! 하지만 제가 순례를 떠난다고 하자 다들 반대만 했답니다."

"그래도 말씀을 하셨어야죠. 뒤에 남아 있다가는 위험이 닥친다는 사실을 일깨워 주려고 노력하셨어야죠."

"저도 한다고 했습니다. 하나님께서 우리 도시의 멸망을 보여 주셨다고 말했지만, 가족들은 제가 헛소리를 한다고 생각하고 제 말을 무시했어요."

창세기 19:14

"그럼 하나님께 가족들이 당신의 얘기를 듣게 해 달라고 기도는 하셨나요?"

"네, 있는 힘껏 기도를 했습니다. 아내와 자식들은 제게 정말 소중한 존재니까요."

"그럼 멸망이 얼마나 두렵고 슬픈 일인지 가족들에게 설명은 하셨나요? 당신은 그 멸망이 어떤 것인지 잘 알고 계셨을 것 아닙니까?" 자선이 물었다.

"입이 닳고 닳도록 설명해 주었지요. 저희 가족들은 제 얼굴과 눈에 서린 공포를 보았고, 머리 위로 드리워질 심판의 날을 두려워하며 제가 온몸을 벌벌 떨고 있는 것도 보았습니다. 하지만 그런 모습을 보고도 저희 식구들은 저를 따라나서지 않았답니다."

자선은 크리스천에게 두고 온 가족들에 대해 더 물었다. "남은 가족들은 뭐라고 하면서 따라나서지 않던가요?"

"제 아버는 이 세상을 잃을까 봐 두려워했어요. 아이들은 젊은 날의 어리석은 쾌락을 즐기고 있었고요. 그래서 이래저래 저 혼자 이렇게 순례를 떠나게 되었답니다."

"무슨 말을 해도 가족들의 마음을 돌리지 못한 것은 혹시 당신이 그동안 헛되게 살았기 때문은 아닐까요?"

"그렇습니다. 전 제 삶도 제대로 꾸리지 못하며 살았었죠. 저도 저 자신과 저의 실패를 잘 압니다. 사람들이 남들에게 하나님을 따르라고 말해도, 그 얘길 들은 사람들이 하나님을 믿지 못하는 건 바로 그런 말을 하는 사람들 때문이거든요. 어떤 사람이 좋은 일을 아무리 설명하고 논쟁한다 해도, 그 다음 순간 나쁜 언행을 하게 되면 아무 소용없지요. 저는 혹시나 제가 흉한 꼴을 보여 가족들이 순례를 따라나서지 않을까 봐 매우 조심하고 또 조심했습니다. 그런데 저의 이런 행동에 대해 가족들은 제가 너무 융통성이 없다고, 자기들이 보기엔 죄도 아닌 일에도 몸을 사린다고 말하곤 했죠. 그렇다 해도 가족들이 저의 그 어떤 모습을 싫어해서 믿음을 갖지 못했다면, 그건 제가 너무나 나약하여 하나님의 뜻을 거스르는 죄를 저질렀거나, 아니면 제가 이웃들에게 뭔가 잘못했기 때문일 테죠."

자선이 말했다. "그렇습니다. 가인이 동생을 미워한 건 자신의 행동은 악하고 동생의 행동은 의로웠기 때문이었죠. 만약 이런 이유로 당신의 가족들이 당신을 못마땅하게 생각했다면 그건 가족들이 선을 가까이 할 수 없었기 때문일 것입니다. 이제 당신은 그들의 죄악에 대한 책임에서 벗어나 당신의 영혼을 보존하신 겁니다."

요한일서 3:12; 에스겔 3:19

이야기를 나누던 그들은 저녁상이 다 차려지자 다들 식탁에 둘러앉았다. 식탁에는 기름진 고기와 잘 정제된 백포도주가 차려져 있었다. 식탁에서 나눈 대화는 모두 이 언덕 주인에 관한 얘기였다. 사람들은 그분이 어디에서 뭘 하셨으며, 이 집을 왜 지으셨는지에 대해 얘기를 나눴다. 이들의 얘기를 듣다 보니 나는 그분이 위대한 용사이시며 사망의 권세를 가진 자와 싸우다가 큰 위험에 처했지만 결국 그를 무찌르셨다는 사실을 알게 되었다. 나는 그분을 더욱 사랑하게 되었다.

크리스천이 말했다. "사람들이 말한 것처럼, 또 제가 믿는 것처럼, 그분께서는 많은 피를 흘리심으로 그 일을 이루셨습니다. 그러나 그분은 자신의 나라에 대한 순수한 사랑 때문에 그런 일을 하셨기에 은혜의 영광을 받으시기에 합당합니다. 그분을 따르던 이들 중에 그분이 십자가에 못박혀 죽으신 후에 그분과 이야기를 나누었다는 사람들이 있습니다. 그들은 보잘것 없는 순례자들을 사랑하신다는 그분의 말씀을 직접 들었다고 증언합니다. 그들은 동서고금에 그분 같은 분을 절대로 찾을 수 없다고 합니다."

사람들은 이 말을 입증할 수 있는 증거를 보여 주었다. 그분이 가난한 자들을 위해 스스로 영광을 버리신 것이 그 한 예이다. 또한 그분 혼자서만 시온산에 살지 않겠다고 말씀하시는 것도 직접 들었다고 했다.

그들이 덧붙여 말하기를, 그분은 가난하게 태어난 많은 순례자들을 거름더미에서 들어올리셔서 왕자로 삼으셨다고 했다.

히브리서 2:14,15; 사무엘상 2:8; 시편 113:7

사람들은 밤이 깊도록 이야기꽃을 피웠다. 주님께서 자신들을 보호해 주시기를 기도드린 후 다들 잠자리에 들었다. 그들은 일출을 바라볼 수 있는 창이 달린 2층 방으로 크리스천을 안내했다. 이 방의 이름은 '평화'였다. 크리스천은 이곳에서 잠이 들어 새벽녘에 일어나 이렇게 노래불렀다.

"내가 지금 있는 곳은 어디인가?
예수님이 순례자들에게

사랑과 보살핌을 베풀어 주시는 곳이지 않은가?

이로써 나의 죄는 사하여지고

이제 천국은 가까이 있도다."

아침이 되자 모두들 일어나, 대화를 더 나누었다. 사람들은 그 성에 있는 진귀한 것들을 보기 전까지는 떠나서는 안 된다고 그에게 말해 주었다. 먼저 그를 서재로 데려가 아주 오래된 문서들을 보여 주었다. 내가 꿈에서 보니 그들은 크리스천에게 이 언덕의 주인님의 족보를 보여 주었다. 그분은 영원한 세대를 거슬러 올라간 아주 오래된 세대의 아드님이셨다. 또한 그 오래된 문서들 안에는 그동안 그분이 해 오신 행적이 낱낱이 적혀 있었으며, 그분을 섬겼던 수많은 사람들의 이름도 함께 적혀 있었다. 그리고 그분이 아주 오랜 세월과 천재지변에도 무너지지 않을 만큼 견고한 처소에서 그들을 살게 하신 사실도 적혀 있었다.

그들은 그분의 몇몇 종들이 했던 값진 일들을 크리스천에게 읽어 주었다. 그분의 종들이 어떻게 나라들을 이겼으며, 의로운 일들을 행했고, 약속을 받아 버고, 사자들의 입을 막았으며, 불의 세력을 멸하고, 칼날을 피하기도 하며, 연약한 가운데서 강하게 되었고, 전쟁에서 용감하게 싸워 이방인의 군대를 달아나게 했는지도 읽어 주었다.

히브리서 11:33-34

그런 다음, 다른 문서들도 읽어 주었다. 그분이 과거에 자신의 인격과 행적을 모독했던 사람들까지도 전부 받아 주었다는 얘기가 쓰여 있었다. 크리스천은 거기에 적힌 또 다른 일화를 모두 다 읽었다. 그 일화에는 예나 지금이나 확실히 이루어졌던 예언과 경고들이 들어 있었다. 이런 얘기들은 적들에게 두려움과 놀라움을 주었고, 순례자들에게는 평안함과 위로를 주었다.

그 다음 날, 사람들은 크리스천을 무기고로 데려가서 주인님이 순례자들에게 주신 각종 무기를 보여 주었다. 거기에는 칼, 방패, 투구, 흉갑, 모든 기도, 아무리 신어도 닳지 않는 신발이 있었다. 주인님을 섬기는 사람들이 하늘의 별만큼 많다고 해도 그곳에 있는 무기는 그들 모두를 다 무장시키고도 남을 만큼 많았다.

사람들은 또 주인님의 종들이 훌륭한 일들을 할 때 사용했던 무기들도 보여 주었다. 모세의 지팡이, 야엘이 시스라를 죽일 때 사용한 말뚝과 방망이, 기드온이 미리안 군대를 무찌를 때 사용한 항아리와 나팔과 횃불, 삼갈이 600명을 죽일 때 썼던 소 모는 막대, 삼손이 위업을 세울 때 사용했던 턱뼈, 다윗이 가드의 골리앗을 쓰러뜨릴 때 사용했던 물매와 돌 등이었다. 게다가 주인님이 심판의 날에 죄인을 심판하실 때 사용할 무기도 보여 주었다. 이것들 외에도 여러 가지 대단한 것들을 보게 되자 크리스천은 가슴이 벅차올랐다. 구경을 모두 마치고 그들은 다시 잠자리에 들었다.

내가 꿈에서 보니 그 다음 날 아침, 크리스천이 일어나 순례길을 떠나려 했지만 사람들은 하루만 더 머물라고 만류했다. 그러면서 날씨가 맑으면 '기쁨의 산'을 보여 주겠다고 했다. 기쁨의 산은 지금 있는 이곳보다 천국과 더 가깝기 때문에, 보고 나면 마음이 한결 편안해질 거라고 말해 주었다. 그 말에 크리스천은 흔쾌히 동의하고 하루 더 머물기로 했다. 아침이 되자 그들은 크리스천을 그 집 지붕 위로 데려가서 남쪽을 바라보라고 했다. 크리스천이 남쪽을 바라보자 저 멀리에 산지로 둘러싸인, 아주 쾌적해 보이는 어떤 나라가 눈에 들어왔다. 그곳은 울창한 숲과 포도밭, 온갖 종류의 파일과 꽃, 샘과 연못이 아름답게 어우러져 있었으며, 기쁨이 충만해 보였다.

이사야 33:16-17

크리스천은 그 나라의 이름을 물었다. 사람들은 그곳이 '임마누엘의 땅'이며 여기 이 언덕처럼 모든 순례자들이 향하는 곳이자 그들을 위한 땅이라고 말해 주었다. 또한 그곳에 가게 되면 '하늘의 성'으로 가는 문을 볼 수 있으며 그 성에 사는 목자들도 만나게 될 것이라고 얘기해 주었다.

크리스천이 이제는 순례길을 떠나야겠다고 하자 그제야 사람들도 그러라고 했다. 하지만 떠나기 전에 무기고는 한 번 더 보고 가라고 부탁했다. 크리스천은 무기고에 다시 들렀고, 사람들은 길을 가다가 혹시라도 당할 수 있는 공격에 대비해 머리부터 발끝까지 단단히 무장시켜 주었다. 사람들은 무장을 한 크리스천을 문 앞까지 나와 배웅했다. 크리스천은 문지기에게 혹시 이곳을 지나간 순례자가 있었는지 물었다. 문지기는 있었다고 대답했다.

"혹시 그 사람이 누군지 아시나요?" 크리스천이 물었다.

"이름을 물었더니 '믿음'이라고 하더군요."

"아 그 사람, 제가 잘 알지요. 같은 동네에 살았거든요. 제가 태어난 고향 사람입니다. 그런데 얼마나 멀리 갔을까요?"

"지금쯤 언덕을 다 내려갔을 겁니다."

"그럼, 안녕히 계십시오. 주님이 늘 함께하시길. 제게 베풀어 주신 친절로 더 큰 은총 받으시길 바랍니다."

아볼루온

크리스천은 길을 나섰다. 분별, 경건, 자선, 신중이 언덕 밑까지 배웅해 주겠다고 했다. 그들은 함께 언덕을 내려가며 전에 했던 얘기를 또 나누었다. 그러다 보니 어느새 언덕 아래까지 거의 도착하게 되었다. 크리스천이 말했다. "올라오는 게 힘들더니, 이제 보니 내려가는 건 또 위험하군요."

신중이 말했다. "정말 그래요. 지금 이렇게 가다가 '치욕의 골짜기'를 미끄러지지 않고 내려가는 건 어려운 일이지요."

"그래서 저희가 이렇게 언덕 아래까지 배웅하는 거랍니다." 그들이 말했다. 크리스천은 다시 내려갔다. 굉장히 조심했는데도 한두 번씩 미끄러지곤 했다.

그때 내가 꿈에서 보니 크리스천이 언덕을 완전히 다 내려가자 이 착한 사람들은 크리스천에게 빵과 포도주와 건포도를 건네주었다. 그리고 크리스천은 계속 순례를 떠났다.

그런데 이제 크리스천은 가엾게도 이 치욕의 골짜기에서 격투를 벌이게 되었다. 그는 얼마 가지도 못해 악마가 들판을 건너 자신에게 오고 있는 모습을 보았다. 그의 이름은 아볼루온이었다.

크리스천은 겁이 덜컥 나서 돌아가야 할지 가야할지 망설였다. 하지만 다시 생각해 보니 등 쪽을 무장하지 않아 뒤돌아 등을 보이게 되면 아볼루온에게 창 던질 빌미를 주는 셈이었다. 그래서 한번 맞서보기로 했다.

"목숨을 부지하려면 맞서는 게 최선이야."

그는 계속 앞으로 나아가 아볼루온을 만났다. 막상 악마와 맞닥뜨리니 도망가고 싶을 정도로 끔찍했다. 악마는 물고기처럼 비늘로 뒤덮인 피부를 매우 으시대며 뽐내고 있었다. 용처럼 날개가 돋아 있었고, 발은 곰같이 두툼했으며, 배에서는 불길과 연기가 솟구쳤고, 입은 사자의 입 같았다. 크리스천을 업신여기며 바라보던 악마가 다가와 물었다.

"넌 어디서 와서 어디로 가는 중이냐?"

"난 온갖 악으로 가득한 멸망의 도시를 떠나 시온산으로 가는 중이다."

"그렇다면 넌 나의 종이었겠군. 멸망의 도시는 내가 다스리는 곳이고 난 그곳의 주인이자 신이다. 그런데 감히 네놈이 이 주인에게서 도망을 친다고? 널 부려먹을 생각만 없었다면 당장 네놈을 집어 들어 버둥댕이칠 텐데."

"내가 네놈의 나라에서 태어난 건 사실이다. 하지만 네가 시키는 일은 고되고 그 대가는 너무 짜기 때문에 누구라도 그걸로는 먹고살 수 없다. 죄의 삯은 사망인 법. 이제까지는 그렇게 살았지만, 앞으로는 다른 분별 있는 사람들이 그랬던 것처럼 나도 바뀔 것이다."

로마서 6:23

아볼루온이 말했다. "자기 종을 쉽게 놓아 주는 주인이 과연 있을까? 나 역시 너를 잃지 않을 것이다. 네 녀석이 나를 섬기는 일과 삯에 대해 불평을 해? 잔말 말고 어서 돌아가라. 그럼 내가 다스리는 나라에서 응당한 대가를 주겠다고 약속하겠다."

"난 이미 왕 중의 왕에게 몸을 바쳤다. 어찌 네놈과 함께 돌아갈 수 있겠느냐?" 크리스천이 외쳤다.

"'갈수록 태산'이라더니 네 녀석이 그 말대로 사는가 보구나. 하지만 왕 중의 왕의 종이라 고백해 놓고도 얼마 안 있다가 슬그머니 빠져나와 다시 나에게 돌아오는 사람들이 많지. 만일 너도 그렇게 한다면 내가 모든 걸 무마시켜 주겠다."

크리스천은 아볼루온에게 당당히 맞섰다. "난 그분께 내 믿음을 바치고 충성을 맹세했다. 그런데 내가 그분께 등을 돌리는 반역자가 된다면 어찌 죽음을 면할 수 있겠느냐?"

"네놈은 내게서도 등을 돌렸지 않느냐. 하지만 나와 같이 돌아간다면 내가 모든 걸 덮어 주겠다."

"그래, 내가 어리석어 네게 충성을 맹세했었다. 하지만 이제 나는 내 주인님을 믿고 그 깃발 아래 서야만 너에게 복종했던 시절에 내가 했던 일을 용서받을 수 있다. 이 몹쓸 아볼루온아, 나는 그분을 섬기는 일, 그분이 주시는 삶, 그분의 종, 그분의 정사, 그분의 생도들, 그분의 나라가 네놈의 그 어떤 것보다 좋다. 그러니 더는 날 설득하려 하지 말고 떠나라. 난 그분의 종이니 그분을 따를 것이다."

"네가 순례 도중 무슨 일을 당하게 될지 다시 한 번 냉정하게 생각해 봐라. 너도 알겠지만, 그의 종으로 살았던 자들의 끝은 별로 좋지 않았거든. 그건 그들이 나와 내 길을 가로막았기 때문이지. 얼마나 많은 사람들이 치욕스러운 죽음을 당했느냐? 나보다 그를 섬기는 것을 더욱 중히 여기다니 어리석구나! 그가 자신을 섬기는 자들을 적의 손아귀에서 구해 주기 위해 단 한 번이라도 원래 살던 곳에서 벗어난 적이 있었느냐? 하지만 나를 봐라. 너도 잘 알다시피 내가 얼마나 많은 자들을 구했느냐! 무력을 쓰든 사기를 치든, 나에게 충성을 다 바친 종들을 그로부터 얼마나 많이 구해 낸 줄 아느냐? 그러니 이젠 내가 널 구해야겠다."

이 말을 들은 크리스천은 아볼루온에게 이렇게 쏘아붙였다. "지금껏 그분이 사람들을 구할 때를 미루고 계시는 것은, 그들의 사랑을 시험하기 위함이다. 사람들이 끝까지 그분에게 충성을 다하는지 알아보고 계시는 중이란 말이다. 그래서 네놈이 말하듯 끝이 안 좋다는 것은 오히려 가장 영예로운 죽음이라 할 수 있지! 그 사람들은 현 상황에서 구조되기를 그다지 기대하지 않아. 다가올 영광을 위해 참고 있기 때문이지. 그들은 주인님이 오시는 날 그분과 천사들의 영광 가운데 그들의 영광을 받게 될 것이다."

"하지만 넌 그자에게 충성을 다 바치지 않았는데 어찌 그의 삶을 받겠다고 하는 거냐?"

"아볼루온, 내가 언제 그분께 충성을 다하지 않은 적이 있느냐?" 크리스천이 되물었다.

"순례길을 막 나섰을 때, 네 녀석은 낙담의 수렁에 빠져 죽을 뻔하지 않았느냐. 또 그 주인이 네 짐을 벗겨 줄 때까지 기다렸어야 했음에도, 네 등의 짐을 어떻게든 버던져 버리려고 옳지 않은 길을 택하기도 했지. 사악한 잠에 곯아떨어지는 바람에 중요한 물건을 잃어버리기도 했고. 어디 그뿐이냐? 네 녀석은 사자를 보자마자 마음속으로 되돌아갈 궁리도 했지. 네놈이 걸어온 순례길과 보고 들은 것들을 말하는 태도를 보니 네 모든 언행은 마음속 깊은 곳에 자리 잡은 탐욕스러운 허영심에서 나온 것이구나."

"모두 맞는 말이긴 하지만, 네가 빼먹은 것이 있다. 내가 섬기는 주인님께서는 자비로우시며 언제든 용서하실 준비가 되어 있으시다. 난 너의 나라에 사는 동안 허약한 마음이 몸에 배어 늘 번민했지만, 그 모습을 후회하고 내 주인님께 용서를 구했다."

그러자 아볼루온이 버럭 화를 내며 소리쳤다. "난 네놈의 주인과 원수지간이다. 게다가 난 그자의 성도들과 율법을 혐오해! 난 네놈과 맞서기 위해서 일부러 여기에 왔단 말이다."

"아볼루온, 몸조심해라. 나는 왕의 길을 걷고 있으며 이 길은 신성하다. 그러니 몸조심하는 게 좋을게다."

그러자 아볼루온은 조용히 숨을 고르며 이렇게 말했다. "난 이런 일 따위 두렵지 않아. 네놈이나 죽을 각오를 하는 게 좋을걸. 내 맹세컨대, 넌 지옥 말고는 갈 곳이 없는 놈이다. 너는 그곳에서 영혼이 갈기갈기 찢겨 죽음을 당할 것이다." 아볼루온은 이렇게 말하고 크리스천의 가슴에 불타는 창을 던졌다. 그러나 크리스천은 손에 든 방패로 창을 막아 내어 위기를 모면할 수 있었다.

이때야말로 공격할 기회임을 안 크리스천은 칼을 빼 들었고, 아볼루온도 크리스천에게 맹렬한 공격을 퍼붓기 시작했다. 그는 우박만큼이나 두꺼운 창들을 던져 댔다. 크리스천은 창들을 피하려 최선을 다했으나 아볼루온이 머리와 손, 발 등을 마구 공격하는 바람에 상처를 입었다. 부상을 당한 크리스천은 뒤로 주춤주춤 밀려났다. 그러나 크리스천은 다시금 남자답게 용기를 내어, 맹렬하게 쏟아지는 공격을 있는 힘껏 막아 냈다.

반나절 이상이나 계속된 치열한 싸움으로 크리스천은 탈진 직전까지 가게 되었다. 온몸이 상처투성이가 된 크리스천은 기력이 점점 더 쇠해 갔다.

기회를 포착한 아볼루온은 크리스천에게 다가가 몸싸움을 벌이면서 그를 완전히 쓰러뜨리려고 작정했다. 안타깝게도 크리스천은 손에 들고 있던 칼을 놓치고 말았다. 아볼루온은 "이때다!"라고 소리치며 밀어붙였다. 크리스천의 목숨은 이제 바람 앞의 등불과 같았다. 이윽고 아볼루온이 최후의 일격을 가하여 이 착한 자를 죽이려고 하는 순간, 크리스천은 하나님의 도움으로 재빨리 손을 뻗어 다시 칼을 쥐게 되었다. 그리고는 "나의 대적이여, 나로 인해 기뻐하지 말지어다. 나는 엎드러질지라도 일어날 것이로다"라고 외치며 있는 힘을 다해 찔렀다. 아볼루온은 치명적인 부상을 입은 듯 뒷걸음질쳤다. 이를 눈치 챈 크리스천은 다시 공격하며 이렇게 말했다. "이 모든 일에 우리를 사랑하시는 이로 말미암아 우리가 넉넉히 이기느니라." 그러자 아볼루온은 용의 날개를 펼쳐 저 멀리로 황급히 날아가 버렸고 더 이상 크리스천의 눈앞에 얼씬하지 않았다.

미가 7:8; 로마서 8:37; 야고보서 4:7

나처럼 이 광경을 보고 듣지 않았다면 아무도 이 싸움이 어떠했는지 상상하기 어려울 것이다. 싸우는 내내 아볼루온은 오싹한 목소리로 소리치고 울부짖으며 용처럼 말했다. 반면, 크리스천의 가슴속에서는 한숨과 신음이 흘러나왔다. 크리스천은 날이 양쪽에 있는 칼로 아볼루온에게 상처를 입히고 나서야 비로소 기쁜 표정을 짓고 하늘을 올려다보았다. 내 평생 이처럼 무시무시한 싸움은 처음 보았다.

전투가 끝나자 크리스천은 "사자의 입에서 저를 구원해 주시고 아볼루온과의 싸움에서 저를 도와주신 하나님께 감사드립니다"라고 고백하고, 노래를 불렀다.

"악마의 두목인 거대한 바알세불이
나를 파멸시키고자 악마를 보내
무서운 기세로 나에게 분노를 쏟아 부었네.
그러나 복된 미가엘이 나를 도와
단칼에 그를 쫓아 버렸도다.
나 주님을 영원히 찬양하리라.
그의 거룩한 이름을 항상 송축하고 감사드리리."

그러자 생명나무의 잎사귀를 든 어떤 손이 크리스천에게로 뻗쳐 왔다. 크리스천이 그 잎사귀를 끌어다가 상처에 갖다 댔다. 그러자 상처는 순식간에 나았다. 그는 그 자리에 앉아 얼마 전에 선물로 받은 빵과 포도주를 먹고 마셨다. 기력을 되찾은 크리스천은 "또 다른 적들이 나타날지 몰라" 하며 칼을 빼어든 채 다시 길을 나섰다. 하지만 그 골짜기를 다 빠져나올 때까지 아볼루온 말고 다른 적들은 나타나지 않았다.

치욕의 골짜기가 거의 끝나는 곳에 또 다른 골짜기가 있었는데, 그 이름은 '사망의 음침한 골짜기'였다. 하늘의 성에 도착하려면 순례길 중간에 있는 이 골짜기를 통과해야만 했다. 이 골짜기는 매우 고요했다. 선지자 예레미야는 "광야, 곧 사막과 구덩이 땅, 건조한 땅, 사망의 음침한 땅, 사람이 다니지 아니하고 거주하지 아니하는 땅"이라고 말하기도 했다.

예레미야 2:6

크리스천은 사망의 음침한 골짜기에서, 아볼루온과 싸웠을 때보다 훨씬 더 어려운 상황에 처하고 말았다. 무슨 얘기인지는 여러분도 이제 들어 보면 알게 될 것이다.

내가 꿈에서 보니, 크리스천은 사망의 음침한 골짜기를 막 들어서려는 순간 두 남자를 만났다. 이들은 비옥한 땅에 대해 거짓 보고를 했던 자들의 후손으로, 가던 길을 서둘러 되돌아오고 있었다. 크리스천은 이들에게 물었다. "지금 어디로 가십니까?"

두 남자는 말했다. "돌아가요, 돌아가. 우리가 댁이라면 돌아가겠소. 여기엔 생명도 평안도 없어요."

"왜, 무슨 문제라도 있나요?"

"문제? 우리도 댁처럼 이 길을 가고 있었수다. 갈 수 있을 만큼까지 가 보았다니까요. 돌아오지 못할 정도로 아주 멀리까지 갔었어요. 우리가 조금만 더 갔더라면 댁한테 지금 이런 소식도 전하지 못했을 거요."

"대체 무엇을 보셨기에 이러십니까?"

"그게 말입니다, 우리는 사망의 음침한 골짜기 끝까지 거의 갔었지요. 마침 저 앞을 보니 우리에게 위험이 다가오고 있더라니까요."

민수기 13:32; 시편 44:19; 107:10

"대체 무엇을 보셨는데요?"

"세상에, 사망의 음침한 골짜기 그 자체가 암흑과도 같지 뭐요. 그곳에서 지옥에 사는 잡귀, 사티로스, 용들을 봤습니다. 그리고 그 골짜기에서 신음소리와 고함 소리가 끊임없이 들려왔어요. 거기에 있는 사람들은 말로 형용할 수 없는 고통을 당하고 있는 것 같더군요. 모두 족쇄에 묶여서 고통스러워하고 있었으니까요. 게다가 골짜기 위 하늘에는 혼돈의 구름이 질게 드리워 있기까지 했다니까요.

그건 마치 죽음이 그 골짜기 위에 날개를 활짝 편 듯한 모양이더군요. 한마디로 질서라고는 조금도 찾아볼 수 없는 끔찍한 곳이었답니다."

욥기 3:5; 10:22

"그렇다면 전 두 분의 말을 안 들은 걸로 하겠습니다. 천국에 가려면 반드시 이 길을 통과해야 하니까요."

예레미야 2:6

"갈 테면 가 보시구려. 우리라면 가지 않을 테지만." 두 남자가 말했다.

그들과 헤어진 크리스천은 앞만 보고 걸었다. 하지만 혹시나 적에게 공격당할까 봐 여전히 칼을 빼들고 걸었다.

크리스천이 사망의 음침한 골짜기에 다다르자 오른편에는 그 바닥이 끝도 없이 깊은 구덩이가 보였다. 그 구덩이는 모든 세대에 걸쳐 소경이 소경을 인도하다가 양편 모두 빠져 처참히 죽어 간 곳이었다. 또다시 살펴보니 왼편으론 너무나 위험해 보이는 수렁이 있었다. 누구라도 이곳에 빠지기만 하면 발이 바닥이 닿지 않아 제대로 몸을 가눌 수조차 없는 곳이었다. 예전에 다윗 왕이 수렁에 빠진 적이 있는데, 하나님께서 건져 주시지 않았다면 분명히 다윗은 그 안에서 숨이 막혀 죽었을 것이다.

시편 69:14

하지만 길이 너무 좁았기 때문에 착한 크리스천은 더욱 어려운 곤경에 처하고 말았다. 칠흑 같은 어둠 속에서 오른쪽 구덩이에 빠지지 않으려고 한 손으로 더듬거렸다간 왼쪽에 있는 수렁으로 빠질 지경이었다. 반대로 수렁을 피하려고 하다가 조금만 방심하면 구덩이에 빠지게 될지도 몰랐다. 그래도 크리스천은 발걸음을 버렸다. 입에서는 신음소리가 새어 나왔다. 게다가 위험이 도사리고 있는 이 길은 너무도 깜깜했기 때문에 앞으로 가려고 발을 버딛는 순간 어디가 어딘지 구분이 안 되어 그 다음 걸음을 어디로 버디뎌야 할지 도무지 감을 잡을 수 없었다.

나는 이 골짜기의 중간에서 지옥의 입구를 보게 되었다. 입구는 그 길가 바로 옆에 붙어 있었다.

"이제 어쩌지?" 크리스천은 고심했다.

지옥의 입구에서는 앞도 보이지 않을 만큼 불길과 연기가 쉴 새 없이 뿜어져 나왔고, 섬뜩한 소리가 들려오면서 불똥이 튀어 올랐다. 아볼루온과 싸울 때처럼 칼로 감당할 수 있는 상황이 아니었다. 그는 칼을 집어넣고 '모든 기도'라는 또 다른 무기에 의지하였다. 그러고는 내 귀에까지 들릴 정도로 크게 외쳤다. "여호와여, 주께 구하노니 내 영혼을 건지소서."

에베소서 6:18; 시편 116:4

그런 다음 그는 한참을 기도하며 앞쪽으로 조금씩 걸음을 옮겼다. 불꽃은 여전히 그를 삼킬 듯 달려들었다. 그 속에서 끔찍한 목소리와 무언가 날뛰는 소리가 퍼져 나오자 크리스천은 이러다가 몸이 갈기갈기 찢겨 죽임을 당하거나, 길에 나 있는 수렁에 빠져 죽게 될지 모른다는 생각이 들었다. 지옥의 입구로 다가가자 적들이 그를 향해 달려드는 듯한 소리가 들렸다. 그는 발걸음을 멈추고 어떻게 하면 좋을지 고심했다.

되돌아가고 싶다는 마음이 들었다. 하지만 이 골짜기를 뚫고 지나가고 싶다는 마음도 들었다. 순례를 떠난 이후 벌써 여러 번 어려움을 겪어 낸 일들이 떠올랐다. 만약 되돌아간다면 앞으로 계속 나아가는 것보다 감수해야 할 위험이 훨씬 더 클 것이다. 그는 계속 앞으로 나아가기로 마음먹었다. 하지만 악마들이 가까이 다가오는 듯한 느낌이 들자 그는 격렬한 목소리로 외쳤다. "나는 주 하나님의 권능 안에서 걸어가리라!" 크리스천이 외치자 악마들은 물러서서 더 이상 얼씬도 하지 않았다.

빠뜨려서는 안 될 이야기가 하나 있다. 내가 꿈에서 보니, 딱하게도 크리스천은 너무나 당황한 나머지 자기 목소리가 어땠는지를 그만 잊어버리고 말았다. 크리스천이 불타는 구덩이 입구에 다다르자 사악한 악마가 그의 뒤를 졸졸 따라왔다. 그러고는 슬그머니 다가가 하나님을 모욕하는 끔찍한 이야기를 크리스천의 귀에 속삭였다. 그는 이 목소리가 자기 마음속에서 들려오는 소리라고 철석같이 믿고 말았다. 그토록 사랑하는 하나님을 자신이 욕했다는 이 생각은 그동안 겪었던 수많은 어려움 중 어떤 것과도 비교할 수 없을 만큼 큰 충격이었다. 귀를 틀어막기만 했어도 그런 일은 생기지 않았을 것이다. 하지만 그는 자기 귀에 들려오는 소리를 막아야겠다는 생각은 물론이고, 신성을 모독하는 이 소리가 대체 어디서 들려 오는지조차 분간하지 못했다.

절망적인 마음으로 한참 동안 무겁게 발걸음을 옮기던 크리스천은 앞서 가는 어떤 사람이 말하는 것 같은 소리를 들었다. "내가 사망의 음침한 골짜기로 다닐지라도 해를 두려워하지 않을 것은 주께서 나와 함께하심이라."

시편 23:4

그 소리를 들은 크리스천은 기뻤다. 그 이유는 다음과 같다.

첫째, 그는 그 목소리를 듣고 하나님을 경외하는 자가 자기 말고도 또 있다는 사실을 알게 되었다.

둘째, 비록 어둡고 황량한 곳일지라도 하나님께서 함께하심을 알게 되었기 때문이다. 크리스천은 이곳에 여러 가지 장애물이 도사리고 있다고 해도, 하나님이 옆에 계심을 깨닫지 못할 이유가 없다고 생각했다.

욥기 9:11

셋째, 그는 앞서 간 믿음의 동료들을 머지않아 따라잡을 수 있을 거라는 희망을 품게 되었다.

그는 계속 길을 걸으며 앞에 가고 있는 사람을 불렀다. 하지만 그 사람은, 자기 혼자뿐이라고 생각했다가 누군가 자기를 부르자, 뭐라고 대답해야 할지 몰랐다. 어느새 점점 날이 밝아 왔다. 크리스천이 말했다. "사망의 그늘을 아침으로 바꾸셨구나."

아모스 5:8

아침이 밝아 오자 크리스천은 뒤를 돌아다보았다. 되돌아갈 마음은 없었지만 아침 햇살에 비춰 보면 밤사이 견뎌 낸 위험을 확인해 볼 수 있기 때문이다. 그는 오른편에 나 있는 구덩이와 왼편에 있는 수렁을 또렷이 보았고 그 둘 사이가 얼마나 좁았는지도 알게 되었다. 구덩이에서 본 잡귀, 사피로스, 용들은 이제 저만치 떨어져 있었다. 날이 밝자 그들은 더 이상 크리스천을 따라오지 못했다. 크리스천은 피물들을 보면서 다음과 같은 구절을 떠올렸다. "어두운 가운데서 은밀한 것을 드러내시며 죽음의 그늘을 광명한 데로 나오게 하신다."

홀로 길을 걸으며 온갖 고초를 겪은 후 이제 그 위험에서 벗어나게 되자 크리스천은 가슴이 벅차올랐다. 그는 이제 간밤에 너무나 두려웠던 위험을 더욱 또렷이 보게 되었다. 아침 햇살이 비추는 바람에 위험이 확실히 드러났기 때문이다. 크리스천에게 해 뜨는 시간은 또 하나의 은총이 내리는 시간이었다. 사망의 음침한 골짜기는 입구에서부터 험했고 앞으로 가야할 길은 이전보다 훨씬 더 위험했다. 그가 서 있는 자리에서부터 골짜기를 빠져나가는 마지막 순간까지 그 길에는 덫과 올가미와 함정과 그물이 여기저기 널려 있었으며 구덩이와 수렁도 셀 수 없을 정도로 많았다. 만약 어둠 속에서 비탈길을 벗어갔다면 그동안 그의 목숨이 천 개였다 해도 모두 연기처럼 허공에 흔적도 없이 사라져 버렸을 것이다. 하지만 이제는 태양이 떠올랐다. 크리스천은 이렇게 말했다. "그의 등불이 내 머리에 비취었고 내가 그 광명을 힘입어 흑암에 행하였었느니라."

욥기 12:22; 29:3

이렇게 하여 그는 밝은 태양빛을 받으며 골짜기의 끝까지 무사히 지나갈 수 있었다. 내가 꿈에서 보니 골짜기의 끝 쪽에는 먼저 이 길을 지나 순례를 떠난 사람들이 흘린 피와 뼈, 재와 시체가 뒤엉켜 있었다. 나는 그 이유가 무엇일까 곰곰이 생각해 보았다. 그런데 두 거인인 '교황'과 '이교도'가 오래전부터 살고 있다는 동굴이 저 앞에 보였다. 교황과 이교도는 힘과 폭정으로 사람들을 잔인하게 죽여 뼈와 피, 재 등을 동굴에 가져다 놓았다. 그런데 나는 크리스천이 골짜기에서 이곳까지 별다른 위험 없이 왔다는 사실이 약간 의아했다. 알고 보니 이교도가 며칠 전에 죽었던 것이다. 교황은 아직 살아 있긴 했지만 나이도 많은데다가 젊은 시절 힘겨운 전투를 너무 많이 한 탓에 관절이 뻣뻣하게 굳어 버리고 말았다. 더 이상 사람들을 공격하지 못하게 된 교황은 동굴 입구에 쪼그리고 앉아 지나가는 순례자들을 보고 분한 듯이 이를 드러내며 손톱을 물어뜯고 있었다.

내가 꿈에서 보니, 크리스천은 계속 길을 가고 있었다. 늙은 교황이 동굴 입구에 앉아 자기를 따라오지도 못하면서 "네놈들을 더 많이 화형시켜야 정신을 차리겠느냐!"고 소리치는 모습을 보고 크리스천은 어쩔 줄 몰라 했다. 하지만 곧 평정심을 유지하고 밝은 표정을 지으며 그 앞을 지나갔다. 그는 아무런 해도 입지 않았다. 그러자 크리스천은 다음과 같이 노래했다.

"오, 이 놀라운 세상, (달리 어떻게 말하리.)
커다란 곤경에 처한 나는
이곳에서 그분을 만났다네.
나를 곤경에서 구해 내신 그 손길 영광 받으실지니!
골짜기에 들어선 나는
흑암과 마귀와 지옥과 죄악의 위험에 둘러싸였다네.
내 가는 길엔 올가미와 수렁과 덫과 그물이 놓여 있어
비천하고 어리석은 나는
그 속에 뒤엉켜 낙담하고 말았을 텐데
이렇게 살았으니 주 예수께 면류관을 드리세."

믿음

계속 길을 가던 크리스천은 나지막한 언덕에 다다랐다. 이곳은 순례자들이 앞길을 미리 내다볼 수 있도록 일부러 땅을 돋우어 놓은 곳이었다. 이곳에 올라가 앞을 내다보았더니 저 앞에 믿음이 가고 있었다. 크리스천은 크게 소리쳤다. "이봐요, 저기요! 잠깐 멈춰요. 우리 같이 갑시다." 그 소리에 믿음은 뒤를 돌아보았다. 크리스천은 다시 소리쳤다. "잠깐만요, 좀 기다려 주세요!"

그러나 믿음은 이렇게 말했다. "안 돼요! 안 됩니다! 피를 보수하는 자가 나를 쫓고 있어요!"

그 말을 들은 크리스천은 약간 움찔했지만 다시 힘을 내어 재빨리 따라가다 보니 오히려 믿음을 앞서게 되었다. 뒤에 오던 자가 앞서 나가게 된 것이다. 앞지르게 된 크리스천은 자만한 미소를 지어 보였다. 그러나 발밑을 제대로 살피지 못해 그만 앞으로 고꾸라지고 말았다. 그렇게 쓰러져 있던 크리스천은 믿음의 도움을 받고서야 겨우 다시 일어설 수 있었다.

내가 꿈에서 보니, 두 사람은 서로 다정히 걸으며 순례 중에 겪었던 일을 낱낱이 얘기하고 있었다. 크리스천이 먼저 말문을 열었다.

"존경하고 사랑하는 믿음 형제님, 형제님을 따라잡게 되어 기쁘군요. 하나님께서는 우리의 영혼을 조율하시어 이렇게 즐거운 길을 가는 동안에 서로 길벗이 되도록 해 주셨습니다."

"형제님, 사실 전 우리 고향에서부터 형제님과 동행했으면 좋겠다고 생각했지만 형제님이 먼저 길을 훌쩍 떠나버렸지요. 그래서 이 먼 길을 이렇게 홀로 걷게 된 것이랍니다."

"그럼 제가 멸망의 도시를 떠난 후 얼마나 더 계시다가 순례를 나서게 된 건가요?"

"더 이상 머무를 수 없게 될 때까지요. 형제님이 떠난 다음에 그곳엔 뒤숭숭한 소문이 돌았답니다. 우리 마을이 곧 하늘에서 내려오는 화염에 휩싸여 완전히 잿더미로 변할 거라나요."

"이런, 동네 분들이 그렇게 말했나요?"

"네, 한동안은 사람들이 죄다 그렇게 말하고 다녔지요."

"하지만 형제님을 빼고는 아무도 그곳을 빠져나온 사람이 없었군요?"

믿음은 한숨을 내쉬며 말했다. "제가 말씀드렸다시피 그곳에 그런 소문이 휩쓸고 다녔지만 사실 그 얘기를 믿은 사람은 아무도 없었던 것 같습니다. 한창 소문이 나돌 때에도, 몇몇 사람들은 형제님과 형제님의 순례를 두고 비웃기까지 했죠. 하지만 그때나 지금이나 전 믿습니다. 결국 하늘에서 떨어지는 불기둥과 유황에 휩싸여 우리 도시가 최후를 맞이하게 될 것을요. 그래서 제가 이렇게 도망쳐 나오게 되었지요."

"줏대없음 씨에 대한 소식은 못 들으셨나요?"

"들었죠, 크리스천 형제님을 따라갔다가 낙담의 수렁에 빠졌다더군요. 사실 그는 이 사실이 알려지지 않기를 바랐지만 오물을 완전히 뒤집어써서 엉망이 된 꼴을 보니 수렁에 빠졌던 게 분명해요."

"사람들이 줏대없음 씨더러 뭐라던가요?"

"그는 돌아오자마자 모든 사람의 조롱거리가 되어 버렸어요. 어떤 이들은 그를 놀려대며 무시했죠. 아무도 그에게 일을 시키지 않았어요. 차라리 도시를 떠나지나 말 것을…… 지금은 그때보다 무려 일곱 배는 더 가난해졌다니까요."

"그런데 왜들 그렇게 줏대없음 씨를 따돌리는 거죠? 그가 가다 말긴 했지만 사람들은 그 길을 처음부터 무시했잖아요?"

"사람들은 이렇게 말해요. '줏대없음을 교수형에 처해라. 자기 일에도 충실치 못한 변절자다!' 줏대없음이 순례를 떠났다 포기했기 때문에 하나님께서 그를 적들의 조롱거리와 모욕거리가 되게 하신 것 같습니다."

예레미야 29:18,19

"도시를 떠나기 전에 줏대없음 씨와 얘기는 해 보셨나요?" 크리스천이 물었다.

"거리에서 딱 한 번 마주쳤는데 그가 힐끔거리더니 한쪽으로 비켜서더군요. 자기가 한 짓이 부끄러웠나 봐요. 그래서 말을 걸지 못했습니다."

"사실 처음엔 줏대없음 씨에게 많은 희망을 걸었죠. 그러나 지금은 도시가 멸망할 때 그가 죽음을 맞이할까 봐 걱정이 되네요. 그는 '개가 그 토하였던 것을 다시 먹고 돼지가 몸을 씻고 나서 더러운 구덩이에 도로 누웠다'라는 말씀처럼 되고 말았군요."

베드로후서 2:22

믿음이 말했다. "사실 저도 줏대없음 씨가 걱정되지만 앞으로 닥칠 일을 그 누가 막을 수 있겠습니까?"

"믿음 형제님, 줏대없음 씨 얘기는 이제 그만하고 우리 이야기나 해 봅시다. 여기까지 오면서 무슨 일을 겪었는지 말씀해 주시지요. 분명 일을 겪기는 겪었을 테니까요. 만약 아무 일도 없었다면 그건 경이로운 일이지요."

"형제님께서는 수렁에 빠졌던 것 같던데, 저는 그곳을 간신히 피했습니다. 그러고는 별 어려움 없이 좁은 문에 다다랐죠. 거기서 만난 사람이라고는 '음탕'이란 여자뿐이었습니다. 그 여자 때문에 하마터면 큰일 날 뻔했죠."

"그 여자의 유혹을 잘 뿌리치셨군요. 요셉도 그 여자한테 걸려서 고생했거든요. 그도 형제님처럼 그 여자에게 벗어나긴 했지만 그 대신 목숨을 잃을 뻔했답니다. 그 여자가 대체 무슨 짓을 했나요?"

"상상도 못하시겠지만, 그 여자는 남자를 녹이는 혀를 가지고 있답니다. 얼마나 저를 꼬드기던지. 제가 원하는 것은 다 해 주겠다나요?"

"이런, 그러나 그 여자는 선한 양심을 만족시켜 주지는 못할 텐데요?"

"제 말이 그 말입니다. 그 여자에게는 육체적이며 세속적인 만족만 있을 뿐이었죠." 믿음이 이렇게 설명하자 크리스천이 말을 받았다.

"하나님 덕분에 그 여자로부터 벗어날 수 있었군요. 하나님의 미움을 받은 자는 그녀의 함정에 빠지게 되는 법이니까요."

"솔직히 제가 완전히 그 여자의 꾐에서 벗어났는지는 잘 모르겠습니다." 믿음이 말했다.

"그 여자가 바라는 대로 해 주지는 않았잖습니까?"

"제 몸을 더럽히지는 않았죠. 그건 사실 전에 봤던 글귀가 떠올랐기 때문이었어요. '그 여

89

자의 걸음은 지옥으로 나아간다.'

전 그 여자의 모습에 유혹되지 않으려고 눈을 질끈 감았죠. 그러자 여자는 저에게 욕을 해 댔고 저는 제 길을 갔습니다."

창세기 39:11-13; 잠언 22:14; 5:5; 욥기 31:1

크리스천이 믿음에게 다시 물었다. "여기 오면서 또 공격당한 적이 있나요?"

"고난의 언덕을 오르면서 노인 한 분을 만났죠. 그 사람은 제가 누구이며 어디로 가느냐 고 묻더군요. 전 제가 순례자이며 하늘의 성으로 가고 있다고 대답했죠. 그러자 노인이 말했 습니다. '진실한 사람같이 보이는군. 삯을 줄 터이니 이곳에서 나와 같이 사는 게 어떻겠냐?' 그래서 노인의 이름과 집을 물어보았지요. 그는 자신이 '첫 사람 아담'이며 '속임의 마을'에 산다고 했습니다.

저는 노인에게 무슨 일을 시키실 건지, 품삯은 얼마나 줄 것인지 물었습니다. 노인은 일이 무척 즐거울 것이며, 나중에 저더러 자신의 유산을 상속받아 삯으로 삼으라고 하더군요. 그 래서 어떤 집에 살며 어떤 사람들을 하인으로 데리고 있는지 다시 물었습니다. 그러자 노인 이 자기 집에는 산해진미가 넘쳐 나고 하인들은 모두 자기 자손이라고 했습니다. 자제분은 몇이나 두셨냐고 물었더니 '육신의 정욕', '안목의 정욕', '이생의 자랑'이라는 딸만 셋 두었 다며 저만 좋다면 결혼해도 된다고 했습니다."

에베소서 4:22; 요한일서 2:16

믿음이 계속 말했다. "그래서 저와 얼마나 오래 살고 싶으시냐고 물었더니 죽을 때까지 같이 살자고 하더군요."

"그래서 결론을 어떻게 내리셨습니까?"

"처음엔 노인을 따라나설까 하는 마음이 들기도 했어요. 말도 꽤 그럴싸하게 했으니까요. 그런데 얘기를 나누면서 그의 이마를 보니 '옛사람과 그 행위를 벗어 버리라'고 쓰여 있지 뭡니까?"

"그래서요?" 크리스천이 물었다.

"노인이 지금 무슨 말을 하든, 얼마나 입에 발린 말을 하든, 일단 저를 데리고 가기만 하면 곧바로 노예로 팔아 버릴 거라는 생각이 번뜩 들더군요. 그래서 당신 집 근처엔 가지도 않을 터이니 그 따위 말은 더 이상 하지 말라고 딱 잘라 말했죠. 그랬더니 제게 욕을 하며, 사람 하나를 붙여서 뒤를 밟게 한 다음 영혼까지 짓밟겠다고 저주를 퍼부었습니다. 전 돌아서서 길을 떠나려 했습니다. 순간 노인이 제 몸을 세차게 잡아당기더군요. 얼마나 아프던지 눈물이 핑 돌았습니다. '오호라, 나는 곤고한 사람이로다'라는 말씀이 절로 튀어나왔습니다. 저는 언덕을 올라 제 길을 갔지요. 반쯤 올라간 다음 뒤를 돌아보니 어떤 사람이 잽싼 몸놀림으로 오고 있는 게 보였지요. 저는 정자가 있는 곳에서 그만 따라잡히고 말았습니다."

로마서 7:24

크리스천이 말했다. "저도 그곳에서 쉬다가 깜빡 잠이 드는 바람에 품에 간직했던 두루마리를 잃어버렸었죠."

"잠깐, 제 말을 끝까지 들어 보세요. 그 남자는 절 따라잡자마자 아무 말도 없이 다짜고짜 주먹을 날려서 절 쓰러뜨린 후 죽을 만큼 패더군요. 전 겨우 정신을 차려서 무슨 연고로 이러는 것이냐고 따져 물었습니다. 그랬더니 제가 첫 사람 아담을 따라나설까 말까 망설였다는 사실을 다 안다며 제 가슴팍을 세게 버리치더군요. 그 바람에 전 앞으로 고꾸라졌고, 그는 제 등판을 후려갈겼습니다. 그래서 전 다시 그 사람의 발밑에 쓰러졌죠. 다시 정신을 차린 저는 그에게 자비를 베풀어 달라고 했습니다. 하지만 그는 자비 따윈 모른다며 다시 때리기 시작했습니다. 아마 그분이 오셔서 말려 주시지 않았다면 전 맞아 죽었을 겁니다."

"와서 그자를 말린 사람이 누군가요?" 크리스천이 물었다.

"처음엔 누군지도 몰랐습니다. 하지만 그분이 옆을 지나가실 때 보니 손바닥과 옆구리에 구멍이 나 있지 뭡니까? 전 그분이 주님이라고 생각했습니다. 그렇게 해서 저는 다시 언덕을 오를 수 있었죠."

"당신을 따라잡은 사람은 모세랍니다. 그는 아무도 용서하지 않죠. 율법을 어긴 자에게는 조금도 자비를 베풀지 않는 사람이죠."

"그건 저도 잘 알고 있습니다. 그를 만난 게 이번이 처음은 아니거든요. 제가 집에서 편안히 살고 있을 때도 그가 찾아와서 제가 떠나지 않으면 집을 홀랑 불태워 버리겠다고 으름장을 놓았으니까요."

"모세를 만나셨다는 언덕 꼭대기에 있던 집은 못 보셨습니까?" 크리스천이 물었다.

"집도 보았고 사자도 보았죠. 이곳에 오기 전에요. 사자들은 잠들어 있던 것 같았습니다. 정오쯤이었는데, 해가 지려면 시간도 많이 남았기에 문지기를 그냥 지나쳐서 언덕을 버려왔지요."

"문지기가 당신이 지나가는 걸 봤다고 말해 주었습니다. 당신도 그 집에 들렀더라면 좋았을 텐데요. 그 집 사람들이 보여 주는 진귀한 것들을 봤더라면, 아마 죽는 그날까지 절대로 그것들을 잊지 못할 겁니다. 그럼 치욕의 골짜기에서는 아무도 못 만나셨습니까?"

"만났죠. '불만'*이란 사람이었는데 저더러 되돌아가자며 고집을 피웠습니다. 이 골짜기를 지나 봤자 영광 따윈 없다면서요. 그러면서 골짜기를 통과하게 되면 '자만', '거만', '자기기만', '세상명예'와 같은 친구들을 모두 저버리는 일이며 제가 바보처럼 끝까지 간다면 친구들의 화를 돋우게 될 거라고 했습니다.

"그래서 뭐라고 대답했습니까?"

"그가 말한 친구들은 사실 핏줄로 따지자면 제 친척이 맞긴 하지만 제가 순례를 떠나자 그들이 저와 연을 끊었기 때문에 이제 그 사람들은 저와 남남이나 마찬가지라고 대답했지요. 저는 또한 이 골짜기에 대해서 그가 잘못 생각하고 있다고 말해 주었습니다. '겸손은 존귀의 앞잡이요 교만은 패망의 선봉'이므로, 저는 당신이 가장 소중하게 생각하는 것 대신, 가장 현명하신 분이 중요하게 생각하는 영광을 위해 이 골짜기를 건너겠다'고 말해 주었습니다."

"골짜기에서 만난 사람은 또 없습니까?"

"있었죠. '수치'라는 자도 만났습니다. 제가 순례를 하면서 만난 사람 중에 이 사람처럼 이름과 완전히 딴판인 사람은 없었던 것 같아요. 다른 사람들 같은 경우엔 논쟁을 하게 되면 그냥 입을 닫아 버리거나 약간 누그러지기도 하는데, 수치라는 이 뻔뻔한 작자는 그럴 기색

---
* "자세히 알아보기"의 '불만' 참고.

92

이 전혀 없었으니까요."

"왜요, 그자가 뭐라고 하던가요?"

"세상에, 흠. 그자는 종교 그 자체를 거부하는 사
람이었습니다. 신앙심을 품는 것은 한심하고 천박하
며 비열하다나요. 그는 선량한 양심을 갖는 건 나약
한 짓이며, 자신의 말과 행동을 조심하는 자와 용감
한 정신을 방종하지 않도록 묶어 두는 자는 이 시대
의 놀림거리가 될 것이라고 말했습니다. 위대하고
부유하고 지혜로운 사람들 중에 저 같은 생각을 갖
고 있는 사람은 아무도 없다고도 했죠. 전혀 알지 못
하는 것 때문에 모든 것을 잃는 모험을 감행할 바보
는 아무도 없다고 하더군요.

불만

게다가 이 시대에 순례를 하겠다고 나서는 자들은 신분이 천하고 가진 것이 없어서 무시
당하는 자들이며, 자연과학에 대해 전혀 알지 못하는 무지한 자들이라고 말했어요. 그 사람
은 이보다 훨씬 더 많은 얘기를 지껄였지요. 설교를 들으며 흐느끼고 한탄하는 일이나, 집으
로 돌아가면서 한숨을 내쉬는 일 모두 수치스럽다고 했습니다. 그리고 이웃에게 자신의 하
찮은 잘못에 대해 용서를 구하는 일, 훔친 물건을 되돌려 주는 일도 모두 수치스럽다고 했
지요. 또한 종교는 별것도 아닌 사소한 잘못 때문에 사람들을 아주 이상하게 만들고, 같은
신앙의 형제라는 이유로 스스로를 비천하게 만든다고 하면서 그 비천함을 존중하는 일이 수
치스럽다고도 했습니다. 그러면서 이게 수치가 아니면 뭐겠냐고 내게 따져 물었죠."

고린도전서 1:26; 3:18; 빌립보서 3:7-9; 요한복음 7:48

"그래서 뭐라고 해 줬습니까?"

"무슨 말을 해 주다니요? 처음엔 무슨 말을 해야 할지 전혀 모르겠더라고요. 그자의 말 때
문에 얼굴이 화끈거리기만 했으니까요. 그 수치라는 자가 이를 눈치 채는 바람에 전 완전히
질 뻔했지요. 하지만 생각해 보니 '사람 중에 높임을 받는 그것은 하나님 앞에 미움을 받는

93

자만, 거만, 자기기만, 세상명예

것'이라는 말씀이 떠올랐습니다. 그래서 다시 생각해 봤죠. 이 수치라는 자가 인간에 대한 얘기는 했지만 주님이나 주님의 말씀에 대해선 아무 말도 하지 않았다는 사실이 떠올랐습니다. 게다가 심판의 날이 되면 이 세상에서 허세를 부리는 자들이 아니라 가장 높으신 분의 지혜와 율법에 따라 우리가 사느냐 죽느냐 심판받게 된다는 사실이 기억났지요.

따라서 하나님의 말씀이 가장 옳다는 생각이 들었습니다. 아무리 이 세상 사람들이 그 말씀에 반대한다고 해도 말입니다. 왜냐하면 주님께서는 자신을 믿는 신앙을 더 좋아하시며, 선량한 양심을 갖는 것을 더 좋아하시고, 천국을 믿는다며 놀림받던 자들을 가장 현명하다고 생각하시며, 주님을 미워하는 이 세상의 위대한 사람들보다 그를 사랑하는 가난한 자가 훨씬 더 부자라고 생각하시기 때문입니다. 그래서 제가 이렇게 말했죠. '수치여! 물러가라.

넌 네 구원을 방해하는 적일지니. 내가 나의 주인이신 주님을 거역하고 너를 기쁘게 할 것 같느냐? 나중에 주님께서 재림하시는 날 내가 무슨 낯으로 그분을 뵙겠느냐? 내가 주님의 길을 따르고 종이 되는 것을 부끄러워하면서 어찌 축복받겠다고 할 수 있겠느냐?'

하지만 수치란 작자는 정말 뻔뻔하기 그지없는 몹쓸 사람이더군요. 이렇게까지 말했는데도 떨어져 나가기는커녕 제 뒤를 졸졸 따라오면서 귀에다 대고 신앙을 갖는 것이 이러저러해서 나쁘다며 속닥거렸습니다. 참다못한 저는 그에게 이 문제에 대해 더 얘기 해 봐야 소용없다고 말했습니다. 그자가 가장 경멸하는 일이 제가 가장 영광스럽게 생각하는 일이었으니까요. 마침내 전 이 치근대는 녀석을 앞질러서 따돌려 버렸어요. 그러고는 이렇게 찬송을 불렀죠."

"천국의 부르심에 순종하는 자들은
많은 시련을 겪게 되나니
육신으로 인한 다양한 시련이
새로이 오고 또 오고 계속 찾아오리라.
지금 아니면 그 언제라도 우리는 그 시련 앞에
휘둘리고 맥 못 추고 표류할 터이니
오, 순례자들이여, 순례자들이여
방심 말고 용감하게 처신할지어다."

누가복음 16:15; 마가복음 8:38

"그 못된 녀석을 용감하게 떨쳐 버렸다니 정말 기쁘군요. 말씀대로 그 작자에게는 수치라는 그 이름이 전혀 어울리지 않는군요. 뻔뻔한 그자는 우리를 따라다니며 남들 앞에서 망신을 주니까요. 게다가 우리가 선한 일을 부끄럽게 여기도록 만들기까지 하고요. 철면피가 아니고서야 그런 행동은 할 수가 없죠. 하지만 그가 그렇게 허세를 부린다 해도 우리가 계속 넘어가지 않는다면 바보짓을 하는 그 자신만 바보가 되겠지요. 그래서 이스라엘 왕 솔로몬의 잠언 중에는 '지혜로운 자는 영광을 기업으로 받거니와 미련한 자의 현달함은 욕이 되느니라'는 구절도 있죠."

잠언 3:35

믿음이 말했다. "수치라는 자에게 맞서기 위해 도움을 받으려면 주님께 기도해야 합니다. 그러면 주님께서는 이 땅의 진리를 펼치기 위해 우리를 용감하게 만들어 주실 것입니다."

"맞습니다. 이 골짜기에 오는 길에 만난 사람은 또 없습니까?"

"이제 없습니다. 그 후론 햇살이 비추었으며 사망의 음침한 골짜기를 지나는 동안에도 마찬가지였으니까요."

"정말 잘된 일이군요. 저는 완전히 딴판이었습니다. 저는 그 골짜기에 들어서자마자 아볼루온이라는 사악한 녀석과 무시무시한 전투를 오랫동안 벌여야 했습니다. 맞아요, 어쩌면 그놈한테 당했을지도 모릅니다. 녀석이 저를 쓰러뜨려서 짓밟아 버리려고 했을 때, 온몸이 짓이겨지는 줄 알았거든요. 그가 절 냅다 패대기치는 바람에 저는 그만 손에 들고 있던 칼을 놓치고 말았습니다. 그러자 녀석은 확실히 끝내 주겠다고 했어요. 저는 울면서 하나님께 기도를 드렸고 제 목소리를 들으신 주님께서는 저를 곤경에서 구해 내 주셨습니다. 그런 다음에 저는 사망의 음침한 골짜기로 들어갔죠. 골짜기의 절반을 지날 때까지 빛이라곤 구경도 못했지요. 이러다가 그곳에서 죽음을 맞이하는 건 아닌지 두려웠습니다. 하지만 마침내 날이 밝고 태양이 뜨자 남은 길을 훨씬 편안하고 평안하게 지나올 수 있었습니다."

내가 꿈에서 보니 두 사람은 계속 길을 가고 있었다. 믿음은 저쪽 멀리에서 '수다쟁이'라는 자가 걸어오는 것을 보았다. 길은 세 명이 얘기를 나누며 나란히 지나갈 수 있을 만큼 충분히 넓었다. 그는 키가 훤칠했으며 가까이서 보는 것보다 멀리서 볼 때 훨씬 잘생겨 보였다. 믿음은 이 사람에게 말을 걸었다.

"여보시오, 형제님. 어디로 가십니까? 하늘의 성으로 가는 길이신가요?"

"네, 저도 그곳으로 가고 있습니다." 수다쟁이가 말했다.

"잘됐네요. 우리 같이 길동무나 할까요?" 믿음이 물었다.

"그거 참 좋습니다. 제가 친구 해 드리죠."

96

"이리로 오셔서 같이 걸읍시다. 뭔가 도움이 될 만한 이야기를 나누며 시간을 보내죠." 믿음이 새 친구에게 제안을 했다.

"도움이 될 만한 이야기라…… 그거 참 좋습니다. 유익한 얘기를 같이 나눌 분을 만나게 되어 정말 기쁘네요. 사실 순례를 하면서 알찬 시간을 보내는 사람은 거의 없답니다. 다들 별 시답지 않은 이야깃거리나 지껄이고 말잖아요. 전 그게 정말 피로웠거든요."

"그거 참 안타깝군요. 천국에 계신 주님 얘기를 하는 것만큼 이 땅에 사는 인간의 혀와 입을 가치 있게 사용하는 일이 또 어디 있을까요?" 믿음이 말했다.

"그렇게 확신을 가지고 얘기하는 모습을 보니 참으로 형제님이 마음에 드네요. 그럼 이제부터 정말 즐겁고 도움이 될 만한, 하나님에 대한 얘기를 나누어 볼까요? 그럼 어떤 것들이 즐겁냐고요? 예를 들어, 진귀한 물건을 갖게 된다거나, 역사나 불가사의한 일들에 대한 것들이죠. 이런 것들을 말하면서 즐거워하거나, 기적·경이로움·징조에 관한 얘기를 나누는 걸 좋아한다면, 성경처럼 달콤하고 즐거운 일들이 가득한 책이 또 어디에 있을까요?"

"맞습니다. 그런 얘기를 함으로써 우리가 원하는 것을 얻었으면 좋겠습니다." 믿음이 말했다.

"제 말이 그 말입니다. 그런 일들에 관해 얘기하는 것이 가장 유익하죠. 그렇게 하면 인간은 여러모로 지식을 쌓을 수 있답니다. 이 인간 세상의 허무한 일들도 천상의 이로운 일들도 모두 알게 되지요. 대체로 그런 편입니다. 하지만 좀더 자세히 말하자면 이런 얘기를 나누게 되면 거듭남의 필요성과 인간 행동의 부족함과 주님의 옳으심을 알게 되죠. 뿐만 아니라 회개하고 믿고 기도하고 벌받는 것이 무엇인지도 깨닫게 되고요. 또한 복음의 위대한 약속과 위안에 대해서도 알게 되며 이로써 평안을 찾게 되죠. 게다가 그릇된 생각을 반박하고 진실을 밝히고 무지를 깨치게 됩니다." 수다쟁이가 늘어놓았다.

"맞습니다. 이런 얘기를 들으니까 기쁘네요."

"대화가 부족하면 영생을 얻기 위해 믿음과 은혜의 역사가 왜 필요한지 모르게 됩니다. 그래서 아무것도 모른 채 율법의 역사에 따라 살기만 해서는 결코 천국으로 갈 수 없지요."

"말씀 중에 실례 좀 하겠습니다. 하늘의 지식은 하나님의 선물입니다. 인간이 노력한다거

수다쟁이

나 그저 대화를 나누는 것만으로는 결코 얻을 수 없는 것들이죠." 믿음이 말했다.

"그건 저도 잘 알고 있습니다. 하늘이 내려 주시지 않는다면 인간은 아무것도 받지 못하니까요. 이는 모두 은혜에 힘입은 것이지 행위로 되는 것은 아니지요. 전 이 말을 확인시켜 줄 성경 구절을 백 개는 읊을 수 있습니다." 수다쟁이가 말했다.

"음…… 그렇다면 주제를 하나 정해서 이야기 나누도록 하죠."

"그러시죠. 하늘에 관한 얘기든 이 세상 얘기든 다 좋습니다. 도덕에 관한 일이든 복음에 관한 내용이든, 불경한 얘기도 좋습니다. 과거지사도 미래지사도 좋습니다. 외국 얘기든 이 나라에 관한 얘기든 뭐든요. 핵심적인 이야기든 부수적인 얘기든 뭐든 다요. 구미에 당기기만 한다면 뭐든 괜찮습니다." 수다쟁이가 응수했다.

믿음이 놀라워하면서 크리스천 곁으로 슬며시 갔다. 크리스천은 한동안 혼자 걷고 있었다. 믿음이 조용히 속삭였다. "정말 용감한 친구를 사귀게 되었어요. 저 남자는 분명 대단한 순례자일 거예요."

이 말을 들은 크리스천은 씩 웃으며 말했다. "방금 같이 얘기했던 자는 세 치 혀로 그를 잘 모르는 사람 스무 명은 족히 속여 넘길 수 있는 사람입니다."

"저자를 아십니까?"

"아냐고요? 알다뿐입니까? 저자가 어떤 자인지는 저 사람보다 제가 더 잘 알고 있습니다."

"그럼 저 사람은 어떤 사람인가요?"

"이름은 수다쟁이. 우리 고향에 삽니다. 왜 저자를 모르시는 겁니까? 우리 고향이 그렇게나 넓었나요?"

"누구네 집 아들입니까? 그리고 어디쯤에 삽니까?" 믿음이 캐물었다.

"저 남자의 아비 이름은 '말만 번지르르'이고, '수다의 거리'에 살았지요. 저자는 '수다의 거리 수다쟁이'라고 동네방네 소문난 사람이고요. 입만 살았지 사람은 참 별로랍니다."

"그래요? 꽤 괜찮은 사람 같아 보이는데요."

"그를 잘 모르는 사람들에겐 그렇게 보입니다. 밖에서는 평판이 좋다지만 고향에서는 추하기 그지없는 사람이죠. 방금 저 남자가 괜찮아 보인다고 하니 전에 봤던 어떤 화가의 그림이 떠오르는군요. 멀리서 보면 참 좋아 보이지만 가까이서 보면 형편없던 그림 말이죠."

"웃으며 말씀하시는 걸 보니 농담이시군요." 믿음이 말했다.

"제가 웃기는 했지만 이런 문제를 놓고 농담하지는 않습니다. 그리고 아무 이유 없이 사람을 비난하지도 않고요. 그럼 저 작자에 얽힌 이야기를 몇 개 더 해 드리죠. 저 남자는 그 누구와 어울려 어떤 대화라도 나눌 수 있답니다. 형제님하고 얘기를 나눈 것처럼요. 술집 의자에 앉아서도 그렇게 얘기할 겁니다. 술이 거나하게 취하면 입에서 술술 말을 쏟아내지요. 그러나 저 사람의 마음에나 가정 생활에나 대화 속에는 신앙심이라곤 전혀 찾을 수 없습니다. 오로지 혓바닥에서만 신앙심이 살고 있으니까요. 그의 신앙심은 혀에서 버는 시끄러운 소음일 뿐이랍니다."

"정말입니까? 그럼 제가 단단히 속았군요."

"속다마다요! 이 말씀을 기억하십시오. '그들은 말만 하고 행하지 아니한다.' 그러나 하나님의 나라는 말에 있지 않고 오직 능력에 있지요." 크리스천이 계속 말했다.

"그는 기도, 회개, 믿음, 거듭남에 관해 얘기를 하죠. 하지만 말로만 알고 있을 뿐이랍니다. 전 그의 집에 가서 그가 집에서 하는 행동과 바깥에서 하는 행동을 꼼꼼히 살펴보았습니다. 제가 그에 대해 말하는 것은 진실입니다. 계란 흰자의 맛이 허전한 것처럼 그의 집에는 믿음이 텅 비어 있습니다. 기도도, 죄에 대한 회개의 기미도 전혀 보이지 않지요. 그 집에서 기르는 짐승이 오히려 그자보다 더 하나님을 잘 섬기죠. 그는 그를 아는 사람들에게는 지울 수 없는 오점이며 치욕이며 수치랍니다. 고향 그 어느 구석에서도 그에 대해서 좋게 말하는 소리를 들을 수가 없지요. 그를 아는 사람들은 '밖에서는 성자, 집에서는 악마'라고 하죠.

불쌍한 그 집 사람들도 이를 잘 알고 있어요. 저 남자는 천박한 데다가 하인들을 함부로 대하는 까닭에 하인들은 어떻게 행동해야 할지, 어떻게 말을 해야 할지 몰라 쩔쩔매지요. 이 수다쟁이는 하인들에게 추잡스럽고 천박하게 굴며 사기를 친답니다.

게다가 자기 아들들까지 자기와 똑같은 전철을 밟도록 키우고 있죠. 만약 조금이라도 소심한 구석(그는 선량한 양심을 이렇게 부르죠)이 보이면 바보, 멍청이라고 부르면서 절대로 일을 주지도 않고 다른 사람에게 추천해 주지도 않습니다. 그가 사악하게 살아온 탓에 많은 사람들이 발부리에 걸려 넘어지고 쓰러지고 말았죠. 만약 하나님께서 막아 주시지 않으신다면 앞으로 더 많은 사람들이 다치게 될 것입니다."

마태복음 23:3; 고린도전서 4:20; 로마서 2:24-25

"형제님 말씀을 믿어야겠군요. 형제님은 저자를 잘 알고 계시며 그리스도인으로서 사람들을 평가하시니까요. 전 형제님이 악의를 갖고 말씀하셨다고 생각하지 않습니다. 그저 있는 그대로 말씀하셨으리라 믿습니다."

"저 작자가 어떤 사람인지 몰랐다면 저도 형제님이 처음 생각했던 것처럼 그렇게 생각했을 겁니다. 신앙을 적으로 생각하는 자들이 이렇게 이야기하는 것을 들었다면 아마 중상모략이라고 생각했겠죠. 보통 악인들의 입에서는 착한 사람들의 이름이나 신앙고백에 대한 악담이 쏟아져 나오는 법이니까요. 하지만 수다쟁이가 나쁜 사람이라는 증거는 사람들의 이런 이야기들 말고도 더 댈 수 있습니다. 게다가 선한 자들은 그를 수치스럽게 여기지요. 선한 사람들은 이 수다쟁이를 형제나 친구라고 부르지 않습니다. 그의 이름만 들어도 얼굴을 붉히니까요."

"말하는 것과 행동하는 것은 별개군요. 그럼 이제 더 잘 살펴보아야겠어요." 믿음이 말했다.

"말과 행동은 완전히 다르죠. 영혼과 육체가 다른 것과 마찬가지입니다. 영혼이 없는 육체는 송장일 뿐입니다. 둘 중 하나만 있다면 그 또한 시체나 다름없습니다. 신앙의 정신은 행동하는 것이지요. '하나님 아버지 앞에서 순수하고 정결하고 더러움이 없는 경건은 곧 고아와 과부를 그 환난 중에 돌아보고 또 자기를 지켜 세속에 물들지 아니하는 이것이니라'는 말씀을 수다쟁이는 모릅니다. 그는 듣고 말만 하면 좋은 그리스도인이 될 거라 생각하는데, 이는 자기 자신을 속이는 일이랍니다. 말씀을 듣는 것은 씨를 뿌리는 것인데, 말하는 것만으로는 그 열매가 마음과 생활 속에 열리는지 충분히 증명하지 못하기 때문이죠. 우리는 심판의 날, 자신의 열매에 따라 심판받게 된다는 사실을 꼭 기억해야 합니다. 그날에 우리가 받게 될 질문은 '믿었느냐?'가 아니라 '행하였느냐, 말뿐이었느냐?'이며, 그 대답에 따라 심판

받게 될 테니까요. 이 세상의 종말은 추수에 비유할 수 있죠. 추수하는 농부는 열매에만 신경 씁니다. 신실한 믿음 말고는 아무것도 받아들여지지 않는답니다. 심판의 날이 되면 수다쟁이의 신앙고백이 얼마나 하찮은 것인지 알게 될 거란 말씀이지요."

야고보서 1:22-27; 마태복음 13:23,30

크리스천의 말을 듣고 나서 믿음이 말했다. "말씀을 듣다 보니 모세가 정결한 동물에 대해 말한 내용이 생각나네요. 그가 말하는 정결한 동물이란 굽이 갈라지고 새김질을 하는 동물을 말합니다. 굽만 갈라지거나 새김질만 해서는 안 되지요. 토끼는 새김질을 하지만 굽이 갈라지지 않아서 정결하지 않아요. 이 말은 수다쟁이한테도 적용이 됩니다. 그는 지식을 추구하며 입으로 말을 새김질하긴 하지만, 굽이 갈라져 있지 않아요. 죄인의 길을 벗어나지 못하는 거죠. 토끼처럼 그도 개나 곰과 같은 발을 가지고 있기 때문에 정결하지 못하죠."

레위기 11장; 신명기 14장

"제가 완전히 다 이해했다고는 할 수 없겠지만 형제님이 진정한 복음을 아주 잘 설명해 주셨네요. 저도 몇 말씀 덧붙이죠. 사도 바울은 말로만 떠드는 사람과 수다쟁이를 소리 나는 구리와 울리는 꽹과리에 빗대어 말했습니다. 다른 말로 풀어서 얘기한다면 생명 없이 소리를 내는 것이라고 말할 수 있죠. 신실한 신앙심이 없고 복음의 은혜를 입지 못한 사람들은 절대로 생명의 자녀들과 함께 천국에 갈 수 없습니다. 말만 들으면 천사의 혀와 목소리를 가진 것처럼 들리지만 그렇다고 해도 천국엔 갈 수 없는 법입니다." 믿음의 말에 공감하며 크리스천이 말했다.

고린도전서 13:1-3; 14:7

"저 작자와 동행하는 것이 처음에 그리 달갑지는 않았는데, 이젠 아주 역겹네요. 어떻게 하면 저자를 따돌려서 떼어 놓을 수 있을까요?" 믿음이 말했다.

"제가 말하는 대로 해 보세요. 하나님께서 저 사람의 마음을 감동시키셔서 돌이키게 하시지 않는 한, 그가 먼저 형제님과 함께 가는 것을 껄끄러워할 것입니다."

"그럼 어떻게 할까요?"

"옆에 가서 신앙의 힘에 대해 진지한 대화를 하자고 말을 꺼내 보십시오. 그럼 그자는 아마 좋다고 맞장구를 치면서 그러자고 할 겁니다. 그런 다음 그 사람의 마음과 가정 생활과 대화 속에 신앙의 힘이 충분히 갖추어져 있는지 대놓고 물어보세요."

믿음은 크리스천의 말대로 다시 앞으로 가서 수다쟁이에게 물었다. "자, 기분이 어떠신가요. 괜찮으십니까?"

"고맙습니다, 지금까지 얘기를 계속 나누었더라면 좋았을 걸 그랬네요." 수다쟁이가 말했다.

"그러시다면 지금부터라도 계속 이야기를 나누지요. 아까 저더러 마음대로 주제를 정하라고 하셨으니 그럼 제 마음대로 정하겠습니다. 하나님의 은총이 인간의 마음속에 어떻게 나타날까요?" 믿음이 물었다.

"신앙의 힘에 대한 이야기인 것 같군요. 질문 한번 아주 잘하셨습니다. 그럼 이 질문에 답을 해 드리죠. 내 대답은 아주 간결합니다. 첫째, 우리의 마음이 하나님의 은혜를 입었다면 죄악에 대해 강하게 반대하는 모습을 보일 것이며, 둘째……."

"잠깐만요," 믿음이 끼어들었다. "하나씩 따져 봅시다. 죄악에 반대한다기보다 죄악을 혐오한다고 말해야 할 것 같은데요."

"아니, 죄악에 반대하는 것과 죄악을 혐오하는 것이 무슨 차이가 있단 말입니까?" 수다쟁이가 물었다.

"아주 큰 차이가 있죠. 말로는 죄악을 반대한다고 외치지만, 실제로는 혐오하지 않을 수도 있습니다. 저는 성직자들이 입으로는 죄악에 대해 반대하지만, 그 마음이나 가정 생활에서나 대화에서는 죄악이 살고 있는 모습을 많이 봤습니다. 보디발의 아내는 자신이 마치 신성한 양 목청껏 죄악을 반대했지만, 요셉과 서슴없이 부정을 저지르려고 하지 않았습니까? 어떤 사람들은, 마치 어머니가 자식을 자기 무릎에 앉혀 놓고 버르장머리 없다고 야단치다 말고 껴안고 입을 맞추는 격으로 죄악을 반대한다고 부르짖지요."

창세기 39:15

"댁은 남의 말꼬리를 잡아 물고 늘어지는 양반이시군요." 수다쟁이가 말했다.

"전 그런 사람 아닙니다. 그저 잘못된 것을 바로잡으려고 할 뿐이죠. 그럼 하나님의 은총이 인간의 마음속에 역사하신다는 것을 알 수 있는 두 번째 증거는 무엇입니까?"

"복음의 비밀에 대해 많이 알게 된다는 것이지요." 수다쟁이가 말했다.

"그게 첫 번째 표지일 겁니다. 하지만 첫 번째건 마지막이건 그것 또한 틀린 말이네요. 복음의 비밀에 대해 많이 알면 그 신비로움 속에서 많은 것을 얻을 수는 있으나, 그렇다고 영혼까지 은혜를 입는 건 아닙니다. 인간은 복음에 대한 지식이 많다고 해도 하찮은 존재일 수 있고 결국은 하나님의 자녀 또한 아닐 수 있으니까요."

고린도전서 13:2

"그리스도께서 이렇게 말씀하셨습니다. '너희가 이것을 아느냐?' 그러자 제자들은 '그렇습니다'라고 말했죠. 그리스도께서 덧붙이셨습니다. '이것을 알고 행하면 복이 있으리라'고요. 그리스도께서는 신앙의 힘을 안다고 해서 복을 버리시는 게 아니라 이를 행할 때 버리십니다. 따라서 알고 있는 것은 이를 행함이 아니지요. '주인의 뜻을 알고도 예비치 아니하고 그 뜻대로 행치 아니한 종'인 셈입니다. 그런 사람은, 천사만큼이나 많은 것을 알지만 그리스도인은 아니죠. 따라서 당신이 한 대답은 틀립니다. 안다는 것은 호사가들과 떠버리들을 기쁘게 해 주죠. 하지만 행하는 것은 하나님을 기쁘게 해 드린답니다. 물론 지식을 갖추지 못한 마음이 바람직하다는 말은 아닙니다. 지식 없는 마음은 무의미하니까요. 지식에는 두 가지 종류가 있습니다. 하나는 단순히 사물에 대한 시각만을 갖춘 지식이며, 또 하나는 믿음과 사랑의 은총이 깃들어 있어 가슴에서부터 하나님의 뜻을 행하도록 만드는 지식이랍니다. 전자의 지식은 호사가들을 섬길 뿐이지요. 그러나 진정한 그리스도인은 후자의 지식을 갖추지 못하면 만족하지 못합니다. '나로 깨닫게 하소서, 내가 주의 법을 준행하며 전심으로 지키리이다'라는 구절도 있으니까요."

시편 119:34

"또 트집을 잡으시는군요. 이건 덕스럽지 못한 태도입니다." 수다쟁이가 불평했다.

"그러시다면 하나님의 은총이 인간의 마음속에 어떻게 나타나는지 또 다른 표지를 대 보시지요."

"싫습니다. 우린 말이 통하지 않네요." 수다쟁이가 딱 잘라 말했다.

"선생이 싫으시다면 제가 답해 볼까요?"

"맘대로 하시구려." 수다쟁이가 중얼거렸다.

"영혼이 은혜를 받게 되면 자신도 이를 깨닫게 되고 주변 사람들에게도 그 모습이 드러납니다. 은혜를 소유한 사람은 자신의 죄악을 깨닫게 되고, 특히 자신의 본성이 타락했다는 것과 하나님을 믿지 않는 죄를 인식하게 됩니다. 예수 그리스도를 믿음으로 인한 하나님의 자비로운 손길이 없다면 저주받아 죽게 될 존재임을 깨닫게 됩니다. 이런 생각과 깨달음 덕분에 인간은 죄악을 슬프게 생각하고 수치스럽게 여기게 되지요."

요한복음 16:8; 로마서 7:24; 마가복음 16:16

믿음이 덧붙였다. "또한 인간은 세상의 구주께서 자기 안에 나타나신다는 사실을 인식하고, 생명을 얻기 위해 그분께 나아가야 할 필요성을 절실히 깨닫게 됩니다. 그래서 주님을 향해 주리고 목마르게 됩니다. 그렇게 갈급해하는 자들에게 주님은 약속을 주셨죠. 주를 믿는 마음이 강하냐 약하냐에 따라 그분의 기쁨과 평화, 거룩함을 사모하는 마음, 하나님을 더욱 알고자 하는 마음, 이 세상에서 그분을 섬기려고 하는 마음이 좌우됩니다. 하지만 이 모든 것에도 불구하고 이것이 다 은혜의 역사라고 쉽게 결론을 지을 수는 없답니다. 현재 우리는 타락한 상태라서 이성도 왜곡되었기에 올바른 판단을 내리지 못하기 때문이죠. 따라서 은혜의 역사를 체험한 사람도 그것이 은혜의 역사인지 확실히 알려면 매우 건전한 판단력이 필요합니다."

시편 38:18; 예레미야 31:19; 요한복음 16:9; 갈라디아서 2:16; 사도행전 4:12; 마태복음 5:6; 요한계시록 21:6

믿음은 계속 말을 이었다. "다른 사람들이 은혜를 입었는지 아는 방법은 다음과 같습니다.

첫째, 그리스도를 믿는지에 대한 체험적 고백이 있는지를 통해 알 수 있습니다.

둘째, 그 고백에 부합하는 삶을 사는지를 통해 알 수 있습니다. 그러니까 이 세상에서의 경건한 삶, 경건한 마음, (가족이 있다면) 경건한 가정, 경건한 대화를 통해 드러난다는 말이지요. 이러한 경건함은 일반적으로 자신의 죄를 마음속에서 혐오하고 그 때문에 자기 자신까지도 은밀히 혐오하게 만들죠. 그리고 그의 가정에서 그 죄를 억누르고 세상 밖으로 거룩함을 퍼뜨리게 만듭니다. 이는 위선자나 말 많은 사람들이 그러하듯 말로만 해서 되는는 것이 아니라 믿음과 사랑 가운데 하나님의 말씀에 실제로 순종함으로써 가능한 것이죠. 제가 간략하게 은혜의 역사와 그것을 발견하는 법에 대해 설명드렸습니다. 혹시 반론이 있으신가요? 없으시다면 두 번째 질문을 드리지요."

욥기 42:5-6; 시편 50:23; 에스겔 20:43; 마태복음 5:8; 요한복음 14:15; 로마서 10:10; 빌립보서 1:27

"반박은 하지 않고 듣기만 할 테요. 어디 두 번째 질문을 해 보시오" 수다쟁이가 말했다.

"그럼 제가 앞에서 설명한 것을 당신은 직접 체험했나요? 당신의 삶과 대화에서도 은혜의 역사가 나타나는 것을 경험했나요? 아니면 당신의 신앙은 행위와 진실이 아닌 말과 혀에만 있나요? 제 질문에 답하려면 천상에 계신 하나님께서 아멘이라고 응답해 주실 대답을 하도록 기도하십시오. 그리고 당신의 양심에도 거리끼지 않아야겠지요. 스스로에게 인정받는 사람이 아니라 하나님께서 칭찬해 주시는 사람이어야 합니다. 이웃 사람들은 자기보고 거짓말쟁이라고 하는데 자기 입으로만 이렇다 저렇다 말하는 것은 너무나 가증스러운 일이니까요."

이 말에 수다쟁이의 얼굴이 붉어지더니 이내 평정심을 되찾고 이렇게 답했다. "이제야 경험이다, 양심이다, 하나님이다 모두 들먹거리는군요. 방금 한 말을 정당화하려고 애쓰고 있는 것 같은데, 이런 대화를 나누리라고는 상상도 못했네요. 그리고 내가 왜 이런 질문에 대답해야 하는지도 모르겠군요. 당신이 내 교리문답 선생도 아닌데 내가 왜 그런 질문에 답해야 하는 거죠? 설사 그렇다고 해도, 당신이 나를 판단하도록 내버려 두지 않겠습니다. 대신 나에게 왜 그런 질문을 하는지 이번엔 내가 묻고 싶군요."

"당신이 말뿐이며 관념으로써만 이해한다는 사실을 제가 알았기 때문이죠. 솔직히 말하자면 당신이 말로만 신앙심을 떠들어 대는 사람이라는 소리를 들었습니다. 남들 말로는 당신이 그리스도인들의 오점이며 당신의 그 추악한 말 때문에 신앙심이 무너져 버린다고 하더군요. 어떤 사람들은 이미 당신의 그 사악한 술수에 말려들었고, 앞으로 더 많은 사람들이 파멸의 위험에 처하고 말 테죠. 당신의 신앙심, 술버릇, 탐욕, 부정, 악담, 거짓, 나쁜 친구들, 이 모든 것 때문이지요. '매춘부 한 명이 모든 여성의 수치'라는 말처럼 당신도 모든 신앙고백인들의 수치라고 할 수 있습니다."

못마땅한 수다쟁이는 화가 나서 이렇게 말했다. "뜬소문만 듣고 생각 없이 남을 속단해 버리는 걸 보니 당신은 고집불통에다 기분 나쁜 인간이군요. 당신 같은 사람하곤 얘기하기 싫으니 이만 가 보시구려."

그러자 크리스천이 다가와서 믿음에게 말했다. "내 그럴 거라 했죠? 형제님의 얘기와 저 작자의 욕망은 서로 어울리지 않는다니까요. 자기 삶을 바로잡으려 하지 않고 오히려 형제 님과 길벗을 하지 않겠다고 하잖아요. 이제 저 사람이 없으니 하는 말이지만 그냥 내버려 둡 시다. 그래 봐야 자기 손해니까요. 덕분에 저 사람을 떼어 놓는 수고를 덜게 되었군요. 안 그 랬으면 저 사람이 계속 따라와서 아마 우리의 동행길에 걸림돌이 되었을 겁니다. 게다가 사 도는 이렇게 말했지요. '규모 없이 행하고 우리에게 받은 유전대로 행하지 아니하는 모든 형 제에게서 떠나라'고요."

"그래도 저자와 잠시 이야기를 했다는 것이 기쁘군요. 나중이라도 제 얘기를 곱씹어 볼지 모르니까요. 아무튼 전 솔직하게 대했으니 그가 파멸한다고 해도 그건 제 책임이 아닙니다."

"그렇게 솔직하게 대하신 건 참 잘하셨습니다. 요즘은 독실한 믿음에 대해, 사람들과 이야 기를 나눌 기회가 거의 없는 데다가, 많은 사람들이 믿음에 대해서 상당히 불신하고 있습니 다. 그래서 신앙심을 입으로만 떠들어 대는 저런 수다스럽고 어리석은 자들이 생겨나 헛되 고 타락한 대화를 나누며, 하나님을 섬기는 자들 사이의 속내를 털어놓는 척하면서 사람들 을 당황하게 만들며, 기독교를 욕되게 하여 독실한 신앙인들을 슬픔에 빠뜨립니다. 다른 그 리스도인들도 형제님이 했던 것처럼 대처했으면 좋겠군요. 그래야 그들이 더욱 독실한 신앙 인이 되든가, 아니면 경건한 교인들과 함께했기 때문에 마음 한구석이 뜨끔하든가 할 테니 까요." 크리스천이 말했다. 그러자 믿음은 이렇게 노래했다.

"처음에 수다쟁이는 얼마나 그럴듯해 보였던가!
말은 또 얼마나 훌륭했던가!
그는 모든 사람들을 휘어잡을 수 있다고 생각했겠지.
하지만 믿음이 신앙에 대해 얘기를 하는 순간

그는 보름달이 이지러지듯 슬그머니 사라져 버렸네.
신앙의 역사를 모르는 자들은 모두 그렇게 되리."

그렇게 그동안 봤던 것을 얘기하며 걷다 보니 두 사람은 순례하기가 훨씬 수월해졌다. 그
렇지 않았다면 광야를 걷는 지금 이 길이 분명히 따분하고 지루했을 것이다.

허영의 시장

크리스천과 믿음이 이 광야를 거의 다 빠져나올 때쯤, 믿음은 우연히 뒤를 돌아다보았다. 그랬더니 뒤에서는 그가 아는 어떤 남자가 따라오고 있었다. "저기 오는 분을 아십니까?" 믿음이 물었다.

그 소리에 크리스천이 돌아보며 말했다. "제 좋은 친구인 전도자 님이 오시는군요."

"저분은 제게도 좋은 친구이시죠. 저에게 좁은 문으로 가라고 일러 주신 분이거든요." 믿음이 말했다.

전도자는 이들에게 다가와서 인사를 했다. "안녕들 하십니까? 두 분을 도와준 모든 이들에게도 평안이 있기를 빕니다."

"반갑습니다. 전도자 님. 전도자 님의 얼굴을 뵈니 저의 영원한 행복을 위해 베풀어 주신 친절과 지치지 않는 노고가 다시 떠오르는군요." 크리스천이 반갑게 인사했다.

"진심으로 환영합니다, 전도자 님. 저희처럼 불쌍한 순례자들에게 이 얼마나 반가운 일입니까?" 믿음이 말했다.

"그동안 잘 지내셨습니까? 일전에 헤어진 이래 처음 뵙는 거죠? 그동안 무슨 일을 겪었으며, 또 어떻게 헤쳐 나가셨습니까?" 전도자의 질문에 크리스천과 믿음은 이 길을 오는 동안 겪은 힘들고 어려웠던 경험을 자세히 이야기했다.

"두 분이 시련을 겪으면서도 승리자가 되어 정말 기쁩니다. 게다가 두 분은 많은 약점을 지니고 있음에도 오늘날까지 이 길을 계속 걸으셨지요. 저를 위해서나 여러분을 위해서나 정말 기쁘군요. 제가 씨를 뿌렸다면 두 분께서는 그 열매를 거두어들였습니다. 그리고 '씨를 뿌린 사람이나 거두어들인 사람이나 모두 함께 기뻐할' 그런 시간이 오고 있습니다. 그리고 우리가 그날이 올 때까지 버틴다면 '피곤하지 아니하면 때가 이르매 거두리라'는 말씀처럼 될 것입니다. 면류관은 여러분 앞에 있으며 이는 썩지 않는답니다. '그러니 이 면류관을 얻을 때까지 계속 노력하십시오.' 어떤 사람들은 이 면류관을 얻으려고 먼 길을 떠났지만 다른 사람에게 이를 빼앗기기도 합니다. '면류관을 굳게 잡아 아무나 당신의 면류관을 빼앗지 못하게 하십시오.'

요한복음 4:36; 갈라디아서 6:9; 고린도전서 9:24-27; 요한계시록 3:11

아직은 악마의 총부리에서 벗어나지 못했습니다. '죄와 싸우되 아직 피 흘리기까지는 대항치 아니'하였습니다. 늘 눈앞에 천국을 두고 눈에 보이지 않는 것을 굳건히 믿으십시오. 지금 몸담고 있는 이 세상의 일들에는 전혀 신경 쓰지 마십시오. 그리고 무엇보다도 자신의 마음속을 잘 돌아보고 그 안에 욕정이 숨 쉬지 않도록 가꾸세요. 왜냐하면 욕정은 그 어떤 것보다 우리를 속이려 들고 잔혹할 정도로 사악하기 때문이죠. 얼굴을 부싯돌처럼 굳게* 하십시오. 천국과 이 땅의 권세를 모두 여러분이 갖고 있습니다."

그러자 크리스천은 전도자의 격려에 감사의 인사를 전했다. 그러고는 앞으로 남은 길에서 겪게 될 일들에 대해 도움의 말을 해 달라고 부탁했다. 두 사람은 그를 예언자라고 믿었기 때문에 그가 앞으로 두 사람에게 닥칠 일을 알려 줄 수 있을 거라고 생각했다. 그래서 고난을 어떻게 이겨 내야 하는지 말해 달라고 부탁했다. 믿음도 그렇게 부탁했다.

그러자 전도자는 다음과 같이 말했다. "나의 아들과 같은 이들이여, 그대들은 복음의 진실이라는 말에 대해서 들어 보았을 것입니다. 하늘의 왕국에 들어가려면 큰 환란을 겪어야 하며 어떤 도시에 가든 여러분 곁에는 결박과 고난이 있을 것입니다. 그러니 이런 일들을 겪지 아니하고 순례의 먼 여정을 마무리 지을 수 있으리라는 기대는 하지 말아야 합니다. 이미 이런 말씀의 진리에 대해서는 어느 정도 아셨을 터이며, 앞으로도 좀더 겪게 될 테니까요. 이제 보다시피 이 광야를 거의 다 건너왔고, 얼마 안 있으면 저 앞에 마을이 하나 보일 것입니다. 저 마을에서는 적들이 여러분을 둘러싸고 피륙히다가 결국 여러분을 죽이고 말

---

* 이사야 50:7.

겁니다. 두 분 중 한 명 또는 두 명 다 피로써 신앙고백을 증명해 보여야 합니다. 하지만 죽는 순간까지 신실한 모습을 보이면 하나님께서 생명의 면류관을 주실 것입니다. 그 도시에서 잔인할 정도로 고통스러워하다가 목숨을 잃게 되겠지만, 그 사람은 남은 사람보다 훨씬 행복할 것입니다. 먼저 천국에 도착할 뿐만 아니라 남아 있는 자가 앞으로 겪게 될 고난에서 벗어나게 되기 때문이죠. 하지만 저 마을에 가면 지금 제가 말씀드린 일들이 벌어질 텐데, 부디 내 말을 기억하시고 남자답게 처신하면서 여러분의 영혼을 하나님께서 지켜 주신다고 믿으십시오."

내가 꿈에서 보니 두 사람이 광야를 빠져나갈 즈음 저 앞에 마을이 보이기 시작했다. 그 마을의 이름은 '허영'이었는데, 그곳에서는 일 년 버버 '허영의 시장'이 열리고 있었다. 허영의 시장이라 불리는 이유는 이 마을의 지형도, 이곳에서 파는 물건도 모두 허황됐기 때문이다. 이곳으로 모여 드는 사람들까지도 다 허영덩어리였다. "다가올 일은 다 헛되도다"라고 말한 현자의 말대로였다.

이 시장은 최근에 세워진 것이 아니라 오래전부터 계속 열리던 시장이었다. 이 시장의 유래는 이러하다.

약 5천 년 전, 정직한 이 두 순례자처럼 하늘의 성을 향해 떠나는 순례자들이 있었다. 그런데 '바알세불', '아볼루온', '군대'와 그들의 무리는 순례자들이 반드시 허영의 마을을 거쳐야만 순례길을 계속 갈 수 있다는 사실을 알고서 이곳에 일 년 버버 오직 허영과 관련된 물건만 파는 시장을 세웠다. 이 시장에서는 주택, 토지, 직업, 신분, 명예, 높은 자리, 직급, 나라, 왕국, 욕정의 매매가 이루어졌다. 또한 창녀, 아내, 남편, 아이, 주인, 종, 생명, 피, 몸, 영혼, 은, 금, 진주, 귀금속 등 모든 종류의 쾌락을 팔고 있었기에 없는 것이 없었다. 뿐만 아니라 속임수, 협잡, 놀이, 떠걸, 광대, 얼간이, 악한, 건달 등 나쁜 것들은 모두 모여 있었다.

시편 62:9; 전도서 1:2-14; 2:11-17; 11:8; 이사야 40:17

이 시장에서는 도적질, 살인, 간통, 위증은 물론 피를 부르는 일이라면 모두 벌어졌다. 잠깐씩 열리는 다른 시장들과 비슷하게, 이 시장에서도 죽 늘어선 거리마다 적당한 이름을 붙이고 이런저런 물건들을 팔았다. 예를 들어 어느 장소에서 열리는 무슨 시장의 무슨 거리인지 알기만 하면, 무슨 물건을 파는지 금방 알 수 있었다. 영국의 거리, 프랑스의 거리, 이탈리아의 거리, 스페인의 거리, 독일의 거리 등에서는 여러 종류의 다양한 허영품들이 팔려 나가고 있었다. 특정 시장에서 특정 상품이 날개 돋친 듯 잘 팔리는 것처럼, 이 시장에서는 로마 제품이 가장 불티나게 팔려 나갔는데 영국과 몇몇 나라만 이를 싫어했다.

앞서 말한 대로 하늘의 성으로 가기 위해서는 허영의 시장이 열리는 이 마을을 반드시 통과해야만 했다. 천국에 가려는 자가 이 마을을 지나가지 않는 방법이란, 이 세상 밖으로 나가는 것뿐이었다.

고린도전서 5:10

왕 중의 왕이신 그리스도께서 자신의 나라에 가실 때도 시장이 열리고 있었다. 그리스도께 이 헛된 것들을 보여 주며 사라고 한 자도 아마 이 시장의 주인 바알세불이었던 것 같다. 그는 그리스도가 이 마을을 지나실 때 자기에게 경배하면 이 시장의 주인을 시켜 주겠다고 했을 것이다. 그렇다. 그리스도는 영광스런 분이기에, 바알세불이 그분을 이끌고 순식간에 천하만국을 보이며 혹시나 존귀하신 그리스도께서 시장 물건을 사지 않을까 하고 꼬드겼지만 물건에 전혀 마음을 두지 않았던 예수님께서는 이 시장에서 단 한 푼도 쓰시지 않고 마을을 빠져 나가셨다. 이렇듯 이곳은 오래된 역사를 지닌 아주 큰 시장이었다.

마태복음 4:8-9; 누가복음 4:5-7

순례를 하려면 반드시 이 시장을 거쳐야 하기에 두 순례자도 이곳에 들어서게 되었다. 두 사람이 시장 안으로 발을 딛자마자 시장에 있던 사람들은 모두 웅성거렸다. 두 사람 때문에 마을이 들썩인 것에는 몇 가지 이유가 있었다.

우선, 순례자들의 복장이 시장에서 팔리는 옷가지들과 너무나도 달랐기 때문이다. 눈에 띄는 특이한 복장은 시장 사람들의 시선을 끌어 모았다. 어떤 사람들은 이들을 보고 바보라고 했고, 또 어떤 사람들은 미쳤다고 했으며, 또 다른 사람들은 이방인이라고도 불렀다.

고린도전서 2:7-8

둘째, 두 사람의 옷차림을 의심스럽게 쳐다보던 시장 사람들에게는 이들의 말투도 낯설게 느껴졌다. 시장 사람들은 이 세상 사람들이었기 때문에 두 사람이 쓰는 가나안의 언어를 아

그곳에서는 일 년 내내 '허영의 시장'이 열리고 있었다.

무도 알아듣지 못했다. 시장 사람들은 순례자들이 야만인이라고 생각했다.

셋째, 시장의 상인들이 매우 놀란 이유는 두 순례자가 자신들이 파는 물건을 거들떠보지도 않았기 때문이다. 두 사람은 시장 물건에 전혀 관심을 보이지 않았고, 혹시나 사람들이 물건을 사라고 해도 손으로 귀를 막고 이렇게 외치기만 했다. "내 눈을 돌이켜 허탄한 것을 보지 말게 하소서!" 그러고는 하늘에만 관심 있는 듯 하늘만 우러러보았다. 두 사람을 지켜보던 어떤 사람이 조롱하듯 말했다. "뭘 사려고 하슈?" 하지만 그들은 그 남자를 근엄하게 쳐다보고 말했다. "우리는 진리를 삽니다."

시편 119:37; 빌립보서 3:20-21; 잠언 23:23

그러자 사람들은 이들을 더욱 무시하기 시작했다. 어떤 사람은 조롱하고, 또 어떤 사람은 비아냥거리고, 또 어떤 사람은 욕을 해 댔다. 심지어는 때리기까지 했다. 결국 시장에서 커다란 소동이 일어나게 되었다. 이 소식은 시장 주인의 귀에까지 들어가게 되었다. 그는 재빨리 시장으로 내려와 믿을 만한 사람을 시켜, 시장을 발칵 뒤집어 놓을 뻔한 자들이 누군지 잡아들이라고 명령했다. 조사를 시작한 사람들은 두 순례자를 잡아들여 어디에서 왔으며, 어디로 가고 있는지, 그렇게 특이한 옷을 입고 무슨 짓을 했는지 캐물었다. 두 남자는 자신들은 이 땅에서 외국인이며 나그네라고 대답하면서 천상의 예루살렘이 있는 나라로 향하는 길이라고 말했다. 그리고 자신들에겐 이 마을 사람들과 시장 상인들을 못살게 굴 이유가 하나도 없다며 순례를 계속 떠날 수 있게 해 달라고 간청했다. 어떤 사람이 뭘 사겠느냐고 묻기에 그저 진리를 사겠다고 대답한 것뿐이라고도 말했다.

히브리서 11:13-16

하지만 이들을 조사하는 사람들은 두 순례자의 말을 믿지 않고, 이들이 사기꾼이거나 미친 사람이거나 아니면 허영의 시장을 교란시키기 위해서 온 작자들이라고 믿었다. 그래서 두 순례자들을 흠씬 두들겨 패 온몸을 흙투성이로 만들고 말았다. 이들은 두 사람을 감옥에 가둔 후 시장 사람들을 모두 데려와 구경거리로 만들어 버렸다.

두 순례자는 한동안 모든 사람의 조롱거리이자 원한과 복수의 대상이 되었다. 시장의 주인은 이 사태를 보며 웃기만 했다. 하지만 두 남자는 고통을 참아 내며, 욕설을 욕설로 갚지 않고 오히려 축복의 말을 해 주었다. 욕하는 자들에게 좋은 말을 해 주고, 상처를 입힌 자에게 친절하게 대했다. 이 두 사람을 눈여겨 본 몇몇 시장 사람들은 다른 사람들과 달리, 선입견을 버리고 시장 사람들이 이들을 끊임없이 못살게 구는 모습을 비난하기도 했다.

이런 비난에 화가 난 사람들은 그런 말을 지껄이는 자들도 감옥에 갇혀 있는 두 사람만큼이나 나쁜 공모자들이라며 그들도 두 순례자들과 함께 감옥에 가두어야 한다고 했다. 그러나 다른 사람들은 이 모든 광경을 볼 수 있었기에, 순례자들이 조용하고 신중한 성품이며 남들을 해코지할 사람이 아니라고 응수했다. 그러면서 시장 사람들에게 흠씬 두들겨 맞은 두 순례자보다 이 시장에서 물건을 파는 사람 중에 감옥에 들어가 웃음거리가 돼야 할 사람이 더 많다고 했다.

시장 사람들은 양편으로 나뉘어 심한 말을 주고받고 서로 주먹다짐을 하기 시작했다. 그래도 두 순례자는 시장 사람들 앞에서 현명하고 침착한 몸가짐을 보였다. 하지만 두 순례자는 이 소동으로 인해 다시금 조사를 받으러 밖으로 끌려 나왔다. 이번엔 방금 있었던 시장에서의 폭동에 대한 책임이 두 순례자에게 있다는 죄명이었다. 시장 사람들은 두 사람을 참혹할 정도로 두드려 패 온몸을 만신창이로 만든 후, 쇠사슬로 묶어 시장 바닥에 질질 끌고 다녔다. 그 누가 됐든 두 사람을 옹호하고 찬성하는 사람들에게 본때를 보이며 협박하기 위해서였다.

그러나 크리스천과 믿음이 훨씬 더 현명하게 처신하면서 숱한 멸시와 수치스러움을 유순하게 참아 내는 바람에 몇 안 되는 수이긴 하지만 시장 사람들 몇몇의 마음을 돌려 자신들의 편에 서게 만들었다. 하지만 이 모습은 또 다른 사람들의 화를 더 크게 돋우었고, 결국엔 두 사람에게 사형이 선고되고 말았다. 시장 사람들은 이들을 감옥에 가두고 쇠사슬을 채워 놓는 것도 모자라, 자신들을 피롭히고 모욕한 죗값을 물어 사형에 처해야 한다고 입을 모았던 것이다. 사형이 집행될 때까지 두 사람을 다시 감옥에 가둬 놓으라는 명령이 떨어졌다. 시장 사람들은 두 사람을 감옥에 넣고 발에는 차꼬까지 채웠다.

일이 이렇게 되자 두 순례자는 믿을 만한 친구인 전도자가 한 이야기를 되뇌며 그의 말대로 앞으로 더 많은 고통을 겪게 될 것을 짐작했다. 두 사람은 그 운명을 겪게 될 자가 오히려 더 나은 것이라며 서로를 위로했다. 두 사람은 자신이 그 운명에 처하기를 버심 바랐다. 하지만 그들은 자신들의 처지에 만족하며 이 모든 것을 주관하시는 전지전능하신 하나님께 자신들의 운명을 버맡기고 그분의 처분을 차분히 기다리기로 했다.

두 사람은 죄목에 따라 심판을 받을 예정이었다. 드디어 심판의 시간이 다가왔고, 두 사람은 적들 앞에 끌려 나가 심문을 받게 되었다. 판사의 이름은 '선을 혐오하는 귀족'이었다. 두 사람의 기소장은 형식적으로는 다소 차이가 있었지만 그 요지는 일치했다. "이들은 상거래를 어지럽힌 적들이며, 이 마을에 소동을 일으키고 분열을 조장했다. 또한 이 마을의 주인이 만든 법을 멸시하면서 매우 위험한 생각을 가진 무리를 결성했다."

이에 믿음은 가장 높은 사람보다 더 높으신 하나님께 대적하는 자들에게만 반론을 제기한 것이라며 반박했다. 그리고 그 소동은 자신과 아무 관계가 없으며 자신은 그저 평화를 사랑하는 사람일 뿐이라고, 자기 편을 들어준 사람들은 자신들의 진실과 결백을 보고 악에서 선으로 입장을 바꾼 것뿐이라고 말했다. 그러고는 이 마을의 주인이 하나님의 적인 바알세붙이기에 자신은 그와 그의 조력자들에게 맞서겠다고 대답했다.

그러자 감옥에 갇힌 죄수의 의견에 맞서 마을의 주인을 옹호할 사람은 앞으로 나와 반박할 증거를 대라는 명령이 떨어졌다. '시기'와 '미신'과 '아첨쟁이', 이렇게 세 사람이 증인으로 앞에 나왔다. 재판장은 감옥에 갇힌 사람들을 아느냐고 물었고, 순례자들이 마을의 주인에 대해 뭐라고 말했는지도 물었다.

시기가 앞으로 나와 이렇게 말했다.

"친애하는 재판장님, 저는 저 남자를 오래전부터 알고 있기에 이 영예로운 자리에 서서 맹세합니다. 저자는 말이죠……"

재판장이 말했다. "잠깐, 증인 선서부터 하라."

그러자 시기는 선서를 하고 이렇게 말했다. "재판장님, 저자는 그 이름은 그럴듯하나 사실 이 나라에서 가장 사악한 인간입니다. 저자는 지도자뿐만 아니라 마을 사람들도 업신여겼고, 법과 관습도 무시했습니다. 대신 믿음과 경건이라는 부족한 사상을 다른 사람들에게 주

입시키려고 애를 썼지요. 특히 저자는 그리스도의 정신과 우리 허영의 마을 관습이 정반대이기 때문에 서로 화합할 수 없다고도 했습니다. 저자는 그렇게 말함으로써 우리의 훌륭한 행위를 무시했을 뿐만 아니라 그 일을 행하는 우리까지 욕되게 했습니다.”

그러자 재판장이 말했다. “더 말할 것이 남아 있느냐?”

“존경하는 재판장님, 할 말이 더 남아 있기는 하지만 재판을 지루하게 만들고 싶지는 않습니다. 하지만 만약 필요할 경우, 다른 분들이 증언을 하고 난 후에도 저자를 처형하기 위한 증거가 부족하다면 그때 다시 증언대에 서겠습니다.” 이 말에 재판장은 시기에게 옆에서 대기하라는 명령을 내렸다.

그 다음 앞으로 나온 미신에게 믿음을 쳐다보라는 명령이 내려졌다. 재판장은 미신에게 믿음이 지도자에 대해 뭐라고 했는지 아느냐고 물었다. 선서를 한 후 미신이 입을 열었다.

“친애하는 재판장님, 저는 저자를 잘 알지 못하며 앞으로 더 알고 싶지도 않습니다. 하지만 제가 알고 있는 바에 따르면, 저자는 매우 해로운 친구입니다. 요 전날 우리 마을에서 이야기를 나눠 본 결과, 저자는 우리의 종교가 부정하며 이걸 믿는 사람은 하나님을 절대로 기쁘게 하지 못한다고 했습니다. 재판장님께서도 잘 아시겠지만, 그의 발언은 우리가 믿고 있는 종교가 모두 헛된 것이며 우리가 아직도 죄를 짓고 있어서 결국 저주를 받게 될 것이라는 뜻을 담고 있다는 말씀을 드리고 싶습니다.”

다음에는 아첨쟁이가 서약을 하고 자신의 주인을 옹호하기 위해, 법정에 선 피고에게 불리한 증언을 하기 시작했다. “재판장님, 그리고 이곳에 계신 신사숙녀 여러분. 저는 저 남자를 오래전부터 알아왔습니다. 저자는 입에 담아서는 안 될 말을 했습지요. 우리의 고결한 왕이신 바알세불을 모독했으며 왕의 영예로운 친구이신 ‘옛사람’ 경, ‘육신의 쾌락’ 경, ‘사치’ 경, ‘헛된 영광 추구’ 경, 저의 오랜 주인님이신 ‘호색’ 경, ‘탐욕’ 경 이하 다른 귀족들을 무시하는 발언을 했습니다. 게다가 우리 마을 사람들이 자신의 마음과 같다면 이 귀족 분들을 이 마을에서 더 이상 발붙이지 못하게 해야 한다고까지 말했습죠. 또한 지금 판결을 내려 주실 재판장님을 불경한 악당이라고 모독하기도 했고요. 우리 마을에 사는 높으신 분들을 거의 다 욕하고 돌아다녔습니다.”

아첨쟁이가 이렇게 증언하고 나자 판사는 법정에 선 죄수에게 이렇게 말했다. "이 부랑자! 이단자! 반역자야! 여기 계신 신사 분들이 네놈에게 불리한 증언을 하는 소리를 들었느냐?"

그러자 믿음이 되물었다. "저 자신의 변호를 위해 한 말씀 올려도 되겠습니까?"

"저런, 당장 죽여도 시원치 않을 놈. 네놈은 당장 처형을 당해야 마땅하거늘, 그래도 여기 계신 분들이 너에게 자비를 베풀 터이니 사악한 네놈의 말을 한번 들어 보도록 하겠다."

미신

"우선, 시기 님의 증언에 대해 반박을 하겠습니다. 전 하나님의 말씀을 거스르는 율법이나 관습에 대해 말했고, 사람들이 그리스도의 정신을 완전히 거스르는 행동을 하고 있다는 말만 했을 뿐입니다. 만일 제 말에 틀린 점이 있다면 지적해 주시지요. 그렇다면 제가 한 말을 여러분 앞에서 취소하겠습니다.

다음으로 미신 님의 말씀에 대해서 반박하겠습니다. 저는 하나님을 경외하는 일에는 신성한 믿음이 필요하다는 말밖에 하지 않았습니다. 하지만 하나님의 의중을 보여 주는 거룩한 계시 없이는 신성한 믿음도 있을 수 없습니다. 따라서 하나님을 경외하라고 강요하는 것은 신의 거룩한 계시와 맞지 않습니다. 인간의 믿음만으로는 영생을 얻을 수 없습니다.

시기

그리고 아첨쟁이 님의 말씀에 대해 반박하겠습니다. 제가 욕을 했다는 둥 그런 비방은 그냥 넘기겠습니다. 전 이 마을의 지도자와 그를 따르는 오합지졸들이 이 마을에 사는 것보다 차라리 지옥에 사는 편이 훨씬 더 어울릴 거라고 말씀드리고 싶습니다. 주님께서 제게 자비를 버리시기를."

그러자 재판장은 옆에서 모든 재판 과정을 지켜 본 배심원들에게 이렇게 말했다.

"친애하는 배심원 여러분, 그대들은 우리 마을에 큰 소요를 일으킨 저 인간을 충분히 보았을 것입니다. 그리고 저 고매한 신사 분들의 증언과 피고의 답변과 자백도 들었을 것입니다. 이제 저자를 처형할지, 아니면 목숨을 살려 둘지는 여러분의 양심에 달렸습니다. 우선 그 전에 우리나라의 법에 대해서 설명해 주겠습니다.

우리 왕의 신하인 위대한 파라오 시대에는 이단을 믿는 자들이 급격히 늘어 강해지는 것을 막기 위해 그들의 사내아이들을 강물에 익사시키는 법령이 제정되었습니다. 그리고 우리 왕의 또 다른 신하인 느부갓네살 대왕 시대에는 금으로 만든 그의 형상 앞에 엎드려 절하지 않는 자들은 그 누가 되었건 극렬히 타는 풀무에 던져 화형시키는 법령이 제정되었습니다. 또한 다리오 시대에는 왕이 아닌 다른 신을 섬기는 자들을 모두 사자 굴에 던져 넣는 법령도 제정된 바 있습니다.

이제 이 앞에 서 있는 피고는 생각뿐만 아니라 말과 행동으로도 모두 방금 설명했던 법령을 다 어기고 말았습니다. 따라서 이젠 도저히 참을 수가 없습니다! 파라오 시대의 법령은 범죄를 미연에 방지하고 불상사를 예방하기 위한 대비책이었습니다. 하지만 이자의 범법 행위는 이미 만천하에 명백하게 드러났습니다. 두 번째와 세 번째 법령을 살펴보면 이자는 우리 종교를 비방했으며, 자신이 이미 시인한 대로 반역의 죄를 저질렀습니다. 따라서 사형에 처하는 것이 마땅할 것입니다!"

출애굽기 1:22; 다니엘 3:6; 6:7

이윽고 배심원들이 퇴장했다. '맹목', '무가치', '사악', '호색', '방탕', '무모', '건방', '원한', '거짓', '잔혹', '음침', '양심' 등의 배심원들은 모두 믿음에게 불리한 판결문을 제출했다. 그들은 만장일치로 그에게 유죄를 선고하기로 결론지었다.

배심원들: 맹목, 무가치, 사악, 호색, 방탕, 무모, 건방, 원한, 거짓, 잔혹, 음침, 양심

배심원장인 맹목이 말했다. "저자는 이교도임이 분명합니다."

무가치가 말했다. "저자를 이 땅에서 없애 버리십시오."

사악이 덧붙였다. "저렇게 생긴 인간은 꼴도 보기 싫습니다."

호색이 말을 버빌었다. "도저히 용서할 수 없습니다."

방탕도 연이어 말했다. "제가 하는 일에 사사건건 끼어든 작자입니다."

무모가 다그쳤다. "저자를 목매달라, 목매달라!"

건방이 거들었다. "저 미천한 녀석 같으니라고."

원한이 비방했다. "저놈만 보면 속이 뒤집힙니다."

거짓이 분통을 터트렸다. "저런 부랑자 같은 놈!"

잔혹이 외쳤다. "목매달아 죽이는 것도 아깝습니다."

음침이 소리쳤다. "당장 죽여 버립시다."

앙심이 끝으로 말했다. "이 세상을 다 준다 해도 저 녀석을 가만 두지 못하겠습니다. 당장 저 녀석이 죗값을 치르도록 해 주십시오."

그래서 법정에 서 있던 믿음은 사형 판결을 받고 원래 갇혀 있던 감옥으로 끌려가 그곳에서 인간이 상상할 수 있는 가장 잔학무도한 방법으로 죽임을 당하고 말았다.

믿음이 죽자 사람들은 그를 다시 끄집어 내 자신들의 법에 따라 채찍질하고, 매질하고, 돌로 내리 찍고, 칼로 몸을 푹푹 찌르고, 살을 도려냈다. 그런 다음에 믿음을 꼬챙이에 꿰어 불에 태운 후 한 줌의 재로 만들어 버렸다. 믿음은 이렇게 끔찍한 최후를 맞이했다.

순간, 두 마리의 말이 이끄는 거대한 이륜마차가 저 뒤에서 믿음을 기다리고 있다가 달려와 믿음을 태운 후 트럼펫 연주 소리와 함께 저 구름을 뚫고 하늘의 성 문에 이르는 가장 가까운 지름길로 멀리 사라져 버렸다.

한편 크리스천은 형 집행이 유예되어 다시 감옥에 갇히게 되었다. 하지만 이 세상의 만물을 관장하시는 하나님께서 적들의 분노의 힘까지 다스리시어 크리스천이 그곳을 빠져나와 순례를 계속할 수 있도록 인도해 주셨다.

크리스천은 길을 가면서 이렇게 노래를 불렀다.

"믿음 형제여! 당신은 하나님을 향한 신앙을 성실하게 고백하였으니,
주님께서 은총을 베리시리.
하나님을 섬기지 아니하는 자들은 헛된 쾌락에 빠져 있으나
지옥의 곤궁 아래 울부짖으리.
믿음이여, 찬양하라! 그대의 이름은 영원히 남으리니.
저자들에게 죽임을 당했지만, 그대는 여전히 살아 있나니."

절망의 거인

버가 꿈에서 보니 크리스천이 혼자서 길을 가고 있지는 않았다. '소망'이라는 자가 그의 옆에 있었다. 소망은 크리스천과 믿음이 허영의 시장에서 고초를 겪을 때 믿음의 말씨와 행동에 감명을 받아 그와 함께 가기로 마음먹고 형제의 언약을 맺은 후 길벗이 되겠다고 자청했다. 진실을 증명하기 위해서 한 사람이 죽었지만 그의 재 속에서 또 한 사람이 일어나 크리스천의 순례길에 동행하게 된 것이었다. 소망은 크리스천에게 허영의 시장에 있던 사람 중에 조금 더 생각해 본 후 동행하겠다고 나설 사람들이 꽤 있다고 말해 주었다. 버가 꿈에서 보니 두 사람은 시장을 빠져나가자마자 앞서 길을 걷고 있던 한 남자를 따라잡게 되었다. 그자의 이름은 '이쪽저쪽'이었다. 두 사람은 그에게 말을 걸었다. "어느 나라에서 오신 분이며, 또 어디까지 가십니까?" 그는 '말발'이라는 마을 출신이며 하늘의 성으로 가는 중이라고 했지만 자신의 이름은 밝히지 않았다. "말발이라! 그곳에는 착한 분들이 많이 사십니까?" 크리스천이 물었다.

잠언 26:25

"그럼요, 그렇다고 봅니다." 이쪽저쪽이 말했다.

"실례지만, 성함이 어떻게 되십니까?" 크리스천이 물었다.

"저나 선생님이나 서로 초면 아니겠습니까? 만약 이 길로 가던 중이시라면 기꺼이 동행해 드리죠. 하지만 아니시라 해도 뭐 괜찮습니다."

"그 말발이라는 마을이 제가 듣기론 부촌이라고 하던데요."

"네, 정말 그렇죠. 제 친척 중에도 부자들이 아주 많답니다."

"괜찮으시다면 그 친척들이 어떤 분들인지 말씀해 주시겠습니까?"

"그 마을 사람들은 거의 다 제 친척이랍니다. 특히 '변심' 경, '기회주의' 경, '말발' 경이 계신데, 우리 마을의 이름은 이 말발 경의 이름을 따 지은 것이지요. 또한 '능구렁이' 씨, '이중인격' 씨, '냉소' 씨도 계시죠. 우리 교구에는 '한 입으로 두 말' 목사님도 계신데, 제 외삼촌이시죠. 사실 저는 이렇게 기품 있는 신사가 되었지만 저의 증조부께서는 저쪽을 바라보면서 이쪽으로 노를 젓는 뱃사공이셨습니다. 저도 뱃사공 일을 해서 제 재산의 대부분을 일구었지요."

"결혼은 하셨나요?" 크리스천이 물었다.

"네, 아버는 정숙한 어머니 밑에서 자란 정숙한 여인이랍니다. 장모님의 성함은 '위장'입니다. 명문가 출신인 아버는 교육을 잘 받은 덕분에 왕에서 소작인에 이르기까지 여러 사람들 앞에서 처신하는 법을 능히 잘 알고 있답니다. 사실 우리가 고지식하게 신앙심을 가진 자들과 두 가지 점에서 약간 다르긴 하지만 그 차이는 뭐 아주 사소한 것들이죠. 첫째, 우리는 시대의 흐름을 거스르지 않아요. 둘째, 우리는 신앙이 유행할 때 가장 열심히 믿습니다. 태양이 비추고 사람들이 주님을 찬양할 때 우리는 거리에서 전도하기를 좋아한답니다."

그러자 크리스천은 소망에게 슬쩍 다가가 이렇게 말했다. "아마 저자는 말발 마을에 사는 이쪽저쪽일 겁니다. 만약 내 말이 맞는다면 우린 이 지역에서 최고로 고약한 녀석과 길동무가 된 것이지요."

그러자 소망이 말했다. "그럼 한번 물어보세요. 자기 이름을 부끄러워하는 사람은 아닌 것 같은데요."

크리스천이 다시 그에게 다가가 물었다. "말씀하시는 것을 들어 보니 이 세상사를 그 누구보다도 더 많이 알고 계신 것 같군요. 만약 제 말이 맞다면 선생이 누구신지 대충 알 것도 같습니다. 혹시 말발 마을에 사는 이쪽저쪽 씨 아니신가요?"

"그건 제 이름이 아닙니다. 그건 저를 싫어하는 사람들이 붙여 준 별칭이지요. 옛날에 착한 사람들이 비난을 참아 낸 것처럼 저도 그런 비난을 참아 버리고 있는 중이죠."

"사람들이 당신을 그렇게 부르는 데에 그럴 만한 이유가 있다고는 생각해 보지 않으셨나요?" 크리스천이 물었다.

126

"전혀요! 제가 이쪽저쪽이라는 이름으로 불려야 할 이유가 있다면 그건 제가 늘 운 좋게도 시류를 잘 타는 판단을 버렸기 때문이죠. 제가 하는 일마다 늘 운이 따랐다고나 할까요? 그건 제가 은혜를 받아서 운수 대통했을 뿐이라고요. 아무리 그렇다고 해도 악에 받친 사람들이 저한테 비난을 퍼부어서는 안 되는 거죠."

"당신은 제가 소문에 듣던 대로군요. 아마 이쪽저쪽이라는 이름만큼 선생에게 더 잘 어울리는 이름도 없을 듯합니다." 크리스천이 말했다.

"그렇게 생각한다면 할 수 없죠, 뭐. 선생 생각까지 제가 어찌할 수는 없는 거 아닙니까? 하지만 같이 길을 가다 보면 제가 꽤 괜찮은 사람이란 걸 아시게 될 겁니다."

"저희와 같이 가고 싶으시다면 시류에 편승하는 일은 그만두셔야 합니다. 그건 선생의 생각을 거스르는 일이겠지요? 은으로 만든 신발을 신고 있든 누더기를 걸치고 있든 늘 신앙을 간직하고 있어야 하며, 주님께서 쇠사슬에 묶여 계실 때도 갈채를 받으며 길을 걸으실 때와 똑같이 그분 곁에 있어야 합니다." 크리스천이 따끔하게 일침을 놓았다.

"저한테 그렇게 신앙을 강요하시면 안 되죠. 그건 제가 알아서 할 일이니 그냥 길이나 같이 가십시다." 이쪽저쪽이 타이르듯 말했다.

"제 말대로 하지 않을 거라면 전 한 걸음도 같이 갈 수 없습니다." 크리스천은 강하게 버텼다.

그러자 이쪽저쪽이 말했다. "전 지금껏 믿어 온 신념을 굽힐 생각이 전혀 없습니다. 그 신념은 해롭지도 않고 돈벌이도 되는걸요. 저와 함께 가지 않겠다면 아까 댁들이 저를 따라잡기 전처럼 그냥 혼자서 가겠습니다. 가다 보면 기꺼이 저와 동행하겠다는 자들을 만나게 될 테니까요."

내가 꿈에서 보니 크리스천과 소망은 이쪽저쪽과 헤어진 다음, 그보다 앞서 걸어 나갔다. 두 사람 중 하나가 뒤를 돌아보니 이쪽저쪽 뒤로 남자 셋이 뒤따라오고 있었다. 이들이 이쪽저쪽을 따라잡자, 그는 허리를 굽혀 인사했다. 이들의 이름은 '세상집착', '돈환장', '수전노'였으며, 이쪽저쪽은 전부터 이들과 친하게 지냈다. 이 사람들은 북쪽에 있는 '탐욕'이라는 나라의 상업 도시 '이윤추구'에 있는 학교장 '악착' 씨 밑에서 같이 수학한 동창생들이었다.

세상집착, 돈환장, 수전노가 이쪽저쪽을 따라잡자, 그는 허리를 굽혀 인사했다.

교장은 신앙이라는 가면을 쓰고 폭력, 사기, 아첨, 거짓으로 축재하는 법을 가르쳤다. 이 네 남자는 교장으로부터 많은 술책을 배워 자신들 스스로 그런 학교를 세울 정도의 능력을 갖추게 되었다.

그들은 서로 정중히 인사를 나눈 다음 돈환장이 이쪽저쪽에게 물었다. "저 앞에 가는 사람들은 누구지?" 크리스천과 소망은 아직까지 그들의 시야에 있었다.

"아주 먼 곳에서 온 두 남자인데, 자신들이 정한 방식대로 순례를 하고 있더군."

"뭐? 그럼 좀 기다렸다 우리와 같이 가면 좋았을걸 그랬잖아. 다들 순례 중인데 말이야." 돈환장이 말했다.

128

"그러게. 그런데 저 앞에 가는 사람들은 꽉 막힌 자들이라 자기 마음대로만 하려고 들고, 남의 말을 개코로 알잖아. 아무리 독실한 사람도 끼워 주지 않고 따돌린다니까." 이쪽저쪽이 말했다.

"거, 못됐네. 너무 그렇게 뻣뻣하게 굴면 자기 생각만 옳고 다른 사람들 생각은 모두 다 틀리다고 착각하게 될 텐데. 저 사람들 생각이 너와 얼마나 달랐기에 그래?" 수전노가 물었다.

이쪽저쪽은 좀 전에 있었던 얘기를 늘어놓았다. "저 사람들은 황소고집을 피우면서 날이 궂어도 순례를 서둘러 떠나야 한다고 그러더라고. 하지만 난 바람과 파도가 잦아들기를 기다리거든. 저들은 하나님을 위해서라면 단번에 목숨까지도 버릴 사람들이지만, 난 내 생명과 재산을 지키기 위해서 갖은 애를 쓴다고. 저 사람들은 남들이 뭐라고 하든 자기 의견을 굽히지 않지만, 난 시류를 타고 내 안위를 지켜 주는 범위 내에서 신앙을 갖지. 저들은 누더기를 걸치고 경멸을 받아도 신앙을 믿지만, 난 하나님이 햇살 아래 갈채를 받으며 은 신발을 신고 오실 때만 믿거든."

이쪽저쪽의 말에 공감하면서 세상집착이 나섰다. "아주 잘했어, 이쪽저쪽. 내가 보기엔 저 사람들이 멍청이일세. 자기가 가진 것을 지킬 수 있는 자유가 있음에도 어리석게 그걸 놓쳐 버리다니. 우리 모두 범처럼 지혜롭게 살아야 하는 거야. 해가 나는 동안 짚을 말려야지, 안 그래? 벌만 해도 그래. 겨우내 겨울잠을 자다가 꿀을 모을 때가 되어서야 열심히 돌아다니잖아. 하나님은 때로 비를 주시기도 하고 햇빛 나는 날도 주시잖아. 저자들이 미련하게 빗속을 뚫고 간다 해도, 우린 그냥 날씨가 좋을 때 순례를 떠나는 것에 만족하자고. 하나님께서 은혜를 베푸시어 우리를 안전하게 지켜 주시는 게 신앙의 가장 좋은 점인 거 아냐? 하나님께서 우리에게 이 좋은 것을 내려 주시는데, 이 좋은 걸 하나님을 위해 참으라고 하셨다는 게 이성적으로 말이 된다고 생각해? 아브라함과 솔로몬은 신앙 때문에 부자가 되었지. 욥기를 보면, 선한 사람은 황금도 티끌 위에 버버린다*는 말이 있긴 하지만 네 말을 들어 보니 저 앞에 가는 사람들은 욥기에서 말하는 그런 선한 사람들은 아닌 것 같군."

❀ ∘∘∘∘∘∘∘∘∘∘∘∘∘∘∘∘∘∘∘∘
* 욥기 22:24.

수전노는 친구들을 돌아보며 고개를 끄덕였다. "이 말에 모두 이의 없지? 그럼 이제 이 얘기 그만."

돈환장도 같은 생각이었다. "맞아, 저 사람들 얘기 이제 할 필요도 없어. 우리들은 성경도 이성도 모두 다 믿잖아? 하지만 성경도 이성도 믿지 못하는 사람들은 자유도 모르고 자기 안위도 피하지 못할 수밖에."

"이봐, 우리 모두 이렇게 순례 중인데 말야, 나쁜 생각도 환기시킬 겸, 내가 질문을 하나 할게." 이쪽저쪽이 말했다. "어떤 사람이 있다고 쳐 보자구. 목사든 장사치든 상관은 없어. 그런데 이 사람이 어느 날 이 세상에서 크게 축재할 수 있는 기회를 만났어. 하지만 신앙이 뭔지도 모르는 이 사람이 재산을 손에 넣으려면 적어도 남들 눈에는 열성적으로 신앙 생활을 하는 것처럼 보여야만 한다고 쳐 봐. 만약 이 상황에서 그가 자기 목적을 달성하기 위해 그렇게 하지 않는다면, 이 사람을 정말 정직하다고 할 수 있을까?"

돈환장이 말했다. "네가 무슨 말을 하고 싶은지 알겠어. 괜찮다면 내가 먼저 대답하지. 우선, 목사일 경우에 대해 대답해 주지. 만약 훌륭한 목사가 쥐꼬리만 한 녹을 받았는데, 더 많은 급여를 받을 수 있는 기회를 잡게 되었다고 가정해 보세. 그래서 더 열심히 노력하고, 설교도 더 많이 열정적으로 하고, 성도들의 구미에 맞게 자신의 원칙도 수정해서 그 기회를 잡았다고 쳐 봐. 내가 보기엔 그 목사가 안 그래야 할 이유가 전혀 없다고 봐. 그리고 만약 그가 소명을 갖고 있다면 더한 일을 한다 해도 정직한 사람이라고 생각해. 왜 그런 줄 알아?

첫째, 더 많은 녹을 받겠다는 그의 열망은 합당한 거야. 이건 당연한 거 아닌가? 그런 기회도 다 하나님의 섭리이지. 많이 받을 수 있을 만큼 많이 받아도 그가 양심의 가책을 느낄 필요는 전혀 없지 않은가.

둘째, 게다가 더 많은 보수를 원하다 보면 더 열심히 열정적으로 설교를 하게 되고 그 덕분에 더 훌륭한 목사가 될 수 있으니, 자기 입장에서 보면 발전의 계기가 되는 거 아니겠어? 이것도 하나님의 뜻에 따르는 거라고 볼 수 있어.

셋째, 성도들이 원하는 대로 맞추어 가며 그들에게 봉사하며 자신의 원칙을 약간 수정하는 일은 자기를 억제할 수 있는 사람이라는 뜻이며, 친절하고 바람직한 행동인 데다가, 목사

직에 더욱 잘 어울리는 일이라고 볼 수 있지.

넷째, 결론을 버리자면, 적은 보수를 받던 목사가 더 많은 보수를 받게 되었다고 그를 탐욕스러운 인물로 여겨서는 안 돼. 그 덕분에 목사 자신도 발전하면서 종교계도 발전시킨 것이기 때문에 오히려 그를 자신의 소명을 추구하는 자라고 봐야 하며 자기 손에 주어진 기회를 잘 이용했다고 봐야지.

그럼 이번엔 장사치에 대해서 생각해 볼까? 장사가 시원치 않던 장사치가 신앙을 갖게 되면서 가게도 넓히고 부유한 아내도 얻게 되고 손님도 예전보다 훨씬 더 많아졌다고 해 봐. 내 생각엔 이것도 합당하지 않다고 볼 이유는 전혀 없어. 그 이유가 뭔지 알아?

첫째, 신앙을 갖겠다고 마음먹은 연유가 무엇이든 간에 신앙을 갖는다는 것은 좋은 일이잖아!

둘째, 돈 많은 아내를 얻거나 가게에 손님이 더 많이 느는 게 뭐 나쁠 게 있나?

셋째, 게다가 신앙을 갖게 됨으로 인해 이런 것들을 얻게 되었다면, 그들은 자기 스스로 좋은 사람이 되었기 때문에 좋은 것들을 얻게 된 거니까 잘된 거 아니겠어? 돈 많은 아내도 얻고, 가게 손님도 늘어 돈을 더 많이 벌게 된 이 모든 것들이 신앙을 갖게 된 덕분이니 이얼마나 좋은 일이야. 그러니까 이런 것들을 얻기 위해서 신앙을 갖는 건 바람직하고 이로운 계획이라고 할 수 있어."

돈환장의 대답을 듣고 다들 입을 모아 칭찬했다. 이 네 사람은 그 대답이 가장 건전하고 유익하다고 결론지었다. 그래서 이들은 아무도 반박하지 못할 거라고 생각하고, 아직 부르면 뒤돌아볼 거리에 있는 크리스천과 소망을 빨리 따라잡아 이 질문을 던진 후 코를 납작하게 해 주어야겠다고 마음먹었다. 이쪽저쪽이 아까 전에 두 순례자에게 거절을 당했기 때문에 그런 마음을 먹게 된 것이었다. 그래서 네 사람은 크리스천과 소망을 불러 세웠고, 그들에게 다가갔다. 세상집착은 자기가 저 사람들에게 질문하겠다고 고집을 피웠다. 그래야 이쪽저쪽과의 껄끄러운 대화가 오갔던 좀 전과 같은 상황을 피할 수 있을 거라고 생각했기 때문이다. 네 명의 친구들과 두 순례자들은 서로 짧은 인사를 나누었다. 세상집착은 질문을 던지고 나서 대답할 테면 대답해 보라고 뻐겼다.

그러자 크리스천이 대답했다. "그런 질문엔 초심자라도 만 번은 대답할 수 있습니다. 그리스도께서 요한복음 6장을 통해 '너희가 나를 찾는 것은 표적을 본 까닭이 아니요 떡을 먹고 배부른 까닭이 아니냐'라고 말씀하신 것처럼 그것은 합당한 일이 아닙니다. 이로움을 얻고 세상을 즐기고자 예수님과 신앙을 수단으로 삼는 일은 그 얼마나 혐오스러운 일입니까! 이런 질문은 이교도, 위선자, 악마, 마법사의 생각이라고밖에 여겨지지 않는군요."

요한복음 6:26

크리스천은 계속 말을 이어갔다.

"첫째, 이교도 하몰과 세겜은 야곱의 딸과 가축을 탐하여 그것을 갖고 싶어 했습니다. 하지만 할례를 받지 않고서는 그렇게 할 수 없다는 것을 알고서 고을 사람들에게 이렇게 말했습니다. '우리 중에 모든 남자가 할례를 받아야 그들의 생축과 재산과 그 모든 짐승이 우리의 소유가 되지 않겠느냐?' 그들은 딸들과 가축들을 얻기 위해서 신앙을 수단으로 삼은 것입니다.

창세기 34:20-24

둘째, 위선자 바리새인들도 신앙을 수단으로 삼았죠. 기도를 오랫동안 하는 것은 하나의 핑계에 불과했고, 속으론 과부의 집을 빼앗을 궁리만 했습니다. 결국 하나님의 심판을 받아 큰 저주를 받았죠.

누가복음 20:46-47

셋째, 악마 유다의 신앙도 이들과 같았습니다. 그는 돈 자루를 꿰차기 위해 신앙을 가졌고 자루 안을 돈으로 가득 채우기 위해서 믿음이 있는 척했습니다. 하지만 그는 버림받고 버쳐져서 결국은 지옥의 자식이 되고 말았습니다.

넷째, 마법사 시몬도 역시 마찬가지였습니다. 돈을 벌어 보겠다는 심사로 성령을 받으려 했으니 말입니다. 그래서 베드로가 말한 대로 망하고 말았지요.

사도행전 8:19-22

다섯째, 세속의 영욕을 위해 신앙을 갖는 자는 그 영욕을 위해 신앙을 버릴 수 있다는 생각이 제 머릿속에서 떠나지 않습니다. 유다가 물욕을 채우기 위해 신앙을 갖고 자신의 신앙과 그의 주인이신 예수님을 팔아넘긴 것처럼 말입니다.

따라서 그 질문에 대해 긍정적으로 생각하고 그 대답이 옳다고 받아들이는 것은 이교도 적이며 위선적이고 사악한 짓입니다. 여러분은 행한 대로 고스란히 되돌려 받을 것입니다." 그러자 네 사람은 서로 멀뚱멀뚱 얼굴만 바라볼 뿐 크리스천의 대답에 한마디도 반박하지 못했다. 소망도 크리스천의 말이 백 번 옳다고 옆에서 거들었다. 순간 무거운 침묵이 흘렀다. 이쪽저쪽과 친구들이 비틀거리며 뒤로 처지자 크리스천과 소망은 앞서 나갔다.

크리스천이 소망에게 물었다. "저 사람들은 인간이 내린 선고 앞에서도 제대로 서 있지 못하면서 하나님께서 내리시는 선고를 어떻게 감당하려고 저러는 것일까요? 질그릇 같은 우리를 대하는 정도로도 입도 뻥끗 못하는데, 삼켜 버릴 듯한 불길로 하나님의 꾸짖음을 당하게 되면 대체 어떻게 될까요?"

크리스천과 소망은 네 사람을 뒤에 남긴 채 아름다운 평원에 도착하게 되었다. 이곳의 이름은 '평안'이었다. 두 사람은 이곳이 무척 마음에 들었다. 하지만 이 평원은 너무 좁아 금방 지나치게 되었다.

평원 한편엔 '재물'이라는 나지막한 언덕이 있었다. 거기엔 은광이 있었다. 은은 워낙 귀했기 때문에 어떤 사람들은 가던 길을 벗어나 은 구경을 하러 갔다. 하지만 은광 가장자리에 너무 가까이 다가가는 바람에 함정에 빠져 목숨을 잃거나 죽을 때까지 불구로 사는 사람들이 많았다.

내가 꿈에서 보니 은광을 지나가는 아주 좁다란 길옆에 신사처럼 생긴 데마*가 서서 지나가는 행인들에게 구경하러 오라고 부추기고 있었다. 그는 크리스천과 소망에게 "여봐요! 이쪽 좀 봐요! 근사한 것 좀 보고 가시오!"라고 외쳤다.

크리스천이 대답했다. "대체 그게 뭣이기에 가던 길을 빙 돌아가면서까지 볼 가치가 있단 말입니까?"

"여기는 은광이라오. 조금만 파 보면 보물이 쏟아져 나오지요. 이리 와서 조금만 수고하

---

* 사도 바울의 제자로서 바울이 옥에 갇히자 신앙을 버리고 고향으로 돌아갔다(디모데후서 4:10).

면 충분히 먹고살 만큼 부자가 될 수 있다우."

"우리도 은광을 보러 가 보죠." 소망이 말했다.

"난 안 갑니다. 저 은광 얘기를 전에 들어 봤던 것 같군요. 얼마나 많은 사람들이 저기에서 목숨을 잃었는지도 들었습니다. 그 보물이란 게 사람들을 꾀기 위한 수단이며, 순례를 하지 못하게 막는 장애물이랍니다." 크리스천은 이렇게 말하고 데마에게 소리쳤다. "거기 위험하지는 않습니까? 순례자들이 그곳 때문에 많이 방해받지는 않았습니까?"

호세아 9:6

"뭐 그리 위험하진 않습니다. 부주의한 사람들에겐 위험하긴 하겠지만요." 하지만 이렇게 말하는 데마의 얼굴이 붉어졌다.

그러자 크리스천이 소망에게 말했다. "우리 흔들리지 말고 앞만 보고 갑시다."

"만약 이쪽저쪽이 여기까지 와서 데마가 구경하란 소리를 들었다면, 분명히 가서 볼 겁니다. 제가 장담하죠." 소망이 말했다.

"그건 보나마나 뻔하죠. 자기 원칙을 따른다면 저 은광으로 구경 갔다가 분명히 죽게 될 겁니다." 크리스천이 응수했다.

"와서 구경 안 하실 거요?" 데마가 다시 외쳤다.

그러자 크리스천은 큰 소리로 이렇게 말했다. "데마, 당신은 이 길을 따라 하나님을 만나러 가는 데 방해가 되는 원수요. 그리고 당신은 우리 주님의 재판관 중 한 분으로부터 이미 유죄 판결을 받았소. 그런데 왜 당신은 우리까지 그 저주에 끌어들이려 하는 거요? 우리가 샛길로 빠진다면, 하나님 아버지께서는 이 소리를 들으셨다가 우리가 주님 앞에 당당하게 서게 되는 날 그 자리에서 우리를 욕되게 하실 겁니다."

디모데후서 4:10

데마가 다시 외쳤다. 이번에는 자신도 순례자들과 같은 형제라면서 조금만 기다려 주면 금방 따라가겠노라고 말했다.

그러자 크리스천이 말했다. "당신의 이름은 무엇입니까? 내가 불렀던 그 이름 맞습니까?"

"그럼요. 제 이름은 데마가 맞습니다. 아브라함의 자손이죠."

"그럼 당신이 누군지 알겠네요. 게하시*를 증조부로, 유다**를 아버지로 두고 그들의 전철을 똑같이 밟고 있군요. 그러나 당신이 하는 이 수작은 악마의 간계일 뿐입니다. 당신 아버지는 배신자로 목매달아 죽었으니 아마 당신도 비슷한 죗값을 치르게 될 겁니다. 우리가 주님 앞에 가게 되면 당신의 행동을 고하겠습니다." 그리고 두 사람은 가던 길을 계속 갔다.

열왕기하 5:20-27; 마태복음 26:14-15; 27:3-5.

잠시 후 내 꿈에 이쪽저쪽과 친구들이 다시 나타났다. 그들은 데마를 보자마자 즉시 은광으로 달려갔다. 그들이 은광 속을 들여다보다가 빠져 죽었는지, 직접 은을 캐러 버려갔는지, 아니면 저 아래에서 뿜어져 나오는 유독가스에 질식해 죽었는지는 잘 모르겠다. 하지만 그들은 내 꿈에서 두 번 다시 모습을 보이지 않았다. 그러자 크리스천은 이렇게 읊었다.

"은광을 지키는 데마와 이쪽저쪽은 마음이 통하여
재물을 나눠 가질 생각에 하나가 부르자마자
다른 하나가 득달같이 달려갔네. 그래서 이들은
이 세상에 발목이 잡혀 더 이상 나아가지 못하는구나."

나는 평원 저편에 서 있는 오래된 유적에 크리스천과 소망이 도착하는 모습을 보았다. 여인이 기둥으로 변한 듯한 모습을 하고 길가에 떡하니 버티고 서 있는 이 범상치 않은 유적을 보고, 두 사람은 무엇인지 궁금했다. 그래서 두 사람은 걸음을 멈추고 자세히 들여다보았다. 하지만 한참을 살펴보아도 도머체 먼지 알 수 없었다. 그때 소망이 기둥의 머리 부근에 예사롭지 않은 글씨체로 무언가 쓰여 있는 것을 발견했다. 학식이 얕은 그는, 어느 정도 배움이 있는 크리스천에게 혹시 이 글자가 무슨 뜻인지 알겠냐며 와서 봐 달라고 했다. 그 말에 크리스천은 기둥에 다가가 한동안 이리저리 그 글자를 놓고 궁리했다. 그러다 그것이 '롯

---

* 엘리사의 하인. 주인을 속이고 부당한 이익을 챙기다가 자신뿐만 아니라 그 자손들까지 대대로 나병이 이어지게 되었다(열왕기하 5:20-27).
** 가롯 유다. 예수님의 제자였으나 대제사장들에게 은 삼십 냥을 받고 스승을 팔았다(마태복음 26:14-16).

135

의 아버지를 기억하라'는 뜻임을 알게 되었다.

크리스천은 이 글귀를 소망에게 읽어 주었다. 그리고 두 사람은 이 유적이 롯의 아버지가 소금 기둥으로 변한 것이라고 결론지었다. 그녀는 소돔에서 도망쳐 나오다가 욕심 그득한 마음으로 뒤를 돌아보는 바람에 소금 기둥으로 변해 버린 것이었다. 이 급작스럽고도 놀라운 광경을 본 두 사람은 이야기를 나누었다.

창세기 19:26

"소망 형제님, 아주 적당할 때 이 기둥을 보게 되었군요. 재물 언덕을 보러 오라고 소리치던 데마를 만난 직후에 때마침 이 기둥과 만났네요. 만약 데마가 꼬드기는 대로 은광을 구경하러 갔다면, 이곳을 지나갈 다음 순례자들에게 우리도 이 여인네처럼 구경거리가 되었을 겁니다."

"어리석게 굴어 죄송합니다. 제가 지금 롯의 아버지와 같은 꼴이 되지 않았다는 사실이 신기할 뿐입니다. 이 여인이 지은 죄나 제가 지은 죄나 무슨 차이가 있겠습니까? 이 여인은 그저 뒤돌아봤을 뿐이고 저도 구경 한번 해 보고 싶은 마음이었으니 말입니다. 하나님의 은혜에 감사드립니다. 제 마음속으로 그런 생각을 품었던 것을 부끄럽게 여기고 있습니다."

"지금 이곳에서 본 것을 명심하고 앞으로는 이 모습으로부터 도움을 받도록 합시다. 이 여인은 소돔의 멸망으로 인한 파멸은 피했기에 심판 하나는 면하게 되었지만, 지금 우리 눈앞에 보이는 모습처럼 소금 기둥으로 변하는 또 다른 파멸을 맞이하고 말았지요."

"맞습니다. 이 여인의 모습은 경고이자 본보기인 셈이군요. 이 모습은 여인이 범한 죄를 범해서는 안 된다는 경고인 동시에, 이렇게 경고를 했음에도 죄를 짓는다면 어떤 심판을 받게 되는지 보여 주는 좋은 본보기이기도 합니다. 고라, 다단, 아비람과 이들을 따르는 250명의 사람들은 죄를 지었기 때문에 사라져 버리고 말았습니다. 이것 또한 징표이자 경고가 됩니다. 하지만 무엇보다 저는 데마와 그 무리들이 어쩌면 그렇게도 당당하게 보물을 찾겠다고 그곳으로 갈 수 있었는지 정말 놀랍습니다. 이 여인은 단 한 번도 길을 벗어난 적이 없었지만 그저 뒤를 돌아봤다는 이유만으로 소금 기둥으로 변해 버리고 말았잖아요. 이 소금 기둥이 훤히 보이는 곳에서 그 무리들이 그런 생각을 품다니요. 눈만 들면 이 모습이 보일 텐데 말입니다."

민수기 16:31-32; 26:9-10

"네, 저도 정말 의아합니다. 이런 경우에 그들의 마음은 점점 더 가망이 없어지는 것 같습니다. 그 사람들을 딱히 누구에 비유하지는 못하겠군요. 판사 앞에서 지갑을 훔치거나, 아니면 교수대 밑에서 남의 가방을 찢는 소매치기와 같다고나 할까요. 소돔 사람들이 심각한 죄악을 저질렀다고들 하잖아요. 그건 하나님이 그들에게 자비를 베푸시어 소돔 땅을 에덴의 정원처럼 만들어 주셨는데도 그분이 보시는 바로 그 앞에서 죄를 저질렀기 때문에, 하나님이 크게 노하셔서 하늘에서 만들 수 있는 가장 뜨거운 불길로 그들에게 천벌을 내리신 겁니다. 그렇기 때문에 이 사람들처럼 하나님이 보시는 가운데 죄를 짓거나, 지금처럼 이렇게 눈앞에 계속 증거를 들이대도 보지 못하는 인간은 가장 혹독한 심판을 받게 될 것입니다."

창세기 13:10-13

"온당하신 말씀입니다. 하지만 형제님이나 특히 제가 몸소 이런 본보기가 되지 않은 것은 하나님의 은혜를 입은 덕분이지요. 이번 기회에 하나님께 감사를 드리고 그분 앞에서 두려워하며 늘 롯의 아버지를 기억해야겠습니다."

나는 그들이 깨끗한 강에 도착한 것을 보았다. 다윗은 이곳을 '하나님의 강'이라고 했으며, 요한은 '생명수의 강'이라고 했다. 크리스천과 소망은 강둑을 따라 나 있는 길을 기쁜 마음으로 걸었다. 강물을 마시니 지친 영혼에 생기가 돌았다. 게다가 강둑 양쪽으론 온갖 종류의 파일나무가 줄지어 서 있었다. 그 나뭇잎은 약용으로도 쓸 수 있다. 나무의 파일을 배불리 먹고 나자 둘은 기분이 좋아졌고, 그 잎은 혹시나 순례 중에 시달리게 될지도 모를 고열을 예방해 주었다. 강 양쪽으론 백합이 아름답게 피어 있는 초원이 일 년 내내 생기롭게 펼쳐져 있다. 두 사람은 안전해 보이는 이 초원에 누워 잠을 청했다.

시편 65:9; 23:2; 요한계시록 22:1; 에스겔 47:1-9; 이사야 14:30

잠에서 깬 두 사람은 일어나 나무의 열매를 또 따먹고 강물을 마신 후 다시 잠이 들었다. 그렇게 그들은 여러 날을 보냈다. 그러고는 이렇게 노래를 불렀다.

"보라, 죽 뻗은 길옆으로 이 수정 같은 강물이

흐르면서 순례자들을 위로하네.

푸른 초원은 향기로운 풀내음을 풍기며

진미를 주는구나. 맛 좋은 과일과 잎들이

얼마나 기분 좋은 것인지 아는 사람이라면

재산을 모두 팔아 이 초원을 사들이리."

두 사람은 아직 갈 길이 멀기에 길을 떠나기 전에 과일을 양껏 먹고 물을 마신 후 길을 나섰다. 내가 꿈에서 보니 그들은 떠난 지 얼마 안 되어 길과 강둑이 갈라지는 곳에 다다르게 되었다. 그들은 매우 섭섭했지만 그렇다고 길을 벗어날 수도 없는 노릇이었다. 강에서 멀어지는 길은 험했고 발은 오랜 여행으로 인해 퉁퉁 부르터 있었다. 그래서 순례자들은 이 길에서 크게 낙심하고 말았다.

민수기 21:4

그래도 조금은 더 평탄한 길이 나오기를 바라며 두 사람은 계속 길을 걸어갔다. 얼마 지나지 않아 왼편으로 풀밭이 보였다. 옆에는 울타리를 밟고 넘어갈 수 있는 발판이 놓여 있었다. 이곳은 '샛길풀밭'이라는 곳이었다. 크리스천이 소망에게 말했다. "이 풀밭이 이 길과 나란히 펼쳐져 있다면 울타리를 넘어갑시다." 그러고는 크리스천이 발판을 살펴보려고 다가가서 보니 울타리 한편으로 오솔길이 조르르 나 있었다. "제가 바라던 대로군요. 이리로 가면 편안히 갈 수 있겠어요. 어서 오세요, 소망 형제님. 울타리를 넘어갑시다."

"하지만 만약 이 길이 옆으로 빠지는 샛길이라면 어쩌죠?" 소망이 물었다.

"그럴 리가요, 보십시오. 이 길을 따라 옆으로 나란히 나 있지 않습니까?"

크리스천에게 설득당한 소망은 그를 따라 발판을 디딘 후 울타리를 훌쩍 뛰어넘었다. 오솔길로 들어서니 두 발이 얼마나 편하던지! 두 사람이 앞을 보니 어떤 남자가 저 앞에 걸어가고 있었다. 그자의 이름은 '헛된 자신감'이었다. 두 사람은 그를 부르며 뒤쫓아 가 이 길을 따라가면 어디가 나오느냐고 물었다. "하늘의 성 문으로 가게 됩니다."

"봐요, 내 말이 맞았죠? 이제 우린 제대로 가게 된 겁니다."

그래서 두 순례자는 그의 뒤를 따라 걸었다. 하지만 밤이 되자 칠흑 같은 어둠이 내렸다. 두 사람의 앞에서 걷던 헛된 자신감은 앞길을 제대로 분간할 수 없었다. 헛된 자신감이라는 이름에 걸맞게도 그는 풀밭 주인이 팬히 잘난 척이나 하는 멍청이들을 골탕 먹이기 위해 만들어 놓은 구덩이에 그만 쏙 빠지고 말았다. 그는 바닥으로 떨어지면서 뼈가 으스러졌다.

이사야 9:16

헛된 자신감

크리스천과 소망은 그가 구덩이로 떨어지는 소리를 들었다. 그래서 무슨 일이냐고 물었지만 대답 대신 신음 소리만 들려왔다. 그러자 소망이 말했다. "지금 여기가 어디쯤이죠?"

소망의 질문에 크리스천은 아무 대답도 하지 못했다. 자기가 이 샛길로 가자고 꼬드겼기 때문이었다. 마침 비도 내리고 천둥 번개까지 매섭게 내리치기 시작하자 강물은 순식간에 불어났다. 그러자 소망은 신음하며 혼잣말로 중얼거렸다. "그냥 가던 길로 갔어야 했는데!"

크리스천이 항변했다. "이 길이 이렇게 샛길로 빠질 줄 누가 알았답니까?"

"저는 처음부터 꺼림칙했어요. 그래서 제가 그때 넌지시 말씀드렸잖아요. 그냥 솔직히 말할 걸 그랬습니다. 형제님이 저보다 나이가 많으신 분이라 말씀 못 드린 건데."

"형제님, 화버지 마십시오. 제가 길에서 벗어나자고 하는 바람에 이렇게나 힘든 고초를 겪게 만들어서 죄송합니다. 나쁜 뜻에서 그런 건 아니니 부디 용서해 주십시오."

"괜찮습니다. 형제님. 이게 다 우리에게 도움이 되라고 그런 게 아니겠습니까?"

"이렇게 마음 넓게 이해해 주시는 분과 길벗이 되어 정말 기쁘군요. 하지만 여기 더 있다가는 안 되겠습니다. 왔던 길로 되돌아가야겠어요."

"하지만 형제님, 이번엔 제가 앞서 가겠습니다." 소망이 말했다.

"아뇨, 제가 앞서 가게 해 주십시오. 저 때문에 우리 둘 다 이런 위험에 빠지게 되었는데, 혹시라도 위험이 닥치면 제가 먼저 겪어야죠."

"아닙니다. 앞장서시면 안 됩니다. 형제님은 지금 마음이 복잡해서 그러다가 또다시 샛길로 빠져들 수 있어요." 그때 두 사람을 격려하는 목소리가 들려왔다. "네가 전에 가던 길을 마음에 두라. 돌아오라." 하지만 이미 강물은 불을 대로 불어 있는 터라 왔던 길을 되돌아가기는 너무 위태로웠다. 내 생각엔 벗어난 원래의 길로 돌아가느니 차라리 지금 들어선 그 길을 그냥 계속 걷는 편이 훨씬 쉬워 보였다.

예레미야 31:21

그러나 두 사람은 되돌아가기로 마음먹었다. 하지만 이미 어둠은 짙게 깔렸고 강물은 넘치기 직전이라, 왔던 길을 되돌아가는 도중에 열댓 번은 족히 빠져 죽을 고비를 맞기도 했다. 두 사람이 아무리 죽을힘을 다해 애를 써도, 그날 안에 울타리를 넘는 발판까지 되돌아갈 수 없었다. 두 사람은 녹초가 되어 곯아떨어지고 말았다.

그곳에서 얼마 떨어지지 않은 곳에는 '절망의 거인'이 사는 '의심의 성'이 있었다. 그러니까 두 사람은 절망의 거인의 땅에서 잠을 잤던 것이다. 거인은 아침 일찍 일어나 산책을 하다가 크리스천과 소망이 자기 땅에서 잠자고 있는 모습을 목격했다. 거인은, 어디서 온 녀석들이며 자기 땅에서 지금 뭐하고 있는 거냐고 호통을 쳤다. 두 순례자는 순례 중에 길을 잃게 되었노라고 대답했다.

그러자 거인이 말했다. "간밤에 함부로 내 땅에 몰래 들어와 잠까지 잤으니 나와 함께 가야겠군!"

거인의 힘을 당할 재간이 없는 두 사람은 질질 끌려갔다. 사실 자기들 잘못임을 알고 있었기에 별로 변명할 말도 없었다. 거인은 두 사람을 성으로 끌고 가 어둡고 칙칙하고 냄새나는 지하 감옥에 가두어 버렸다. 수요일부터 토요일까지 갇혀 지내는 동안 두 사람은 빵 한 조각, 물 한 모금도 먹지 못했고 햇빛 구경도 전혀 못했다. 두 사람의 안부를 묻는 사람은 단 한 명도 없었다. 친구도, 아는 사람도 한 명 없는 이곳은 지옥과 마찬가지였다. 이곳에서 크리스천은 자기가 길을 잘못 인도하는 바람에 소망까지 이런 곤경을 겪게 되었다며 커다란 시름에 잠겼다.

시편 88:18

절망의 거인에겐 '주눅'이라는 아버가 있었다. 잠자리에 든 거인은 아버에게 자기 땅을 함부로 들어온 두 놈을 잡아다가 지하 감옥에 가두어 놓았다고 말해 주었다. 그러고는 앞으로 이 녀석들을 어떻게 하는 게 좋을지 물었다. 그러자 아버는 그들이 뭐하는 자이며 어디에서 와서 어디로 가는 중인지 물었다. 거인은 아버가 묻는 말에 모두 대답해 주었다. 아버는 아침에 일어나자마자 인정사정 볼 것 없이 두 사람을 두들겨 패라고 조언했다. 다음 날 아침, 잠에서 깬 거인은 돌능금나무로 만든 몽둥이를 들고 감옥으로 버려가서 두 순례자를 사정없이 후려갈겼다. 두 사람은 꼼짝없이 온몸을 두들겨 맞으며 맨바닥을 나뒹굴고 말았다. 거인이 다 때리고 나가자 두 사람은 자신들의 처량한 처지를 위로하면서 이런 고초를 겪게 된 상황을 한탄했다. 그들은 한숨과 탄식으로 하루를 보냈다.

그 다음 날, 주눅은 순례자들에 대해 남편과 얘기를 나누다가 그들이 아직도 살아 있다는 사실을 알고, 남편더러 순례자들이 스스로 목숨을 끊도록 부추기라고 충고했다. 아침이 밝자 거인은 씩씩거리며 순례자들에게 갔다. 가서 보니 그들은 그 전날 거인에게 두들겨 맞은 상처로 몹시 피로워하고 있었다. 거인은 순례자들에게, 절대로 이곳에서는 나갈 수 없으며 나갈 수 있는 유일한 방법은 칼로 찌르든 목을 매달든 독약을 마시든 자살하는 것뿐이라고 말했다. 그러면서 이렇게까지 혹독한 아픔을 견뎌 가면서도 살아야 할 이유가 있냐고 물었다. 크리스천과 소망은 거인에게 제발 풀어달라고 애원했다. 그러자 거인은 그 꼴이 보기 싫어 그들에게 달려가 자기가 직접 그들의 목숨을 끊어 놓으려고 했다. 그런데 그 순간, 거인이 발작을 일으켰다. (거인은 이렇게 화창한 날이면 가끔 발작을 일으켰다.) 거인은 한동안 두 손을 조금도 움직일 수 없었다. 그는 뒤로 물러나면서, 순례자들에게 뭘 해야 할지 곰곰이 생각해보라는 말을 던지고 그곳을 떠났다.

크리스천과 소망은 거인의 충고에 따를 것인지 아닌지를 상의하려고 얘기를 나누기 시작했다.

"형제님, 어찌해야 할까요? 이렇게 사는 건 정말 비참합니다. 이렇게라도 살아야 하는 건지 아니면 죽는 게 나은 건지, 정말 잘 모르겠습니다. 마음속에서는 차라리 목매달아 죽으라고 하네요. 이 감옥보다는 오히려 무덤 속이 편할 테니까요. 우리, 거인의 말을 따를까요?"

욥기 7:15

크리스천의 말에 소망이 대답했다. "사실 우리의 삶이 너무 참혹하니 이렇게 사느니 차라리 죽는 게 훨씬 나을 것 같기도 합니다. 하지만 우리가 도착하려고 하는 하늘의 성에 사시는 하나님께서는 '살인하지 말지니라'고 하셨습니다. 이 말은 다른 사람을 죽이지 말라는 말이기도 하지만, 뒤집어 생각해 보면 자기 목숨을 죽이지 말라는 얘기도 되지요. 게다가 남을 죽이는 자는 그 사람의 육신을 죽이는 것이지만, 자살하는 자는 자신의 육신과 영혼 모두를 죽이는 셈이 됩니다. 형제님께서 방금 무덤 속이 훨씬 더 편하겠다고 하셨죠? 그럼 살인을 저지른 자가 지옥으로 떨어진다는 사실은 잊으신 건가요? '살인하는 자마다 영생이 그 속에 거하지 아니하는 것'이라고 했습니다. 그러니 다시 한 번 생각해 보도록 해요. 모든 것이 절망의 거인 손에 달려 있진 않습니다. 우리처럼 거인에게 붙들렸다가 빠져나간 사람이 있을지 몰라요. 만물을 창조하신 하나님께서 혹시 절망의 거인의 목숨을 앗아가실지도 모르는 일 아닙니까? 아니면 그가 여기 감옥 문 잠그는 걸 깜빡하고 잊을 수도 있고요. 아니면 거인이 우리 앞에서 발작을 일으켜 사지를 못 쓰게 될 수도 있잖아요? 만약 그런 일이 다시 생긴다면, 저는 남자답게 용기를 내어 그 손아귀에서 벗어나기 위해 최대한 노력할 겁니다. 지난번에 그렇게 하지 못한 나 자신이 바보 같습니다. 하지만 형제님. 우선 한동안은 버텨 봅시다. 어쩌면 우리에게 이곳을 벗어날 기회가 올지도 모르잖아요. 대신 우리 손으로 우리의 목숨을 끊는 짓은 절대로 하지 맙시다."

소망의 말을 듣고 있자니 크리스천은 위로가 되었다. 서글프고 음울한 처지에 빠진 두 사람은 어둠 속에서 이렇게 서로를 의지하고 있었다.

저녁 무렵 거인은 두 사람이 자기 충고를 따랐는지 살펴보려고 다시 감옥을 찾았다. 하지만 순례자들의 목숨은 여전히 붙어 있었다. 먹을 것은커녕 물도 한 방울 제대로 마시지 못하고 거인에게 그렇게 흠씬 두드려 맞았지만, 간신히 숨을 이어가고 있었다. 그런데 버가 꿈

142

절망의 거인

에서 보니 거인은 두 사람이 자기 충고를 따르지 않아 목숨을 부지하고 있는 꼴을 보고 화가 머리끝까지 치밀었다. 그는 순례자들에게 차라리 태어난 것을 후회하도록 만들어 주겠다고 으르렁댔다.

거인의 엄포에 크리스천과 소망은 온몸을 바들바들 떨었다. 아마 크리스천은 졸도를 했던 것 같다. 크리스천이 정신을 차리자 두 사람은 거인의 충고에 따를 것인지 말 것인지를 다시 의논하기 시작했다. 크리스천은 당장이라도 목숨을 끊을 태세였다. 하지만 소망은 이렇게 말했다.

"형제님. 여기까지 오면서 형제님께서 얼마나 용감하게 행동했는지 잊으셨단 말입니까? 아볼루온도 형제님을 죽이지 못했습니다. 또한 형제님은 사망의 음침한 골짜기를 지나면서 듣고 보고 느낀 모든 고초에도 이 길을 포기하지 않으셨죠. 그 어떤 고난과 공포, 놀라움까지도 모두 겪어 버신 분입니다. 그런데 이제 와서 두렵다 하시다니요! 저처럼 형제님보다 더 힘없는 사람도 형제님과 같이 감옥에 갇혀 있습니다. 저도 형제님처럼 거인한테 두들겨 맞았고 빵과 물은 입에 대지도 못하면서 이 컴컴한 어둠 속에서 함께 한탄하고 있지 않습니까? 하지만 우리 조금만 더 참아 봅시다. 허영의 시장에서 형제님이 얼마나 남자다웠는지 떠올려 보세요. 그때 형제님은 쇠사슬이나 감옥도, 그리고 피 흘려 목숨을 잃는 것도 두려워하지 않았습니다. 할 수 있을 때까지 한번 버텨 보자고요. 적어도 그리스도인이 되기 위해 부끄러운 모습은 보이지 말아야 할 것 아닙니까?" 소망이 설득했다.

다시 밤이 오자 거인과 아버지는 잠자리에 들었다. 아내는 감옥에 갇혀 있는 자들이 남편의 조언에 따라 자살했는지 물었다. 그러자 거인은, 그들의 목숨이 얼마나 질긴지 자살은커녕 온갖 고통을 고스란히 겪어 버티고 있다고 대답했다. 이를 듣고 난 아내는 이렇게 말했다. "그럼 그 사람들을 버일 성 마당으로 끌어내어 예전에 죽임을 당한 놈들의 뼈와 해골을 보여 주세요. 그러면서 당신에게 먼저 죽임을 당한 사람들처럼 그들을 일주일 안에 갈기갈기 찢어 죽이겠다고 위협해 보세요."

아침이 밝자 거인은 다시 감옥으로 가서 그들을 성 마당으로 끌어냈다. 그러고 나서는 아내가 시키는 대로 뼈와 해골을 보여 주었다. "이것들은 모두 순례자의 뼈다. 한때는 이들도 너희와 같은 순례자였지. 네 녀석들이 그랬던 것처럼 이들도 내 땅을 함부로 밟았기에 내가 갈기갈기 찢어 죽였다. 열흘 후엔 너희도 이들과 똑같은 꼴을 당하게 될 테다. 다시 감옥으로 돌아가라!" 그러고 나서 거인은 순례자들을 흠씬 두들겨 팼다.

크리스천과 소망은 토요일 버버 한탄을 하며 시간을 보냈다. 밤이 되자 절망의 거인과 아내 주눅은 잠자리에 들어 감옥에 있는 자들에 관해 이야기했다. 늙은 거인은, 아무리 두들겨 패고 협박을 해도 그들이 죽지 않고 버티는 이유가 궁금했다. 그러자 아내가 말했다. "혹시 누군가 구해 줄 거라는 희망을 품고 있어서 그러는 게 아닐까요? 아니면 자물통 열쇠가 있어 도망갈 궁리를 할 수도 있고요."

"그래? 그럼 내일 아침엔 몸수색을 해 봐야겠군."

토요일 자정부터 크리스천과 소망은 기도를 드렸다. 그 기도는 날이 밝을 때까지 계속되었다.

동 트기 직전에 착한 크리스천은 화들짝 놀란 얼굴로 가슴 벅차하면서 이렇게 말했다. "이런 멍청하기는! 이 냄새나는 감옥에서 자유롭게 빠져 나갈 수 있는 방법이 있다는 것을 왜 몰랐을까! 내 가슴엔 '약속'이라는 열쇠가 있지 않은가! 이것만 있으면 이 성에 있는 어떤 자물쇠라도 다 열 수 있어!"

그러자 소망이 말했다. "정말 잘됐군요. 어서 가슴에 품고 있는 열쇠를 꺼내어 열어 보십시다."

크리스천은 가슴에서 열쇠를 꺼내 감옥 문을 열어 보았다. 열쇠를 돌리자 감옥 문이 스르르 열렸다. 크리스천과 소망은 밖으로 빠져나왔다. 그리고 성 마당으로 가는 문을 향해 간 다음 약속이란 열쇠로 문을 열었다. 그러고는 철문 앞으로 갔다. 이 문을 열어야만 성 밖으로 빠져나갈 수 있었다. 자물쇠가 상당히 단단하게 채워져 있었지만 역시 약속이란 열쇠로 열 수 있었다. 두 사람은 문을 열어 젖히고 젖 먹던 힘까지 끌어모아 전속력으로 도망쳤다. 문이 열리는 삐그덕 소리에 잠을 깬 절망의 거인은 두 사람을 잡으려고 허둥지둥 달려 나왔다. 하지만 거인은 발작을 일으키는 바람에 사지가 마음대로 말을 듣지 않아 결국 두 사람을 놓치고 말았다. 크리스천과 소망은 계속 달려서 하늘의 성으로 가는 큰길에 이르렀다. 이 길은 거인의 땅이 아니었기 때문에 안전했다.

발판을 딛고 울타리를 다시 넘어온 두 사람은 뒤에 오는 순례자들이 절망의 거인 손아귀에 붙잡히지 않도록 특단의 조치를 취하기 시작했다. 두 사람은 발판 옆에 기둥을 세워 다음과 같은 문구를 새겨 넣었다.

"이 발판을 넘으면 절망의 거인이 사는
의심의 성이 나오게 됩니다.
그는 하늘의 왕을 멸시하며
성스러운 순례자들을 죽이려고 혈안이 되어 있습니다."

그래서 후일 이 길을 지나는 순례자들은 이 글귀를 읽고 위험을 면할 수 있었다. 이렇게 글귀를 새긴 후 두 사람은 다음과 같이 노래했다.

"가던 길을 벗어났더니
금지된 땅을 밟게 되었다네.
후일 뒤에 오는 순례자들이여, 주의하라.
조심하지 않으면 우리처럼 값을 치르게 되니
그의 땅을 밟아 노예가 되지 않도록.
성의 이름은 의심, 주인의 이름은 절망이라네."

기쁨의 산

순례길을 계속 가던 크리스천과 소망은 기쁨의 산에 다다랐다. 이 산맥은 앞에서 이미 말했던 언덕의 주인이 갖고 있는 땅이었다. 산에 올라서 보니 저 멀리 정원과 과수원이 보였고 포도밭과 연못도 시야에 들어왔다. 두 사람은 이곳에서 물을 마시고 몸을 씻었으며 포도를 한껏 따먹고 배를 채웠다.

산 정상에는 양떼를 키우는 목자들이 길가에 서 있었다. 순례자들은 목자들에게 다가가 지팡이에 몸을 의지한 채 물었다. (지친 순례자들은 대체로 이렇게 지팡이를 짚고 서서 이야기한다.) "기쁨의 산의 주인은 누구이며, 여러분이 키우는 저 양떼는 누구의 것입니까?"

"이 산은 임마누엘의 땅입니다. 그리고 그분 집은 저기에 보인답니다. 이 양떼들도 물론 그분의 것이지요. 이 녀석들을 위해 그분은 목숨까지 버리셨답니다."

요한복음 10:11-15

"이리로 가면 하늘의 성으로 갈 수 있습니까?" 크리스천이 물었다.

"길을 제대로 들어서셨네요." 목자는 맞다고 했다.

"그럼 이제 여기서 얼마나 더 가야 합니까?" 크리스천이 물었다.

"진심으로 그곳에 가고 싶어 하는 분이 아니라면 갈 길이 아주 멀죠."

"가는 길은 안전한가요, 위험한가요?"

"안전하게 가려는 사람에겐 안전하지만 죄인들은 그 길에 걸려 넘어지고 말 겁니다."

호세아 14:9

크리스천이 다시 물었다. "길을 가는 도중에 지쳐 쓰러지기 일보 직전이 된 순례자들이 쉴 수 있는 곳이 있나요?"

"물론 쉴 곳이 있습니다. 이 산의 주인님은 저희에게 '손님 대접하기를 잊지 말라'는 명을 내리셨습니다."

히브리서 13:2

내가 꿈에서 보니 목자들은 크리스천과 소망이 나그네임을 알아채고 이렇게 물었다. (질문의 내용은 다른 곳에서 받았던 것과 같았다.) "어디서 오셨습니까? 어쩌다 순례를 하시게 되었나요? 그 길을 어떻게 참아 버셨나요?" 이곳으로 오려고 시도했던 사람들 중에서 이 산까지 도착해 얼굴을 보인 이들은 거의 없었기 때문이었다.

이들의 대답을 들은 목자들은 너무나 기뻐하며 사랑스러운 눈으로 두 사람을 바라보며 말했다. "기쁨의 산에 오신 것을 환영합니다."

목자들의 이름은 '지식', '경험', '주의', '성실'이었다. 목자들은 순례자의 손을 이끌어 막사로 데리고 들어가 차려 놓은 상을 함께 나누어 먹었다. "잠시 머물다 가시지요. 저희를 사귀어 두면 기쁨의 산에서 좋은 것을 보고 위안을 받으실 수 있답니다." 그러자 크리스천과 소망은 그곳에 머물겠다고 말했다. 이미 밤이 깊었기 때문에 두 사람은 그날 밤을 그곳에서 묵었다.

다음 날 아침 내가 꿈에서 보니 목자들은 크리스천과 소망을 불러낸 다음 함께 산을 오르고 있었다. 그들은 다 함께 길을 걸으며 길가에 펼쳐진 아름다운 풍경을 만끽하고 있었다. 한 목자가 다른 목자에게 넌지시 말했다. "저 순례자들에게 놀라운 것들을 보여 드릴까?"

목자들은 그렇게 하기로 했다. 그들은 맨 먼저 '실수'라는 가파른 언덕에 데리고 가더니 아래쪽을 버려다보라고 했다. 크리스천과 소망이 아래를 보니 사람들이 산꼭대기에서 떨어져 온몸이 산산조각 난 채 쓰러져 있었다. 크리스천이 물었다. "저것은 뭐지요?"

목자가 대답했다. "육체의 부활을 믿지 않은 후메내오와 빌레도를 따르다가 실족한 사람들의 얘기를 들어 본 적이 있습니까?"

디모데후서 2:17-18

"네, 그렇습니다."

그러자 목자가 말했다. "저 아래에 널부러져 있는 시체가 바로 그들이죠. 그래서 오늘날

150

까지 장례도 치르지 못하고 있답니다. 너무 높이까지 올라가려는 사람들과 낭떠러지 끝까지 다가가는 사람들에게 주의를 주기 위한 본보기라고 할 수 있지요."

그리고 목자들은 그들을 그 산맥에 있는 다른 산으로 데리고 갔다. 그 산 이름은 '경고'였다. 저 멀리 내려다보라는 소리에 크리스천과 소망은 밑을 내려다보았다. 멀리에 있는 무덤 사이로 사람들이 이리저리 오르락내리락하는 모습이 보였다. 그들은 무덤에서 여러 번 발이 걸려 쓰러져 나뒹굴면서도 그곳을 떠나지 못했다. 보아하니 그들은 앞을 못 보는 사람들이었다.

크리스천이 물었다. "저건 무슨 뜻인가요?"

그러자 목자들이 대답했다. "이 산에 오기 전에 풀밭 옆에 있던 발판을 보셨습니까?"

"네, 봤습니다."

그러자 목자들이 말했다. "그 발판 옆에는 절망의 거인이 사는 의심의 성으로 곧장 연결되는 샛길이 나 있습니다. 저 무덤 주변에 있는 사람들도 그 발판에 도착하기 전까지는 순례자님들처럼 순례의 여정을 걷고 있었지요. 하지만 가는 길이 너무 험하다 보니 풀밭으로 나 있는 샛길로 빠지는 바람에 그만 의심의 성에 사는 절망의 거인에게 붙들리고 말았답니다. 거인은 그들을 감옥에 가둔 다음 눈을 뽑아 버리고, 저기 저 무덤 근처에 내팽개쳐 버렸지요. 그래서 저 사람들이 지금까지도 저렇게 헤매고 있는 거랍니다. 결국 현인의 말이 맞았습니다. '명철의 길을 떠난 사람들은 사망의 회중에 거하리라'고 했거든요."

잠언 21:16

그 말을 들은 크리스천과 소망은 눈물만 하염없이 흘리며 서로의 얼굴을 쳐다볼 뿐 목자들에게는 한마디도 하지 않았다. 내가 꿈에서 보니 목자들은 두 순례자를 데리고 내려가 산중턱에 나 있는 문을 보여 주었다. 그들은 문을 열더니 그 안을 들여다보라고 했다. 두 사람이 그 안을 들여다보니 어둡고 연기가 자욱했다. 그 안에서는 불에 타는 듯한 소리와 함께 고통당하는 자들의 비명이 들렸고 유황 냄새도 났다.

크리스천이 물었다. "이건 무슨 의미입니까?"

"이곳은 지옥으로 가는 샛길이며 위선자들이 이 길로 들어간답니다. 에서처럼 장자의 명분을 판 사람, 유다처럼 스승을 팔아먹은 사람, 알렉산더와 같이 복음을 비난한 사람, 아나니아와 그의 아버 삽비라처럼 거짓말하고 남을 속이는 자들은 이 길로 들어서게 되죠."

그 말에 소망이 목자들에게 물었다. "하지만 저들도 겉으로 보기엔 모두 지금 우리 같은 순례자로 보이는데도요?"

"맞습니다. 게다가 그들은 아주 오랫동안 순례를 하고 있었지요."

"지금은 저렇게 비참하게 버림받은 모습이긴 하지만, 만약 저 사람들이 계속 순례의 길을 걸었다면 얼마나 더 멀리 갈 수 있었을까요?" 소망이 물었다.

"조금 더 멀리 갔거나 아무리 멀리 간다 해도 이 산까지밖에 못 왔을 겁니다." 목자들이 말했다.

그러자 순례자 둘 중 한 사람이 말했다. "그럼 강하신 분께 우리가 계속 순례할 수 있도록 힘을 달라고 애원해야겠습니다."

"네 맞습니다. 그리고 그 힘을 얻게 되면 반드시 사용하셔야 합니다." 목자들이 말했다.

그 즈음 순례자들은 길을 떠나야겠다고 마음먹었고 목자들도 그러는 게 좋겠다고 생각했다. 그래서 그들은 산 아래까지 함께 걸어 버려왔다. 목자들은 서로 얘기를 나누었다. "이 순례자들이 망원경 보는 법을 안다면 하늘의 성 문을 보여 드리자."

순례자들은 이 제안을 흔쾌히 받아들인 후 '청명'이라는 높은 언덕 꼭대기로 올라갔다. 목자들은 순례자들에게 망원경을 건네주었다.

순례자들은 망원경을 받아 들여다보았는데, 목자들이 조금 전에 보여 준 지옥의 광경이 떠올라 손이 부르르 떨려 망원경을 똑바로 들고 볼 수 없었다. 그러나 저 멀리에 문처럼 생긴 것과 하늘의 성의 영광이 어렴풋이 보이는 것 같았다. 두 사람은 길을 떠나며 노래를 불렀다.

"모든 이들에게 감추어진 비밀이
목자들을 통해 드러났다네.
깊고 신비한 감추어진 일들을 보고 싶다면

목자들에게 가 보시길."

막 출발하려고 할 때 첫 번째 목자는 지도를 건네주었다. 두 번째 목자는 '아첨꾼'을 조심하라고 귀띔해 주었다. 세 번째 목자는 마법의 땅에서는 절대로 잠들지 말라고 주의를 주었다. 네 번째 목자는 순례자들의 안녕을 빌었다. 순간 나는 꿈에서 깨어났다.

하늘의 성으로 가는 큰길

잠이 든 나는 다시 꿈을 꾸었다. 두 순례자가 하늘의 성으로 가는 큰길을 따라 버려가고 있었다. 산을 따라 조금 버려가니 왼편으로 '자만의 나라'가 보였다. 그 나라에서부터 시작된 길은 순례자들이 걷고 있는 곳까지 굽이져 있었다. 이곳에서 두 사람은 자만의 나라에서 걸어 나온 매우 활기찬 청년과 만나게 되었다. 그의 이름은 '무지'였다. 크리스천은 그에게 어디 출신이며 어디로 가고 있냐고 물었다.

"저는 저 왼편에 있는 나라에서 태어났으며 하늘의 성으로 가고 있는 중입니다."

"그럼 그 문까지 어떻게 갈 생각인가? 거기까지 가다 보면 힘든 일을 만만치 않게 겪을 텐데."

"다른 선한 사람들이 하는 것처럼 하죠, 뭐."

"하지만 그 문 앞에 가서 뭘 보여 줄 건가? 그래야 자네를 통과시켜 줄 텐데."

"저는 하나님의 뜻을 잘 알고 그 뜻에 따라 성실히 생활해 왔습니다. 전 제가 사람들에게 지불해야 할 것들은 모두 지불합니다. 또한 기도하고, 금식하고, 십일조와 기부금도 내지요. 그리고 지금은 고향을 떠나 하늘의 성으로 향하고 있습니다."

"하지만 자네는 이 길이 시작되는 곳에 있는 좁은 문을 통해 들어서지 않고 여기 굽이져 있는 이 길로 왔으니, 자네가 자기 자신을 어떻게 생각하든 간에 심판의 날이 오면 하늘의 성으로 들어가기는커녕 도둑이나 강도의 죗값을 치르게 될지도 모르네."

"선생님들, 저와 초면이지 않습니까? 난 선생님들을 모릅니다. 선생님들은 선생님 나라의 법을 따르세요. 저는 저희 나라 법을 따르겠습니다. 그럼 되는 거 아닙니까? 우리나라 사람 중에 선생님이 말씀하신 그 문이 여기서 아주 멀리 떨어져 있다는 사실을 모르는 사람은 없습니다. 그 문으로 가는 길을 아는 사람이 우리나라 사람들 중 과연 얼마나 되겠습니까? 그 길을 알든 모르든 간에 우리나라엔 이렇게 쾌적하고 푸르른 길이 있어 이 길과 요렇게 합쳐 지게 되어 있습니다."

크리스천은 자만심에 가득 찬 이 청년을 보면서 소망에게 조용히 속삭였다. "저 청년에게 희망을 거느니 차라리 바보에게 희망을 걸겠소. 어리석은 자는 걸으면서도 지혜가 부족해 남들에게 자기의 어리석음을 말하고 다니는 법입니다. 저 청년과 좀더 얘기를 할까요, 아니면 지나쳐 가서 저와 나눈 대화를 곱씹어 볼 시간을 준 다음에 우리가 얼마나 더 도울 수 있는지 알아볼까요?"

잠언 26:12; 전도서 10:3

그러자 소망이 말했다.

"무지에게 우리가 한 말을 생각해 볼 시간을 준 후
그가 좋은 충고를 받아들여
무엇이 가장 값진 것인지
모른 채 살지 않도록 합시다.
하나님께서 인간을 만드셨다 할지라도 이 말을 이해하지 못하는 자는
구원하지 않으신다고 말씀하셨지요."

그러고는 말을 계속 했다. "지금 그에게 한꺼번에 말해 주는 건 좋은 생각이 아닌 것 같습니다. 우선은 그냥 버버려 둡시다. 말해 주려거든 그가 얘기 들을 준비가 되었을 때 지체없이 말해 주도록 하죠." 그래서 크리스천과 소망은 앞서 걸었고 무지는 뒤로 쳐졌다. 조금 걷다 보니 두 사람은 어두침침한 길로 들어서게 되었다. 그곳에서는 악마 일곱이 동아줄 일곱 개로 어떤 남자를 꽁꽁 묶어 아까 산에서 봤던 문 안으로 끌고 들어가는 모습이 보였다.

마태복음 12:45; 잠언 5:22

악마가 그 남자를 끌고 들어가는 모습을 본 착한 크리스천은 온몸을 부르르 떨었다. 소망

156

역시 마찬가지였다. 크리스천은 혹시 아는 사람인가 싶어서 유심히 보았다. 아마 그자는 '배신'이란 마을에 사는 '변절'인 것 같았다. 하지만 크리스천은 그자가 도둑질하다 걸린 사람처럼 고개를 숙이고 지나가는 바람에 얼굴을 똑똑히 보지 못했다. 소망은 눈으로 그를 따라가다가 그의 등 뒤에 쓰여 있는 글씨를 보았다.

"방자한 신앙고백자이자 천벌을 받을 변절자."

그 모습을 보고 크리스천이 소망에게 말했다. "이걸 보니 어떤 착한 남자가 겪었다는 일화가 기억나는군요. 이름은 '약한 믿음'이었지만 착한 사람이었지요. '독실'이라는 마을에 살았고요. 이야기는 이렇습니다.

무지

이 길 초입에 있는 넓은 길 문을 지나면 '죽은 자의 오솔길'이 나옵니다. 워낙 살인 사건이 빈번하게 일어나서 붙여진 이름이지요. 이 약한 믿음이 우리처럼 순례 여행을 하던 중에 그 길로 들어섰다가 잠깐 앉아서 졸게 되었습니다. 그런데 넓은 길 문에서 좁은 길로 버려가는 그곳에 우악스러운 건달 세 명이 나타났지요. 그들의 이름은 '소심', '불신', '유죄' 삼형제였습니다. 삼형제는 약한 믿음이 있는 곳으로 전속력을 버 달려왔습니다."

크리스천은 계속 말을 이었다. "그 착한 남자가 막 잠에서 깨어 다시 순례를 떠나려는 순간, 삼형제가 다가와 꼼짝 말라며 협박했죠. 그 소리에 약한 믿음은 백지장처럼 하얗게 질려서 싸울 힘도 도망갈 기력도 모두 잃고 말았죠.

그때 소심이 이렇게 말했습니다. '자, 지갑 내놔!' 약한 믿음은 돈을 빼앗기기 싫어 잠시 머뭇거렸지요. 불신은 약한 믿음에게 달려들어 그의 주머니에 손을 쑤셔 넣고 은화가 든 지갑을 끄집어냈습니다.

그러자 약한 믿음이 울부짖었습니다. '도둑이야, 도둑이야!' 그 소리에 유죄는 들고 있던 거다란 방망이로 약한 믿음의 머리를 후려갈겼고, 약한 믿음은 그만 바닥에 쓰러졌어요. 그는 피를 철철 흘려서 당장이라도 죽게 될 처지가 되고 말았지요.

건달 삼형제는 이 모습을 그저 보고만 있었습니다. 그러던 차에 누군가 오는 소리가 들리자, 삼형제는 '착한 신뢰'의 마을에 사는 '위대한 은총'이 오는 소리인 줄 알고 약한 믿음을 버버려 둔 채 있는 힘껏 버뺴 버렸습니다. 한참 후, 정신을 차린 약한 믿음은 가던 길을 서둘러 갔답니다. 이게 그 일화의 전부예요."

"그럼 건달들은 그 남자가 갖고 있는 걸 몽땅 빼앗아 갔나요?"

"아뇨. 보물을 숨겨 놓은 곳까지 샅샅이 뒤지지 못했기 때문에 몽땅 빼앗기지는 않았어요. 제가 들은 바에 의하면 그 착한 남자는 앞으로 쓸 돈을 거의 다 빼앗겼기 때문에 고생을 무척 많이 했다고 합니다. 하지만 보물은 빼앗기지 않았지요. 돈이 아주 조금 남아 있긴 했지만 여행을 다 마칠 수 있을 만큼 넉넉하지는 못했죠. 제가 잘못 들은 것이 아니라면, 그는 순례하는 동안 구걸을 해 가며 겨우 목숨을 부지했다고 하더라고요. 그렇게 고생을 하면서도 보물을 팔 생각은 하지 않았습니다. 대신 순례를 마칠 때까지 굶주린 배를 움켜잡고 구걸을 해 가며 할 수 있는 일이라면 뭐든 닥치는 대로 했다고 하더군요."

베드로전서 4:18

"하지만 건달들에게 하늘의 성 문 앞을 통과할 때 보여 줘야 할 증명서를 빼앗기지 않았다는 건 정말 놀라운 일 아닙니까?" 소망이 물었다.

"그러게 말입니다. 아무리 그 사람이 교묘히 감춰 놓았다 해도 건달들이 놓칠 리는 없었겠죠. 건달들이 갑자기 달려드는 바람에 놀란 그는 무엇 하나 숨길 재주나 힘이 전혀 없었거든요. 그러니까 건달들이 증명서를 빼앗아 가지 못한 건 그가 잘 숨겨서라기보다 하나님의 섭리였다고 봐야 할 것 같습니다."

디모데후서 1:12-14; 베드로후서 2:9

"그 남자에겐 건달들에게 보물을 빼앗기지 않은 게 그나마 위안이 되었겠군요." 소망이 분명하게 말했다.

"꼭 필요할 때 보물을 이용했다면 아마 큰 위안이 되었겠죠. 사람들이 하는 얘기를 들어 보니 그는 건달들에게 돈을 빼앗기는 바람에 낙심해서 순례를 다 마칠 때까지 그 보물을 절데로 이용하지 않았다고 합니다. 아직도 많이 남은 순례길 버버 그는 보물을 가지고 있다는 사실까지도 잊고 있었죠 게다가 문득 보물 생각이 나서 위안이 되려 하다가도 돈을 빼앗겼다는 생각이 불쑥 다시 떠올라서 위로받으려던 생각이 쑥 들어갔다고 하더라고요"

"이런, 불쌍한 사람 같으니…… 이것이 그렇게 큰 슬픔이 될 필요는 없었는데." 소망이 한숨을 버쉬었다.

"슬픔 말입니까? 정말 슬펐겠죠. 만약 우리 둘 중 누구에게라도 그가 겪은 것처럼 낯선 땅에서 강도를 당해 상처까지 입게 되었다면 얼마나 서글펐겠습니까? 슬픔에 가슴이 메어 죽지 않은 게 천만다행이죠. 그 남자는 순례를 다 마칠 때까지 피눈물을 흘리며 넋두리를 쏟아 냈다고 합니다. 그리고 길에서 만나는 사람들에게 어디에서 어떻게 강도를 당했는지, 그리고 그 건달들이 누구이며 뭘 빼앗아 갔는지, 또 너무 심하게 두들겨 맞아서 하마터면 죽을 뻔했던 사연을 늘어놓았다고 합니다."

"그런데 왜 약한 믿음은 필요할 때 그 보물을 저당 맡기거나 팔아 치우지 않았을까요? 그렇게 했더라면 훨씬 편하게 순례를 할 수 있었을 텐데." 소망이 말했다.

"형제님은 꼭 오늘 막 알에서 깨어난 새처럼 말하는군요. 그걸 왜, 뭐 하러 저당 잡힌단 말입니까? 그리고 누구한테 판다고요? 그가 강도를 당한 나라에서는 어디를 가나 그의 보물은 쳐주지도 않습니다. 무엇보다 그 자신이 보물을 팔아서 위안을 얻고 싶다는 생각 따위는 하지도 않았죠 게다가 하늘의 성으로 들어가는 문 앞에서 그 보물이 없다면 그곳에서 유산을 받을 수 있는 명단에서 제외당하고 말았을 테니까요. 그 사람은 누구보다도 이 사실을 잘 알고 있었습니다. 그에겐 그것이 만 명의 강도를 만나는 것보다 훨씬 불행한 일이었을 테죠"

"그런데 왜 이렇게 쏘아붙이시는 겁니까, 형제님? 에서는 팥죽 한 그릇을 위해, 가지고 있던 가장 값진 보물인 장자의 명분을 팔아넘겼습니다. 에서도 그랬는데, 약한 믿음이라고 뭐 그렇게 하면 안 될 이유라도 있단 말입니까?"

"에서만 장자의 명분을 팔아넘긴 게 아니라 다른 사람들도 에서처럼 그렇게 했지요. 그리고 그렇게 했기 때문에 중요한 복을 받지 못하게 되었습니다. 그리고 형제님, 약한 믿음은 에서와 다르며 그들이 갖고 있던 보물도 다르다는 사실을 반드시 기억하십시오. 에서의 장자 명분은 상징적인 것이었지만 약한 믿음의 보물은 그렇지 않습니다. 에서는 자신의 배를 채우는 것을 신으로 삼았지만, 약한 믿음은 그렇지 않았죠. 에서는 육체적인 욕망을 채우기 바랐지만, 약한 믿음은 그렇지 않았죠. 에서는 자신의 욕망을 채우는 데 급급하기만 했습니다. '내가 죽게 되었으니 이 장자의 명분이 내게 무엇이 유익하리요'라고 말하기도 했으니까요."

히브리서 12:16; 창세기 25:32

크리스천은 계속 설명했다. "하지만 약한 믿음은 비록 작은 믿음을 가질 운명이었지만 그 작은 믿음으로써 자신을 방종에서 지켜 냈으며, 장자의 명분을 팔아 버린 에서와 달리 보물을 팔아 버리지 않았고 오히려 그것을 보고 소중히 여겼습니다. 에서가 믿음을 가지고 있다는 글귀는 성경 그 어느 구석에서도 찾을 수 없습니다. 그러니, 믿음이 없는 자들이 하나님의 말씀을 거역하는 것처럼, 그가 육체의 욕망에 따라 흔들리며 장자의 명분과 영혼을 지옥의 악마에게 팔아 치운다 해도 뭐 그리 놀랄 일은 아닙니다. 그런 사람들과 함께하는 것은 발정 난 나귀와 함께 있는 것과 같습니다. 성욕이 뻗쳐오를 때에 과연 누가 그것을 막을 수 있겠습니까? 일단 마음이 물욕에 사로잡히게 되면 어떤 대가를 치르고서라도 그걸 가지려 할 것입니다.

예레미야 2:24

하지만 약한 믿음은 그런 사람이 아니었죠. 그는 마음을 하늘의 것에 두었고, 생활을 영적인 것에 두었으니까요. 그런 마음을 지닌 그가 보물을 사겠다는 사람이 나선다고 한들 보물을 팔아 치워 공허한 것으로 마음을 채우려고 했겠습니까? 짚으로 배를 채우기 위해 누가 돈을 쓴단 말입니까? 산비둘기에게 까마귀처럼 썩은 고기를 먹고 살라고 설득할 수 있을까요? 믿음이 없는 자는 육신의 욕망을 위해 자신이 가진 것을 저당 잡히고 심지어 자기 자신까지 팔아넘길 수 있다고 하더라도, 믿음을 가진 자는 아무리 작은 믿음이라 하더라도 그 믿음을 가지고 절대로 그렇게 행동하지 않습니다. 그러니 이번은 형제님이 실수하신 겁니다."

160

"알았습니다. 하지만 너무나 야박하게 쏘아붙이시니 제가 좀 화가 났었습니다." 소망이 말했다.

"알을 막 깨고 나와 머리에 알껍데기를 뒤집어쓴 채 한 번도 가 본 적 없는 길로 이리저리 뛰어다니는 새에 형제님을 비유했을 뿐이었어요. 어쨌든 우리가 토론했던 문제만 생각하도록 하죠. 그럼 형제님과 내가 다툴 일은 없을 테지요."

"그런데 크리스천 형제님, 저는 그 건달 삼형제가 겁쟁이였다는 생각이 듭니다. 그렇지 않았다면 누군가 오는 소리에 그렇게 줄행랑을 쳤겠습니까? 왜 약한 믿음은 좀더 담대하게 마음을 먹지 않았을까요? 일단 맞서 본 다음에 별 도리가 없을 때 포기해도 됐을 텐데 말이죠."

"많은 사람들은 건달 삼형제가 겁쟁이였다고 말하지만, 그런 위험이 닥친 상황에서 그걸 알아챌 사람은 거의 없죠. 물론 약한 믿음에겐 담대한 마음이 없었죠. 아마 형제님이라면 일단 용기를 내었다가 안 되면 그 다음에 포기했을 거라고 생각하시나 보군요. 지금 건달들이 아주 멀리 있기 때문에 그런 뱃심 좋은 소리를 하는 것일지도 모릅니다. 약한 믿음이 건달들에게 당했던 것처럼 형제님이 똑같이 당했다면 아마 생각이 달라졌을 겁니다. 그 건달들은 닳고 닳은 도적들이며 지옥의 왕을 섬기고 있기 때문에 여차하면 지옥의 왕이 달려 나와 도움을 줄지도 모릅니다. 그자의 목소리는 우는 사자의 소리와 비슷하거든요.

시편 7:2; 베드로전서 5:8

나도 전에 약한 믿음이 겪었던 일을 당한 적이 있는데, 정말이지 끔찍했습니다. 내 앞에 강도 세 명이 나타나자, 처음에는 그리스도인답게 당당히 맞서 싸웠습니다. 하지만 그들은 지옥의 왕을 불렀고, 얼마 후 왕이 달려왔죠. 하나님이 주신 갑옷을 입고 있지 않았더라면 전 그때 헛된 죽음을 맞이하고 말았을 것입니다. 그렇게 중무장을 했는데도 남자답게 처신하는 게 얼마나 어려웠다고요. 그런 전투를 직접 겪어 보지 않고서는 아무도 함부로 말하면 안 됩니다."

"하지만 그 건달들은 위대한 은총이 오는 줄 알고 도망가 버렸잖아요?" 소망이 물었다.

"맞아요. 건달 삼형제와 그들의 왕은 위대한 은총이 나타나기도 전에 도망가 버렸습니다. 그러나 그건 위대한 은총이 하나님의 투사였기 때문이었지요. 형제님은 약한 믿음이 하나님의 투사와 다르다는 것을 아셔야 합니다. 하나님의 백성이라고 모두 투사는 아니지요. 그렇기 때문에 전장에 나가 모두 공을 세울 수는 없죠. 다윗이 골리앗을 무찌른 것처럼 어린아이가 모두 그렇게 싸울 수는 없겠지요? 굴뚝새가 황소와 같은 힘을 가질 수도 없을 테고요. 어떤 자는 강하지만 어떤 자는 약합니다. 어떤 자는 믿음이 깊지만 어떤 자는 얕습니다. 약한 믿음은 약한 자이기 때문에 궁지에 빠지고 말았죠."

"위대한 은총이 도와주러 왔더라면 좋았을 텐데요." 소망이 말했다.

"위대한 은총이 왔다고 해도 벅찼을 것입니다. 위대한 은총이 무기를 굉장히 잘 다루기는 하지만 그건 그가 겁으로 건달들을 제압하고 있을 때뿐입니다. 소심, 불신, 유죄 이 건달 삼형제가 그에게 한꺼번에 달려든다면 아마 위대한 은총도 쓰러지고 말 겁니다. 쓰러진 남자가 뭘 어떻게 할 수 있겠습니까?"

"위대한 은총의 얼굴을 자세히 들여다보면 흉터와 칼자국들을 볼 수 있답니다. 그걸 보면 내 말이 맞다는 걸 단번에 알 수 있어요. 난 그가 전투에서 이렇게 말하는 소리를 들은 적이 있습니다. '살 소망까지 끊어졌도다.' 그 못된 악당들 때문에 다윗이 얼마나 신음하고 피로위했었습니까! 헤만과 히스기야도 당대의 투사였지만 공격을 당하자 혼신의 힘을 다해야 했습니다. 그렇게까지 했지만 그들의 갑옷은 완전히 너덜너덜해지고 말았죠. 베드로도 한때 무엇이든 다 했었죠. 어떤 사람들은 그를 보고 사도 중의 으뜸이라고까지 했습니다만 악당들의 공격을 받게 되자 가여운 소녀만 봐도 벌벌 떨게 되었습니다."

시편 88편; 요한복음 18:15-18

크리스천은 계속 말을 이어 나갔다. "게다가 그들의 왕은 호각만 불면 재깍 달려옵니다. 그 호각 소리가 들릴 만한 주변에 머물고 있다가 위험에 처한 악당들이 부르기만 하면 언제라도 당장 달려오죠. 그를 보고 '칼로 칠지라도 쓸데없고 창이나 살이나 작살도 소용이 없구나. 그것이 철을 초개같이 놋을 썩은 나무같이 여기니 살이라도 그것으로 도망하게 못하겠고 물매 돌도 그것에게는 겨같이 여기우는구나. 몽둥이도 검불같이 보고 창을 던짐을 우습게 여기는구나'라고 하지요.

욥기 41:26-29

162

이런 경우라면 사람이 뭘 할 수 있단 말입니까? 만약 욥기에 나오는 말[馬]을 매번 불러버려 이를 다룰 능력과 용기가 있는 사람이라면 뛰어난 일을 할 수 있겠지요. '말의 힘을 네가 주었느냐? 그 목에 흩날리는 갈기를 네가 입혔느냐? 네가 그것으로 메뚜기처럼 뛰게 하였느냐? 그 위엄스러운 콧소리가 두려우니라. 그것이 골짜기에서 발굽질하고 힘 있음을 기뻐하며 앞으로 나아가서 군사들을 맞되 두려움을 모르고 겁내지 아니하며 칼을 대할지라도 물러나지 아니하니 그의 머리 위에서는 화살통과 빛나는 창과 투창이 번쩍이며 땅을 삼킬 듯이 맹렬히 성내며 나팔 소리에 머물러 서지 아니하고 나팔 소리가 날 때마다 힝힝 울며 멀리서 싸움 냄새를 맡고 지휘관들의 호령과 외치는 소리를 듣느니라'는 말씀이 있지요."

욥기 39:19-25

하지만 형제님이나 저나 걸어서 순례하는 자들은 절대로 그런 적들을 만나고 싶어 해서는 안 되며, 남들이 꽁무니 뺐다는 소리를 듣고 우리가 더 잘 할 수 있다고 호언장담해서도 안 됩니다. 남자다움을 자랑해서도 안 되지요. 그런 사람들은 막상 일이 닥치면 아주 추한 꼴을 보이게 마련이니까요. 이를테면 제가 좀 전에 말했던 베드로도 처음엔 다른 누구보다도 예수님을 잘 섬기겠다고 떠벌이고 다녔습니다. 하지만 결국엔 악당들에게 베드로만큼 당하고 쓰러진 자가 또 누가 있단 말입니까?

따라서 하나님의 큰길에서 강도를 만났다는 소리를 들으면 두 가지 일을 해야 합니다.

첫째, 반드시 갑옷을 입고 손에는 방패를 들고 걸어가야 합니다. 만약 이렇게 하지 않으면 리워야단*과 용감하게 싸울 때 그를 굴복시킬 수 없습니다. 사실 갑옷과 방패를 갖추고 있지 않으면 그가 우리를 전혀 두려워하지 않죠. 싸움에 능한 자는 이렇게 말합니다. '모든 것 위에 믿음의 방패를 가지고 이로써 능히 악한 자의 모든 화전을 소멸하라'고요.

둘째, 하나님이 우리와 함께하시기를 바라야 합니다. 그렇게 기도한 덕분에 다윗은 사망의 음침한 골짜기에서도 기뻐할 수 있었죠. 모세는 하나님이 함께하지 않으시면 지금 서 있는 곳에서 단 한 걸음도 버딜지 않고 차라리 죽겠다고 했고요.

❀ ∘∘∘∘∘∘∘∘∘∘∘∘∘∘∘∘∘∘∘∘∘∘∘∘∘∘∘∘∘∘∘∘∘

* 이사야 27:1; 욥기 41:1; 시편 74:1 참조.

형제님, 하나님께서 우리와 함께해 주신다면 우리를 향해 돌격해 오는 적들을 수만 명 만난들 두려워할 필요가 있을까요? 하지만 주님과 함께하지 못한다면 뻐기는 자들도 결국은 죽임을 당하게 될 것입니다.

저도 그런 싸움에 휘말린 적이 있었습니다. 하지만 하나님이 베풀어 주신 최고의 은총을 받은 덕분에 이렇게 형제님 앞에 살아 있지 않습니까? 그래서 저는 절대로 남자다움을 뽐내지 않지요. 더 이상 그런 공격을 받지 않는다면 얼마나 기쁠까요? 하지만 아직 우리는 위험을 모두 다 뛰어넘은 것이 아닙니다. 어쨌든 아직까지는 사자와 곰의 먹잇감이 되지 않았으니, 앞으로 만나게 될 할례받지 않은 블레셋 사람들로부터 하나님이 우리를 구원해 주시기를 바랍니다."

에베소서 6:16; 출애굽기 33:15; 시편 3:5-8; 27:1-3; 이사야 10:4

그러고 나서 크리스천은 노래했다.

"가엾은 약한 믿음이여! 도적들에게 둘러싸이고 말았는가?
강도를 당했는가?
항상 이것을 가슴에 새기고 더 큰 믿음을 가지시길.
그러면 만 명을 이겨 낼 것이며
그렇지 않으면 세 명의 강도도 무서워하게 될 것이니."

두 사람은 계속 길을 갔고 무지가 뒤를 따랐다. 길을 가다 보니 갈림길이 나왔다. 이 길은 두 사람이 걸어가야 할 길처럼 반듯하게 뻗어 있었다. 두 순례자는 양쪽 다 똑바른 길처럼 보여 한참 동안 그곳에 서서 어느 길을 택해야 할지 고민했다. 순간, 하얀 가운을 입은 검은 피부의 남자가 다가와 왜 거기에 그렇게 서 있냐고 물었다. 두 사람은, 하늘의 성으로 가는 중인데 어느 길로 가야할지 모르겠다고 대답했다.

"저를 따라오시지요. 저도 그곳으로 가는 중이랍니다." 그 남자가 말했다.

두 순례자는 남자를 따라, 반듯하게 뻗어 있는 것처럼 보이는 길로 들어섰다. 그 길은 약간 굽어진 것 같더니만 두 사람이 가고자 하는 곳으로부터 점점 멀어졌다. 하지만 두 사람은 이 사실을 전혀 모른 채 그저 그 남자를 따라 걷고만 있었다. 두 사람이 이 사실을 미처 눈치 채기 전에 그 남자는 그들을 그물이 쳐진 곳으로 서서히 데리고 갔다. 결국 두 사람은 그물에 걸리고 말았다. 그들이 어쩔 줄 몰라 허둥대는 사이에 그 남자의 등에서 하얀 가운이 스르륵 흘러버렸다. 그제야 두 순례자는 자신들이 처한 상황을 깨닫게 되었다. 그물에 갇혀 빠져나오지 못하게 된 두 사람은 한동안 울부짖었다.

크리스천이 소망에게 말했다. "이제야 제 잘못을 알게 되었습니다. 목자들이 우리에게 아첨꾼을 조심하라고 하지 않았던가요? 현자가 했던 말이 이제야 떠오르다니. '이웃에게 아첨하는 것은 그의 발 앞에 그물을 치는 것이니라'는 말씀이 맞았군요."

잠언 29:5

"목자들은 우리가 길을 잘 찾을 수 있도록 지도까지 건네주었는데, 우리가 깜빡 잊고 지도를 펴 보지 않아 강포한 자의 길로 빠지고 말았네요. 다윗이 '남들이야 어떠했든지, 나만은 주께서 하신 말씀을 따랐기에, 약탈하는 무리의 길로 가지 않았습니다'라고 말한 걸 보니 우리보다 훨씬 현명했군요." 소망이 말했다.

시편 17:4

두 순례자는 그물에 갇힌 채 통탄했다. 한참을 그렇게 있다 보니 빛나는 천사가 손에 작은 줄로 된 채찍을 들고 다가오는 모습이 보였다. 천사는 두 사람이 갇힌 곳에 다다르자 그들에게 어디서 왔으며 거기서 무슨 일을 한 거냐고 물었다.

두 사람은 그에게 자신들은 시온산으로 가던 불쌍한 순례자였는데 하얀 가운을 입은 검은 피부의 사람이 그곳으로 간다기에 무작정 따라나섰다가 길을 잘못 들게 되었다고 했다.

그 말을 들은 천사는 채찍을 들고 말했다. "그자가 바로 아첨꾼이며, 광명의 천사로 변장한 가짜 성도입니다."

다니엘 11:32; 고린도후서 11:13-14

그러고는 그물을 찢어 두 사람을 꺼내 준 후 이렇게 물었다. "나를 따라오십시오. 원래 가던 길로 안내해 드리죠." 천사는 두 사람이 아첨꾼을 따라가느라 벗어났던 원래의 길까지 그들을 인도해 주었다. 그리고 물었다. "어젯밤엔 어디에서 주무셨습니까?"

"기쁨의 산에 있는 목자들의 집에서요."

천사는 목자들이 지도를 주지 않았냐고 물었다.

그 질문에 두 사람은 "주셨습니다"라고 대답했다.

"그랬는데도 지도를 펴 보지 않았단 말인가요?"

"펴 보지 않았습니다."

"왜죠?"

"잊어버렸습니다."

"목자들이 아첨꾼을 조심하라고 하지 않던가요?"

"했습니다. 하지만 그렇게 단정한 말씨를 쓰는 사람이 아첨꾼일 거라고는 상상도 못했습니다."

로마서 16:17-18

내가 꿈에서 보니 천사는 두 사람에게 바닥에 엎드리라고 했다. 순례자들이 그의 말에 따라 바닥에 엎드리자 천사는 호되게 꾸짖으면서 어떤 길이 바른길인지 가르쳐 주었다. 그러고는 이렇게 말했다. "무릇 내가 사랑하는 자를 책망하여 징계하노니 그러므로 네가 열심을 내라. 회개하라." 말을 마친 후 천사는 그들에게 다시 순례를 떠나라고 하면서 목자들에게서 들은 다른 가르침도 꼭 따르라고 당부했다.

신명기 25:2; 역대하 6:27; 요한계시록 3:19

두 순례자는 천사에게 감사하다고 인사한 후 바른길을 걸으며 이렇게 흥얼거렸다.

"길을 가는 자들이여, 이리로 와서
길에서 벗어난 순례자가 어떤 값을 치렀는지 보시오.
목자들이 해 준 값진 충고를 잊은 바람에
그물에 꼼짝없이 갇혀 지냈다네.
비록 구출되었지만 채찍질을 당했다네.

이 일을 거울삼아 그대들은 부디 조심하시길."

그렇게 한참을 가던 두 순례자는 홀로 큰길을 걷고 있던 사람과 마주치게 되었다. 크리스천이 소망에게 말했다. "시온산을 등지고 오는 어떤 자가 우리를 만나러 오고 있군요."

"저도 보이네요. 우리 조심합시다. 저 사람도 아첨꾼일지 모르니까요."

그 남자는 점점 가까워지더니 마침내 두 사람에게 성큼성큼 다가왔다. 그의 이름은 '무신론자'였다. 그가 두 사람에게 어디로 가냐고 물었다.

"시온산으로 가는 중입니다." 크리스천이 대답했다.

그러자 무신론자는 크게 웃음을 터뜨렸다.

"왜 웃으십니까?" 크리스천이 의심스러워하며 물었다.

무신론자는 설명했다. "당신네들처럼 무식한 사람을 보게 되니 그만 웃음이 터져 나오네요. 그렇게 진저리나는 여행을 하고 있다니요. 여행해 봐야 고통스럽기만 할 뿐이에요."

"왜죠? 우리가 그곳에서 영접받지 못한단 말씀이십니까?"

"영접이라? 이 세상에는 당신네들이 꿈꾸는 그런 곳이 있지도 않습니다."

"이 세상에는 없지만 앞으로 다가올 세상에는 있습니다." 크리스천이 반박했다.

무신론자가 또다시 반론을 제기했다. "나도 고향에 있을 때 당신이 말하는 것과 같은 말을 들었지요. 그 말을 들은 저는 고향을 떠나 20년 동안이나 그런 곳을 찾아 헤맸고요. 그렇지만 처음 고향을 떠날 때나 지금이나 전혀 찾지 못했습니다."

"우리는 모두 그곳을 찾을 수 있다고 들었고, 또 그렇게 믿고 있습니다."

"제가 그 말을 믿지 않았다면 고향을 떠나 이렇게까지 멀리 찾아 헤매진 않았겠지요. 제가 당신네들보다 훨씬 더 멀리 찾아 헤맸을 겁니다. 그러니까 그런 곳이 정말 있다면 제가 이미 찾아냈어야 했지요. 하지만 전 아무것도 찾지 못한 채 이렇게 고향으로 되돌아가고 있습니다. 이제는 있지도 않은 것을 찾겠다는 희망 때문에 포기했던 것들을 다시 찾아볼 생각입니다."

그러자 크리스천이 소망에게 물었다. "저 남자가 하는 말이 사실일까요?"

무신론자

"조심하십시오. 저 사람도 아첨꾼 중 한 사람이라고요. 우리가 저런 자들 중에 한 사람을 따라나섰다가 이미 그 값을 톡톡히 치른 일을 잊지 마십시오. 뭐요, 시온산이 없다고요? 기쁨의 산 정상에서 그 너머에 있던 하늘의 성 문을 보았으면서도 그러시나요? 게다가 우리는 믿음을 가지고 순례의 길을 걷고 있는 순례자이지 않습니까?

그냥 가던 길이나 계속 갑시다. 천사에게 다시금 채찍으로 맞아서야 되겠습니까? 지금 제가 하는 말은 오히려 형제님이 제게 하셨어야죠. '내 아들아, 지식의 말씀에서 떠나게 하는 교훈을 듣지 말지니라'는 구절도 있습니다. 형제님, 저자의 말은 그만 들으시고 영혼의 구원을 믿도록 합시다." 소망이 말했다.

전도서 10:15; 예레미야 17:15; 고린도후서 5:7; 잠언 19:27

"형제님, 제가 이 질문을 한 이유는 우리 믿음의 진실을 의심해서가 아니랍니다. 형제님을 시험하여 형제님 가슴속의 정직한 열매를 불러내기 위해서였지요. 저자는 내가 알기로 이 세상의 신에게 눈이 먼 사람입니다. 이제 우리가 진리의 믿음을 가지고 있으며 진리에서는 거짓이 나오지 않는다는 것을 깨달았으니 계속 길을 가도록 합시다." 크리스천이 말했다.

요한일서 2:21

"이제 하나님의 영광을 바라게 되어 기쁘기 짝이 없습니다." 소망이 외쳤다.

두 사람은 무신론자를 따돌렸고 무신론자는 두 사람을 비웃으며 자기 갈 길로 갔다.

내가 꿈에서 보니 두 사람은 길을 가다가 어떤 마을에 도착하게 되었다. 이 마을의 공기는 외부 사람이 와서 마시면 저절로 졸음이 쏟아지게 하는 성질이 있었다.

이 마을에 들어서자마자 소망은 너무 졸려서 몸이 축 늘어졌다.

소망이 크리스천에게 말했다. "너무 졸려서 눈꺼풀이 자꾸 흘러내립니다. 여기 누워서 한숨만 자고 갑시다."

"절대로 안 됩니다. 일단 잠들면 절대로 다시 깨지 못할 테니까요."

"왜요, 형제님? 지친 사람에겐 잠이 보약인걸요. 한숨 자고 나면 몸이 풀릴 거라고요." 소망이 말했다.

"목자들이 마법의 땅에서 잠들지 말라고 했던 걸 기억하지 못한단 말입니까? 그 말은 잠을 조심해야 한다는 뜻입니다. '그러므로 우리는 다른 이들과 같이 자지 말고 오직 깨어 근신할지라'는 말씀도 있잖습니까?" 크리스천이 부드럽게 타일렀다.

데살로니가전서 5:6

"제가 잘못했습니다. 만약 저 혼자였더라면 아마 잠이 들어 죽임을 당했을지도 모르겠군요. '두 사람이 한 사람보다 나음은 저희가 수고함으로 좋은 상을 얻을 것임이라'는 현인들의 말씀이 맞았습니다."

전도서 4:9

"그럼, 졸음을 쫓기 위해, 덕이 될 만한 얘기나 합시다." 크리스천이 말했다.

"그거 아주 좋은 생각입니다."

"어디서부터 시작할까요?"

"하나님이 우리와 함께하시게 된 곳부터 얘기를 나눠 보죠. 형제님부터 말씀하세요."

"그럼 먼저 이 노래를 부르겠습니다." 크리스천은 이렇게 말하고 다음과 같이 노래했다.

"졸음이 쏟아지는 성도여

이리로 와서 두 순례자가 하는 얘기를 들으시길.

이들에게 작은 지혜라도 배워

졸린 눈을 부릅뜨고 쏟아지는 눈꺼풀을 치켜올리시길.

성도들의 참된 교제는

지옥을 통과한다 해도 서로를 깨어 있게 하리."

노래를 마친 크리스천이 이야기를 시작했다. "질문 하나 하죠. 처음에 무슨 생각으로 순례를 떠나게 되었습니까?"

"그러니까 어쩌다가 제 영혼의 안녕을 찾게 되었느냐는 말씀이시죠?"

"네, 그렇지요."

"저는 우리 시장에서 진열해 놓고 파는 물건들로 인해 한동안 매우 기뻐했습니다. 아직까지도 제가 그러고 있었다면 지금쯤 전 아마 파멸해 버리고 말았을 테죠."

"그 물건들이 어떤 것들이었죠?"

"이 세상의 부귀영화였습니다. 게다가 저는 난봉, 환락, 음주, 모독, 거짓말, 불결, 안식일 무시 등 영혼을 파멸로 몰고 가는 일들에 푹 빠져 지냈죠. 그러다가 형제님 얘기를 듣게 되었고, 허영의 시장에서 자신의 믿음과 의로운 삶을 위해 순교하신 믿음 님과도 이야기 나누다 보니 하나님에 대해 생각하게 되었죠. 결국 이런 일들의 마지막이 사망이며, 하나님의 진노가 불순종의 아들들에게 임한다는 사실을 듣게 되었습니다."

로마서 6:21-23; 에베소서 5:6

"그렇다면 이런 깨달음의 힘에 곧장 영향을 받으셨나요?"

"아뇨, 전 죄가 나쁘다는 사실도, 죄를 지으면 벌을 받는다는 사실도 애써 외면하려 했습니다. 하나님 말씀에 처음으로 마음이 흔들렸을 때, 전 두 눈을 질끈 감고 그 빛을 보지 않으려고 버둥거렸지요."

"하나님의 복된 성령이 처음으로 역사하시는 것을 왜 외면하셨죠?"

소망은 이유를 조목조목 설명했다. "그 이유는 이러합니다. 첫째, 저는 그것이 하나님이 제게 베리시는 역사인 줄 몰랐습니다. 하나님이 죄를 깨닫게 하셔서 죄인들을 회개시키신다고는 상상도 못했으니까요. 둘째, 그때까지도 죄가 제 몸에 달콤하게 느껴졌기 때문에 놓치기 싫었습니다. 셋째, 오랜 친구들과 어떻게 작별 인사를 해야 할지 몰랐습니다. 친구들과 그들의 행동을 제가 무척 좋아했거든요. 넷째, 죄를 인정하는 시간이 너무나 끔찍하고 고통스러웠습니다. 그래서 생각만 해도 못 견디겠더라고요."

"그렇군요. 그럼 가끔 고통에서 스스로 벗어난 적도 있었나요?"

"네, 있었죠. 하지만 죄를 지었던 생각이 다시 나면 전보다 훨씬 더 피로워졌습니다."

"당신의 죄를 다시금 떠올리게 하는 건 뭡니까?"

"많이 있습니다." 소망이 말을 이었다.

"첫째, 거리에서 착한 사람을 만날 때.

둘째, 어떤 사람이 성경 읽는 소리를 들었을 때.

171

셋째, 머리가 지끈거리기 시작할 때.

넷째, 이웃 사람이 아프다는 소리를 들었을 때.

다섯째, 누군가의 죽음을 알리는 종소리가 들릴 때.

여섯째, 내가 죽는다고 생각할 때.

일곱째, 누군가 급작스럽게 세상을 떠날 때.

여덟째, 특히 나에게 곧 심판의 날이 닥치리라고 생각할 때입니다."

"그럼 언제든 죄책감이 밀려오면 쉽게 떨쳐 낼 수 있었나요?"

"아뇨, 죄책감이 양심에 단단히 들러붙어 있어서 그렇게 하지는 못했지요. 그래서 죄를 짓는 생활로 돌아갈까 말까를 고민하다 보니(물론 마음으론 그걸 반대하지만요) 고통이 두 배로 불어났습니다."

"그럼 그럴 땐 어떻게 했나요?"

"내 생활을 고쳐야겠다고 생각했어요. 그렇지 않으면 벌을 받을 테니까요."

"그래서 생활을 고쳐 보려고 애를 썼나요?"

"그럼요, 죄를 짓지 않으려고도 했고, 죄를 지은 친구들을 가까이에 두지 않으려고도 했죠. 기도도 하고, 성경도 읽고, 울면서 죄 사함을 구하기도 했고, 이웃들에게 진실을 전하면서 종교적인 의무도 다했습니다. 그밖에도 한 일이 많아 다 말씀드릴 수가 없군요."

"그랬더니 생활이 좀 나아지긴 했나요?"

"그럼요, 한동안은 그랬죠. 하지만 결국에는 다시 고통이 찾아왔어요. 그렇게 제 생활을 바꾸기 위해서 노력했는데도 마찬가지였죠."

"생활 태도를 바꾸었는데도 왜 고통이 찾아왔을까요?"

"아마 그건 이런 이유 때문인 것 같습니다. '우리의 의는 다 더러운 옷 같다', '율법의 행위로써는 의롭다 함을 얻을 육체가 없느니라', '너희도 명령받은 것을 다 행한 후에 이르기를 우리는 무익한 종이라 할지니라'는 말씀이 있지 않습니까? 그래서 전 혼자 생각하기 시작했죠. 만약 제 모든 의로움이 더러운 누더기와 같고, 율법의 행위로써 의로움을 받지 못한다면 율법으로 천국에 갈 생각을 하는 건 어리석은 짓인 것 같았습니다. 그리고 이런 생각을 하기도 했어요. 만약 어떤 남자가 가게 주인에게 백 파운드를 빚졌다면 빚진 이후에 가게에서 사는 물건은 값을 다 지불한다 해도 과거에 진 빚이 그대로 남아 있는 한, 가게 주인은 빚을 다 갚으라며 그자를 고소하여 감옥에 처넣을 수 있다고요."

이사야 64:6; 갈라디아서 2:16; 누가복음 17:10

크리스천과 소망

"그럼 이 얘기를 어떻게 자신에게 적용시키셨죠?"

"음, 혼자 곰곰이 생각해 보았습니다. 저는 수많은 죄를 지어 하나님의 율법을 거슬렀습니다. 아무리 회개하고 선한 일을 한다 해도 그 빚을 갚지 못할 것 같았습니다. 제아무리 발버둥 친다 해도 그건 사실이랍니다. 그래서 제가 과거에 저지른 죄로 인해 벌을 받지 않으려면 어떻게 해야 할지 고민했지요."

"아주 좋은 생각이군요. 계속해 봐요."

"그런데 제가 제 죄를 고치기 위해 노력한 이래 저를 괴롭힌 또 다른 문제가 있었습니다. 지금 하는 일을 자세히 들여다보니, 저는 좋은 일을 하면서도 그 속에서 또 새로운 죄를 짓고 있었습니다. 저 자신과 의무에 대한 잘못된 생각을 맹신했던 저는 이런 결론을 버릴 수밖에 없었죠. 아무리 과거에 티끌만큼도 잘못하지 않았어도, 하루 동안 지은 죄만으로도 이미 지옥에 갈 만큼 충분하다고요."

"그래서 그 다음에 어떻게 했죠?"

"사실 뭘 어떻게 해야 할지 모르겠더군요. 그래서 저와 친했던 믿음 님에게 제 마음을 털어놓았죠. 그랬더니 믿음 님은 이렇게 말해 주었습니다. 저의 의로움도, 또 이 세상의 어떤 의로움도 소용없다고요. 단 한 번도 죄를 짓지 않은 자의 의로움을 얻지 않는 한, 그 누구도 나를 구원해 줄 수 없다는 얘기를 해 주셨지요."

"그 말이 참이라고 생각하나요?"

"만약 제가 기뻐하며 만족스럽게 일하고 있을 때 그런 말을 들었다면, 전 믿음 님이 고통을 자초하는 바보라고 생각했을 것입니다. 하지만 지금 전 제 결점이 뭔지 알고 있어요. 그리고 내 딴엔 아무리 제대로 살아간다고 해도 그 안에서 또 죄를 짓는다는 것을 알기에, 이젠 그분의 말을 따를 수밖에 없죠."

"하지만 믿음에게서 그런 말을 처음 들었을 때, 태어나서 지금까지 단 한 번도 죄를 짓지 않은 사람을 파연 찾을 수 있다고 생각했나요?"

"솔직히 처음에는 말도 안 된다고 생각했죠. 하지만 그분과 함께 얘기를 나눠 보니 그 말을 전적으로 믿게 되었어요."

"그럼 믿음에게 그 사람이 누군지 물어봤나요? 어떻게 그 사람 말을 믿게 된 건가요?"

"네, 물어보았죠. 그랬더니 믿음 님은 그분이 주 예수님이시며, 가장 높으신 분의 오른편에 자리한다고 했습니다. 그러고는 그분이 육신의 모습으로 계시면서 행하신 일과 십자가에 매달려 고난당하신 일을 믿으면 반드시 구원받을 것이라고 했습니다. 그래서 저는 믿음 님에게 어떻게 예수님의 의로움이 하나님 앞에서 다른 사람들을 의롭게 할 수 있냐고 다시 물었죠. 그랬더니, 예수님은 전능하신 하나님이시며 그분이 하신 일과 죽으신 일 모두가 당신 자신이 아니라 저를 위해서 그러신 거라고, 또 제가 그분을 믿는다면 그분이 행하신 일과 그 가치가 모두 저에게 돌아올 거라고 말해 주었습니다."

히브리서 10:12-21; 로마서 4:5; 골로새서 1:14; 베드로전서 1:19

"그 다음엔 어떻게 했나요?"

"전 그분이 절 구해 주지 않을 거라 생각해서 믿지 못하겠다고 했죠."

"그랬더니 믿음이 뭐라고 하던가요?"

"가서 그분을 만나보라고 하더군요. 그래서 전 그렇게 하는 건 너무 염치없다고 했지요. 그러자 믿음 님은 제가 그분께 초대받았다고 그러더라고요. 그리고 제게 예수님의 책을 한 권 주면서 어서 가 보라고 저를 독려해 주셨습니다. 그리고 그 책은 하늘과 땅보다 더 단단히 서 있을 책이라고 말해 주었습니다.

마태복음 11:28; 24:35

"그래서 전 그분 앞에 가려면 뭘 어떻게 해야 하는지 물었죠. 그랬더니 무릎을 꿇고 제 온 마음과 영혼을 다해, 예수님의 모습을 보게 해 달라고 간청하라고 하시더군요. 그러면 기도는 어떻게 해야 하느냐고 제가 또 물었죠. 그랬더니 그냥 나아가기만 하면, 예수님이 은총의 보좌에 앉아 계시다가 그곳에 온 자들에게 용서와 관용을 베풀어 주신다고 하셨습니다."

시편 95:6; 다니엘 6:10; 예레미야 29:12-13

소망은 계속 말을 이어 나갔다. "그래서 그 앞에 나아가 무슨 말을 해야 할지 모르겠다고 했더니 믿음 님은 이렇게 말해 주셨죠. '죄인인 저에게 자비를 베리시어 주 예수 그리스도를 알고 믿게 해 주십시오. 만일 제가 그분의 의로움을 보지 못하고 믿지 못한다면 저를 완전히 버쳐 주십시오 주님! 저는 주님께서, 자비로우신 하나님이시며 아들이신 예수 그리스도로 하여금 세상을 구원하라고 명하셨다고 들었습니다. 또한 저 같은 불쌍한 죄인들을 위해 아들을 기꺼이 바치셨다고도 들었습니다. 주여, 이번 기회에 아들 예수 그리스도를 통해 제 영혼을 구원하심으로써 당신의 은혜를 찬미하게 해 주십시오. 아멘.'"

출애굽기 25:22; 레위기 16:2; 민수기 7:89; 히브리서 4:16

"그래서 그렇게 했습니까?"

"그럼요, 몇 번이고 그렇게 계속했습니다."

"그랬더니 하나님 아버지께서 아들을 보여 주시던가요?"

"처음에는 아니었습니다. 두 번째, 세 번째, 네 번째, 다섯 번째, 여섯 번째까지도 아니었습니다."

"그래서요?"

"뭘 어떻게 해야 할지 몰랐습니다."

"기도를 그만둘 생각은 안 했습니까?"

"물론 했죠, 아마 골백번도 더 했던 것 같습니다."

"그런데 왜 그만두지 않았나요?"

"전 제가 들은 말이 사실일 거라고 믿었습니다. 즉, 그리스도의 의로움이 아니고서는 이 세상에서 구원받을 길이 없다고 믿었지요. 만약 기도를 그만둔다면 나는 죽을 것이다, 그러나 나는 은총의 보좌가 아니고서는 죽을 수 없다고 생각했죠. 그러자 문득 '비록 더딜지라도 기다리라. 지체되지 않고 정녕 응하리라'는 구절이 떠올랐습니다. 그래서 전 하나님이 당신의 아들을 보여 주실 때까지 계속 기도했습니다."

하박국 2:3

"하나님께서 어떻게 예수님을 보여 주시던가요?"

"사실 제 육신의 눈으로는 보지 못했지만, 마음의 눈으로는 보았습니다. 정말입니다. 하루는 제가 매우 슬퍼하고 있을 때였습니다. 그날은 제 평생 가장 슬픈 날이었죠. 제가 얼마나 크나큰 죄를 지었는지 분명히 보게 되자 너무나 슬펐거든요. 전 이제 지옥에 떨어져 영원히 벌을 받을 각오를 하고 있었습니다. 그런데 갑자기, 하늘에서 주 예수님이 저를 버려다보시며 이렇게 말씀하셨습니다. '주 예수를 믿으라. 그리하면 너와 네 집이 구원을 얻으리라.' 그 소리에 전 '주여, 전 죄를, 그것도 아주 큰 죄를 지었습니다'라고 말씀드렸습니다. 그랬더니 '내 은혜가 네게 족하도다'라고 해 주시더군요. 전 다시 말씀드렸습니다. '하지만 주여, 믿는다는 것이 무엇입니까?' 그랬더니 '내게 오는 자는 결코 주리지 아니할 터이요 나를 믿는 자는 영원히 목마르지 아니하리라'고 하셨죠. 그래서 전 주님을 믿는 것과 주님께 나아오는 것이 모두 같은 것이며, 자신의 마음과 애정을 다 바쳐 그리스도의 구원을 얻으려고 달려오는 자가 진정으로 그리스도를 믿는 것이라고 생각하게 되었습니다.

에베소서 1:18-19; 사도행전 16:31; 고린도후서 12:9; 요한복음 6:35

그러자 제 눈에서는 하염없이 눈물이 흘러버리기 시작했습니다. 저는 다시 물었지요. '하지만 주님, 저같이 이렇게 큰 죄를 지은 죄인도 주님께서 받아 주시고 구원해 주시나요?' 그러자 주님께서 '내게 오는 자는 내가 결코 내어 쫓지 아니하리라'고 하셨습니다. 그래서 다시 물었습니다. '하지만 주여, 제가 주님을 어떻게 바르게 믿어야 주님께 갈 수 있습니까?' 주님께서는 이렇게 말씀하셨습니다. '그리스도 예수께서 죄인을 구원하시려고 세상에 임하셨다.'

요한복음 6:37; 디모데전서 1:15

'그리스도는 모든 믿는 자에게 의를 이루기 위하여 율법의 마침이 되시니라.' '예수는 우리 범죄함을 위하여 버어 줌이 되고 또한 우리를 의롭다 하심을 위하여 살아나셨느니라.' '우리를 사랑하사 그의 피로 우리 죄에서 우리를 해방하시었다.' '그가 항상 살아서 저희를 위하여 간구하심이니라.'

로마서 4장; 4:25; 10:4; 요한계시록 1:5; 디모데전서 2:5; 히브리서 7:25

"이 모든 말씀을 취합해 보니 저는 예수님 안에서 의로움을 찾고 주님의 피 안에서 죄 사함을 받아야 한다는 사실을 알게 되었습니다. 예수님은 아버지의 율법에 복종하시어 형벌을 받으셨습니다. 이는 자기 자신을 위함이 아니라 이것을 구원으로 받아들이고 감사하는 사람들을 위해서였습니다. 제 가슴은 기쁨으로 벅차올랐고, 눈에는 기쁨의 눈물이 넘쳐흘렀으며, 주 예수의 이름과 그분의 성도와 그분이 가신 길에 대한 사랑이 가득 차게 되었습니다."

"정말로 그리스도께서 형제님의 영혼에 모습을 드러내셨군요. 이 일로 영혼에 어떤 특별한 일이 생겼는지도 말해 주시죠." 크리스천이 물었다.

"이 세상이 아무리 의롭다고 해 봤자 유죄판결을 받은 상태라는 것을 알았습니다. 하나님 아버지께서는 의로운 분이시기에 그분께로 오는 죄인들을 모두 의롭다고 인정해 주시는 것도 알았습니다. 예전의 제 삶이 얼마나 사악한지 알게 되어 부끄러웠으며, 저만의 무지를 깨닫게 되니 당황스러웠습니다. 주 예수 그리스도의 아름다움을 알게 될 줄은 정말 몰랐으니까요. 저는 영적인 삶을 사랑하게 되었고, 주 예수의 이름을 빛나게 하는 일이라면 뭐든 하고 싶어졌습니다. 그렇습니다. 제 몸에 수천 리터의 피가 담겨져 있다면 그 전부를 주 예수를 위해 쏟아 부을 수 있습니다."

내가 꿈에서 보니 소망이 뒤를 돌아다보았다. 두 사람의 뒤에는 진작에 그들이 앞질러 갔던 무지가 뒤따라오고 있었다.

"저기요, 저 청년이 얼마나 뒤쳐졌나 보시지요." 소망이 크리스천에게 말했다.

"아, 네, 보입니다. 저 청년은 우리와 함께 갈 생각이 없어 보이네요."

"우리와 함께 걸었어도 손해날 일이 없었을 텐데 그러네요."

"그러게요. 하지만 저 청년 생각은 우리와 다를 수도 있어요."

"아마 그럴지도 모르죠. 그래도 좀 기다려 볼까요?" 소망의 말에 두 사람은 무지를 기다렸다.

잠시 후 크리스천이 무지에게 말을 걸었다. "어서 오게. 어쩌다 그렇게 뒤쳐졌나?"

"혼자 걷는 기쁨을 누리느라고요. 같이 걷는 것보다 훨씬 더 좋거든요. 제가 좋아하는 사람이면 몰라도."

그러자 크리스천이 소망에게 나지막이 속삭였다. "거 봐요, 저 청년은 우리와 같이 걷는 걸 싫어한다고 했잖소? 하지만 이곳이 너무 적적하니 같이 걸어도 괜찮을 것 같군요." 그러고는 무지에게 말했다.

"자, 하나님과 당신의 영혼과의 관계는 어떤가?"

"괜찮은 것 같습니다. 전 늘 좋은 생각만 합니다. 그러면 걸으면서 마음속에 위안을 얻을 수 있으니까요."

"어떤 좋은 생각이지? 한번 말해 보게."

"전 하나님과 천국을 생각합니다."

"그런 건 악마나 저주받은 영혼들도 생각한다네."

"하지만 전 생각뿐만이 아니라 하나님과 천국을 간절히 바라기도 한답니다."

"그런 건 천국에 절대로 가지 못할 사람들도 다들 하네. '게으른 자는 마음으로 원하여도 얻지 못하느니라'고 하지 않나." 크리스천이 응수했다.

잠언 13:4

"그렇지만 전 하나님과 천국을 위해서라면 모든 것을 버릴 수 있어요."

"설마! 모든 것을 버리는 일은 정말 힘들 텐데? 그건 많은 사람들이 알고 있는 것 이상으로 훨씬 힘든 일이네. 그런데 어떻게 하나님과 천국을 위해 모든 것을 바칠 생각을 다 하게 된 건가?"

"제 마음의 소리를 따랐습니다."

"현자들은 '자기의 마음을 믿는 자는 미련한 자요'라고 말하지."

잠언 28:26

"그건 악한 마음일 때를 말하는 거죠. 하지만 제 마음은 선하답니다."

"그걸 어떻게 증명할 수 있지?"

"천국에 간다고 생각하면 마음이 편안해지거든요."

"그렇다면 그건 착각일 수도 있네. 인간의 마음은 희망을 가질 이유가 전혀 없는 일에서도 희망으로 위안을 얻기도 하니까."

"하지만 제 마음과 삶은 모두 일치합니다. 그러니 제 희망은 근거가 있는 거라고요."

"누가 자네의 마음과 삶이 일치한다고 하던가?"

"제 마음이 그렇게 말해 주었습니다."

"내가 도둑인지 아닌지는 남들에게 물어봐야

크리스천, 무지, 소망

아는 걸세. 그런데 자기 마음이 자기에게 그렇게 말했다니! 이 문제에 대해서는 하나님의 말씀만이 증거가 된다네. 다른 사람들의 말은 다 쓸모없어."

"하지만 선한 생각을 하는 마음이 선한 마음 아니겠습니까? 하나님의 명령에 따라 살면 그게 바로 선한 삶 아닐까요?"

"그건 그렇지. 선한 생각을 하면 선한 마음이고 하나님의 명령에 따라 살면 선한 삶이지. 하지만 그런 삶을 사는 것하고 그냥 그렇게 생각만 하는 것하고는 완전히 별개의 문제라네."

"음, 그럼 선생님이 생각하는 선한 생각과 하나님의 명령을 따라 사는 삶은 무엇인가요?"

"선한 생각에도 종류가 여러 가지 있지. 우리 자신에 대한 생각일 수도 있고, 하나님이나 그리스도에 관한 생각일 수도 있고, 다른 일들에 관한 생각일 수도 있고."

"그럼 우리 자신에 대한 좋은 생각은 뭡니까?"

"그건 하나님의 말씀에 일치하는 생각이라네."

"그럼 언제 우리 자신에 대한 생각이 하나님의 말씀과 일치하게 되는 거죠?"

"우리가 우리 자신에 대해 내리는 판단이 하나님의 판단과 일치할 때지. 하나님은 인간의 타고난 상태를 이렇게 말씀하셨다네. '의인은 하나도 없으며 선을 행하는 자는 없나니', '사람의 마음의 계획하는 바가 어려서부터 악함이라'."

창세기 6:5; 8:21; 로마서 3장

그러니 우리 자신을 생각할 때 방금 말한 그 말씀과 같다면 선한 생각을 하는 것이라네. 그건 하나님의 말씀과 일치하니까."

"하지만 전 제 마음이 그렇게 악하다는 것을 못 믿겠습니다."

"그렇기 때문에 자넨 살면서 단 한 번도 선한 생각을 하지 못한 걸세. 내 계속 설명해 주지. 하나님의 말씀은 우리의 생각을 심판하시며 또한 우리의 생활까지 심판하신다네. 우리 마음의 생각과 생활이 하나님의 말씀이 심판하시는 것과 일치한다면, 우리의 생각과 생활 모두 좋다고 볼 수 있지."

"무슨 뜻인지 분명히 말씀해 주세요."

"하나님께서는, 인간의 길은 구부러져서 선하지 않고 잘못되어 있다고 말씀하셨다네. 또한 그들은 본래 선한 길에서 벗어나 있으며 선한 길이 뭔지도 모른다고 말씀하셨지. 그러니까 만일 어떤 사람이 자신의 길을 생각할 때, 수치스럽다는 마음가짐으로 분별력 있게 생각한다면 그 사람은 자신의 길에 대해 선한 생각을 가지고 있는 것이라네. 그의 생각이 하나님의 말씀과 일치하기 때문이지."

시편 125:5; 잠언 2:15; 로마서 3:12

"그럼 하나님에 대한 선한 생각은 무엇인가요?"

"이것도 내가 우리 자신에 대해 설명한 것과 같다네. 우리가 하나님에 대해 생각하는 것과 하나님의 말씀이 일치할 때 그게 바로 하나님에 대한 선한 생각이라네. 하나님이 가르쳐 주신 대로 우리는 그분의 존재와 속성에 대해 생각해야 하네. 지금 상세하게 설명하기는 힘들지만 하나님을 우리와 연결시켜 말해 보겠네. 하나님께서는 우리가 우리 자신을 아는 것보다 우리를 훨씬 더 잘 아시며, 우리의 깊은 생각까지 꿰뚫어 보고 계실 뿐 아니라 하나님의 두 눈으로 우리의 가슴을 훤히 들여다보고 계신다네. 우리는 우리의 의로움이 하나님의 코끝에

진동할 거라 생각하겠지만, 하나님 입장에서는 우리가 그분 앞에 떳떳이 서 있는 모습이 차마 눈 뜨고 봐 주기 힘든 모습일 걸세. 우리가 아무리 최선을 다해 살았다 한들 말일세."

"아니, 제가 뭐 하나님이 저보다 더 멀리 못 보신다고 생각하는 바보인 줄 아십니까? 제가 선행으로 하나님 앞에 갈 거라 생각하는 줄 아십니까?"

"그럼 이 문제에 대해서는 어떻게 생각하나?"

"한마디로 말하자면, 전 의롭다 함을 얻기 위해 하나님을 분명히 믿습니다."

"이런! 그리스도가 왜 필요한지도 모르면서 그를 믿어야 한다고 생각하다니! 자넨 자네의 원죄와 실제의 죄 모두를 못 보고 있어. 자네가 생각하고 행동하는 걸 보면 자네는 죄를 용서받기 위해 그리스도의 의로움이 왜 필요한지도 모르고 있네! 그러면서도 '나는 그리스도를 믿는다'고 말할 수 있을까?"

"저도 그런 건 다 믿고 있다고요!"

"그럼 도대체 어떻게 믿는다는 건가?"

무지는 크리스천에게 자신의 믿음을 설명하기 시작했다. "저는 그리스도께서 죄인들을 위해서 돌아가신 것을 믿습니다. 그리고 제가 하나님의 율법에 복종하면 그분은 은혜로써 저주를 막아 주시며 저를 의롭다고 받아 주실 것을 믿습니다. 그리스도께서는 종교적인 책임을 제게 지워 주시어 하나님 아버지에게 받아들여질 수 있도록 해 주셨기 때문에 결국 전 죄 사함을 받게 될 것입니다."

"그럼 자네의 신앙고백에 대해 몇 마디 해 보겠네." 크리스천이 말했다.

"첫째, 자네는 허울만 좋은 믿음을 갖고 있네. 자네가 말한 그런 믿음은 성경의 어디를 들여다봐도 나와 있지 않으니까.

둘째, 자네는 잘못된 믿음을 갖고 있지. 그리스도의 의로우심을 자네 마음대로 적용해서 죄 사함을 받겠다고 생각하고 있으니 말일세.

셋째, 이런 믿음을 가지고는 그리스도에게 죄 사함을 받을 수 없다네. 자네의 행동은 자신을 위한 것이기 때문에 잘못된 것이지.

넷째, 그렇기 때문에 이런 믿음은 거짓된 것이라네. 전지전능하신 하나님이 심판을 하시는 날 자네에게 진노가 내려질 것이야. 진정으로 의로움을 인정받는 믿음이란, 율법에 의해 그 타락한 정도를 알고 있는 영혼이 그리스도의 의로우심으로 달려가 피난처를 찾는 일이라네. 그리스도의 의로우심이란 자네의 순종을 하나님께서 받아들여 주셔서 의롭다 여기심을 받게 해 주는 그런 행동이 아니라, 우리가 직접 감당했어야 할 것들을 그리스도께서 대신 행하시고 고통을 겪으시며 율법에 순종하신 것이네. 참된 믿음이란 바로 이 의로우심을 받아들이는 것이라네. 그분의 의로우심이 우리의 영혼을 덮어 주어, 하나님 앞에서 우리를 흠이 없어 보이도록 해 주었기 때문에 우리가 받아들여질 수 있게 되어 정죄를 면할 수 있는 거라네."

"세상에! 그럼 우리는 가만히 있고 그리스도가 혼자 하시는 일을 그냥 믿기만 하란 말입니까? 이런 잘못된 생각은 우리 욕정의 고삐를 느슨하게 만들고 우리가 바라는 대로 살라고 슬쩍 눈감아 주게 되는 꼴이지 뭡니까. 우리가 그리스도의 의로움만을 믿고 그것으로 죄 사함을 받는다면, 우리가 어떻게 살든 그 무슨 상관이란 말입니까?"

크리스천은 통탄하며 말했다. "무지라는 이름이 자네와 참으로 잘 어울리는군. 그건 자네가 하는 이 대답들이 증명해 주네. 무지, 자네는 죄를 사해 주시는 의로움이 뭔지도 모르며 그것을 믿음으로써 자네의 영혼이 어떻게 하나님의 진노를 피할 수 있는지도 모르는군. 게다가 그리스도의 의로우심 안에서 구원받을 수 있는 믿음이 진정으로 어떤 것인지도 전혀 모르고 있어. 구원받는 믿음이란 그리스도 안에서 예수님께 머리를 숙여 경배하고 그 마음을 얻는 것이며, 그의 이름과, 그의 말씀과, 그의 길과, 그의 성도들을 사랑하는 것이라네. 자네처럼 그렇게 무지하게 상상만 하는 것이 아니지."

옆에서 보고 있던 소망이 거들었다. "이 친구에게 그리스도께서 나타나신 적이 있는지 물어보세요."

"당신은 계시를 믿는 사람이군요. 선생님뿐만 아니라 다른 사람들도 계시에 대해 말하는데, 저는 그게 다 정신 나간 자들이 떠들어 대는 헛된 열매라고 생각하거든요."

"이보게. 그리스도께서는 하나님 안에 숨어 계셔서 육신의 눈으로는 볼 수 없기 때문에 하나님 아버지께서 예수님을 보여 주시지 않으면 인간은 절대로 그분을 알 수 없다네."

"그건 선생님네 믿음이지 제 믿음은 아닙니다. 전 제 믿음이 선생님들의 믿음만큼 좋지 않다고 생각하지 않아요. 비록 선생님들만큼 별난 생각을 많이 하는 건 아니지만요."

"내 한마디만 더 하겠네. 자넨 이 문제에 대해 가볍게 말해서는 안 되네. 분명히 말하지만, 내 옆에 있는 이 친구도 하나님 아버지께서 주 예수를 보여 주지 않으시면 그 누구도 볼 수 없다고 했지. 우리의 믿음도 마찬가지라네. 그리스도를 강하게 믿는 영혼의 믿음은 그분의 넘치도록 크신 능력에 의해 생기는 것이지. 불쌍한 무지여, 자네는 정말 믿음의 역사에 대해 무지하군. 제발 정신 차리고 스스로가 얼마나 비참한지 깨달아 주 예수께 당장 달려가도록 하게. 그분의 의로우심이 바로 하나님의 의로우심이니 그분께 달려간다면 자넨 정죄를 면할 수 있을 것이야."

마태복음 11:27; 고린도전서 12:3; 에베소서 1:17-19

"먼저 가시죠, 두 분 걸음이 너무 빨라서 따라갈 수가 없군요. 전 좀 쉬었다 가겠습니다." 무지가 말했다.

두 순례자는 이렇게 노래했다.

"무지여, 아직도 무지하다니
우리가 해 준 좋은 충고를 열 번이나 무시하다니!
그렇게 거부하다가는 그대의 그런 행동이
악한 것임을 머지않아 깨닫게 되리.
더 늦기 전에 두려워 말고 몸을 낮추어 꼭 기억하시길.
좋은 충고를 받아들이면 구원받을 것이니 잘 들으시길.
계속 무시한다면 멸망당하고 말지니
무지여! 내 확신에 찬 말을 명심하시길."

크리스천이 소망에게 말했다. "그럼 가시죠, 소망 형제님, 우리 둘이서만 다시 길을 가야 할 것 같습니다."

내가 꿈에서 보니 두 사람은 앞서 나가고 무지는 그 뒤에서 절뚝거리며 뒤따라오고 있었다. 크리스천이 소망에게 말을 건넸다. "저 무지란 청년 정말 불쌍하군요. 결국엔 고통을 당하게 될 테니까요."

"이런, 우리 마을에도 무지와 같은 사람 천지입니다. 안 그런 집이 없고 거리에도 가득합니다. 심지어는 순례를 하는 사람들 중에도 그런 사람이 있습니다. 우리 마을에도 그렇게 많은데, 하물며 저 사람의 고향에서는 오죽하겠습니까?"

"맞습니다. 말씀 중에도 '너희가 보기는 보아도 알지 못하리라'는 구절이 있지 않습니까? 이제 우리 둘밖에 없으니 한번 얘기해 봅시다. 형제님은 저런 사람들을 어떻게 생각하십니까? 저자들은 자신들이 죄를 지었고 그래서 위험에 처해 있다는 사실을 깨닫고 두려움에 떤 적이 한 번도 없었을까요?" 크리스천이 물었다.

이사야 6:9; 고린도후서 4:4

"형제님은 연세도 있으시니 이미 답을 아시지 않습니까?"

"내 생각엔 그들도 가끔은 그럴 것 같습니다. 그러나 원래 타고나길 무지해서 죄를 깨닫는 것이 자신들에게 도움이 되리라는 사실을 모르는 겁니다. 그래서 자신들의 죄를 필사적으로 감추고 뻔뻔스럽게도 자기 마음에 드는 말만 스스로에게 속삭이는 거죠."

"그 말이 맞습니다. 두려움은 사람들에게 도움이 되고, 그들이 올바르게 순례를 시작하게 할 수 있게 하니까요."

소망의 말에 동의하며 크리스천이 덧붙였다. "만약 제대로 된 두려움이라면 그렇죠, '여호와를 경외하는 것이 지혜의 근본'이라는 말씀도 있잖아요."

욥기 28:28; 시편 111:10; 잠언 1:7; 9:10

"제대로 된 두려움이란 어떤 것이지요?"

"제대로 된 두려움은 다음의 세 가지로 알아볼 수 있지요.

첫째, 그 시작으로 알 수 있습니다. 제대로 된 두려움은 죄 지음을 깨닫는 것으로 시작되니까요.

둘째, 그 두려움은 영혼을 구원받기 위해 그리스도 앞으로 달려가게 만듭니다.

셋째, 두려움은 하나님과 그분의 말씀, 그리고 그분의 길에 대한 높은 경외심을 생겨나게 하며 이를 계속 유지해 줍니다. 또한 이를 외면하거나, 오른편으로나 왼편으로나 그 어느 편으로도 그분을 욕되게 하거나, 평화를 깨뜨리고, 성령을 슬프게 하고, 원수가 그분을 욕하게 하는 일을 두려워하는 것입니다."

"말씀 잘하셨습니다. 저도 형제님의 말씀이 참이라고 믿어요. 이 정도면 마법의 땅을 거의 다 빠져나온 건가요?"

"왜요, 이런 얘기가 따분합니까?"

"그게 아니라 우리가 얼마나 왔는지 궁금해서요."

"이 땅을 벗어나려면 아직도 한 3킬로미터는 더 가야 합니다. 하던 얘기나 계속해 보죠. 무지한 사람들은 죄를 깨닫는 일이 결국 도움이 된다는 사실을 모르기 때문에 오히려 이를 감추려고 하는 겁니다."

"그들은 어떻게 두려움을 감춥니까?"

"첫째, 무지한 사람들은 두려움이 악마의 소행이라고 생각합니다. 사실은 하나님의 역사이신데 말이죠. 그래서 그 두려움이 자신들을 멸망시킬 거라 생각하고 당장 떨쳐 버리려고 하지요. 둘째, 그들은 두려움이 믿음을 망쳐 버린다고 생각한답니다. 사실 그 불쌍한 사람들은 믿음이 전혀 없어요. 그래서 그들은 두려움이 생기면 마음을 굳게 닫아 버립니다. 셋째, 이 사람들은 두려움을 느끼지 않는 척하느라 지나칠 정도로 자신만만하게 행동하죠. 넷째, 또한 두려움이 자기들의 그 한심하고 고리타분한 고고함을 빼앗아간다고 생각해서 온 힘을 다해 두려움을 거부한답니다."

"무슨 말씀이신지 알겠습니다. 저도 전에는 그랬으니까요."

"이쯤에서 무지 얘기는 그만하고 다른 유익한 얘기를 합시다."

"좋습니다. 먼저 말씀하시죠." 소망이 말했다.

"그럼, 한 10년 전에 형제님 마을에 살던 '잠깐'이라는 자를 기억하시나요? 그때 매우 신앙심을 뽐내던 자였는데." 크리스천이 물었다.

"알다마다요. 그자는 '정직'이라는 마을에서 한 3킬로미터 떨어진 '타락'이란 곳에 살았지요. 바로 옆집엔 '퇴보'가 살았고요."

"맞습니다. 잠깐은 퇴보와 한지붕 아래서 살았었죠. 그자도 한때는 크게 깨달은 적이 있었죠. 그땐 그 사람도 자신의 죄를 깨닫고 그 죗값을 치러야 한다는 것을 알았습니다."

"맞습니다. 저희 집은 그 사람 집에서 한 5킬로미터 정도 떨어져 있었는데도 그 사람은 종종 저희 집까지 와서 눈물을 펑펑 쏟았지요. 그땐 정말 안쓰러웠습니다. 하지만 누구나 알다시피 주 예수를 목 놓아 부른다고 해서 그들 모두에게 다 희망이 있는 건 아니지요."

"하루는 저한테 순례를 떠나겠다고 했습니다. 그러다가 갑자기 '자기구원'과 어울리더니 완전히 딴사람이 되어 버렸더군요." 크리스천이 한숨을 내쉬었다.

"그 사람 얘기가 나온 김에 왜 사람들 마음이 갑자기 변하는지 그 이유를 알아보죠."

"그거 아주 좋은 생각입니다. 먼저 말씀하시죠." 크리스천이 말했다.

"우선, 제 생각에는 네 가지 이유가 있는 것 같습니다.

첫째, 그런 사람들은 양심의 눈은 뜨게 되었지만 아직 마음은 바뀌지 않았던 것입니다. 그래서 죄책감이 사그라지면 결국 믿음도 저버리게 되고, 다시 원래의 모습으로 되돌아오는 거죠. 배가 아픈 개는 먹은 걸 다 토해 버리고 전혀 먹을 생각을 하지 않죠. 하지만 괜찮아지고 나면 뱃속이 편안해져서 토해 놓은 것까지 모두 싹싹 핥아먹는다고 합니다. '개가 토하였던 것을 다시 먹는다'는 말씀도 있지 않습니까?

베드로후서 2:22

그러니까 천국을 갈망하며 지옥에서 받을 고통을 두려워하지만, 막상 심판에 대한 공포가 잦아들면 천국에서 구원받고자 하는 갈망도 사그라지게 되죠. 다시 말하면 그런 죄책감과 공포가 사라지면 천국과 행복에 대한 갈망도 없어져 버리고 원래의 모습으로 되돌아가게 됩니다."

소망은 두 번째 이유를 계속 설명했다.

"둘째, 그들은 자기 자신을 압도하는 노예 같은 공포심을 갖고 있습니다. 그들은 결국 사람에 대한 두려움을 느끼고 있죠. 즉 '사람을 두려워하는 올무에 걸리게' 된다고 할까요.

잠언 29:25

따라서 지옥의 불꽃이 지글거리는 소리가 들리는 동안에는 천국을 열심히 갈망하다가도, 공포심이 조금이라도 가시면 다른 생각을 하게 되죠. 모든 것을 다 잃는 위험으로 뛰어들지 않는 게 현명하다고 생각하거나, 별로 좋지 않은 불필요한 고통을 일부러 자처할 필요는 없지 않을까 하는 생각을 하게 되는 것이죠. 그러고는 다시 세상살이에 푹 빠지게 됩니다.

셋째, 신앙을 수치스럽게 여기는 것이 그들을 가로막는 걸림돌이 됩니다. 오만하고 도도한 그들의 눈에는 신앙이 하찮게 보이므로, 앞으로 닥칠 지옥과 진노에 대한 감각을 잊어버리게 되면 다시금 원래 하던 생활로 돌아가지요.

넷째, 그들은 죄책감으로 인해 공포에 사로잡히는 것을 두려워합니다. 막상 이런 감정이 들이닥치기 전까지는 자신들의 비참함을 보려고 하지 않죠. 처음으로 비참함이 뭔지 알게 되었을 때 그 모습을 받아들였다면 의로운 자들이 달려가는 곳으로 가서 위험을 피할 수도 있었겠지요. 하지만 제가 좀 전에 말했던 것처럼 그들은 죄책감과 두려움 따위는 아예 생각하려고도 하지 않기 때문에, 하나님이 진노하신다는 생각과 공포심이 옅어져 가면 마음이 점점 더 강퍅해집니다."

"제대로 알고 계시는군요. 그러니까 그들의 마음과 의지에 변화가 없기 때문이지요. 재판관 앞에 선 중죄인이나 마찬가지입니다. 온몸을 벌벌 떨면서 진심으로 회개하는 것처럼 보이지만, 사실 그 밑바닥에 있는 마음은 교수형을 당할까 봐 두려워하는 것이지 그 죄를 조금이라도 혐오해서가 아닙니다. 그건 자명한 사실이죠. 만약 이런 사람을 풀어 주면 결국 도둑이나 건달이 되어 버리죠. 하지만 마음을 고쳐먹으면 전혀 다른 사람이 될 것입니다."

"제가 지금까지 사람들이 원래의 모습으로 돌아가는 이유를 설명했으니, 이제 그들이 어떤 방법을 쓰는지 형제님이 말씀해 주시죠." 소망이 부탁했다.

"그러지요." 크리스천이 말했다.

"첫째, 그들은 하나님, 죽음 그리고 앞으로 다가올 심판에 대한 생각을 아예 접어 버립니다.

둘째, 그들은 은밀하게 기도하고, 욕망을 누르고, 주의하고, 죄를 슬퍼하는 등의 개인적인 의무를 저버립니다.

셋째, 그들은 생기 넘치고 마음이 따뜻한 그리스도인들과 함께하는 자리를 피합니다.

넷째, 그런 다음, 설교를 듣고 성경을 읽고 교회에 가는 등의 공적인 임무에 대해 냉담해지지요.

다섯째, 경건한 자들의 흠을 찾고, 그들의 결점들을 찾아버게 되면 믿음을 저버리는 구실로 삼습니다.

여섯째, 그러고는 세속적이고 방탕하고 음탕한 사람들을 가까이하고 사귀게 됩니다.

일곱째, 그런 다음엔 아무도 몰래 세속적이고 방탕한 생활을 하게 됩니다. 그러다가 정직했던 사람들이 자신들처럼 행동하게 되면 기뻐하면서 그 모습을 보고 더욱 대담하게 세속적이고 방탕한 행동을 하게 됩니다.

여덟째, 그러고 나면 대놓고 죄를 짓죠.

아홉째, 그런 다음엔 마음이 무뎌져서 노골적으로 본색을 드러냅니다. 따라서 기적적인 은혜를 입지 않는 한, 그들은 자기 피에 자기가 걸려 비참한 수렁에 빠진 채 영원히 자멸하게 됩니다."

내가 꿈에서 보니 그때 순례자들이 마법의 땅을 벗어나 '뿔라'라는 나라로 들어섰다. 이곳의 공기는 달콤하고 상쾌했으며, 길은 곧장 뻗어 있어서 두 사람은 걸으면서 잠시 위안을 받았다.

이곳에서는 새들의 노랫소리가 쉴 새 없이 들리고 꽃들이 사시사철 지지 않고 피어 있으며, 산비둘기 소리가 들려왔다. 밤낮으로 햇볕이 버리쬐고 있었고 사망의 음침한 골짜기로부터는 아주 멀리 떨어져 있었으며 절망의 거인의 손길이 닿지 못했다. 이곳에서는 두 사람이 도착하고자 하는 곳이 시야에 들어왔으며, 그곳에 사는 사람도 몇 명 만나게 되었다. 이곳은 천국과 맞닿아 있는 곳이므로 빛나는 천사들이 주로 거닐었다.

이사야 62:4-12; 아가 2:10-12

이곳에 오게 되면 신랑신부 사이의 서약이 새롭게 갱신되었다. "신랑이 신부를 기뻐함같이 네 하나님이 너를 기뻐하시리라." 또한 양식과 포도주가 모자람이 없었다. 이곳에는 순례를 하는 동안 찾아 헤맸던 것이 넘쳐흐를 정도로 풍족했다.

하늘의 성으로부터 이곳으로 큰 목소리가 들려 왔다. "너희는 딸 시온에게 이르라. 보라 네 구원이 임하느니라. 보라 상급이 그에게 있고 보응이 그 앞에 있느니라." 이곳에 사는 사람들은 두 순례자를 보고 "거룩한 백성, 여호와의 구속하신 자, 찾은 바 된 자"라고 불렀다.

이사야 62:5-12

이 땅에 들어선 크리스천과 소망은 하늘의 성에서 멀리 떨어진 곳을 걸을 때보다 훨씬 큰 기쁨을 느낄 수 있었다. 하늘의 성이 가까워 오자, 그 모습이 눈앞에 또렷이 보였다. 그곳은 진주와 값진 보석들로 지어져 있었고, 거리는 온통 황금으로 깔려 있었다. 성의 자연스러운 영광이 태양빛을 받게 되자 크리스천은 천국을 갈망하는 마음 때문에 병이 들고 말았다. 소망 또한 흥분한 나머지 같은 병을 앓게 되었다. 그래서 둘은 한동안 그 자리에 앉아 숨을 고르면서 고통스럽게 신음했다. "너희가 나의 사랑하는 자를 만나거든 내가 사랑하므로 병이 났다고 하려무나."*

잠시 후 기력이 돌아와 고통을 참아 낼 수 있게 되자 두 사람은 다시 길을 걸었다. 걷다 보니 포도원과 정원이 있는 곳에 점차 가까워졌고, 그 문은 큰길을 향해 활짝 열려 있었다. 포도원에 도착한 두 사람은 그곳에 서 있는 정원사를 만나게 되었다. 순례자들은 그에게 이 풍성한 포도원과 정원은 누구의 것이냐고 물었다. 정원사는 "이것들은 모두 하나님의 것으로 모두 그분을 기쁘게 하고 순례자들을 위로해 주기 위해 심은 것입니다"라고 대답했다.

---

* 아가서 5:8.

그리고 두 순례자를 포도원으로 안내해 진미를 대접하고 기운을 차리게 해 주었다. 또한 하나님이 다니시는 산책길과 자주 들르시는 정자도 구경시켜 주었다. 두 사람은 이곳에서 쉬다가 스르르 잠이 들었다.

내가 꿈에서 보니 그 두 사람은 그동안 순례하면서 나눈 얘기보다 훨씬 더 많은 얘기를 잠을 자면서 나누고 있었다. 신기한 듯 한참을 바라보는 내게 정원사가 다가와 말을 걸었다. "뭘 그리 신기한 듯 보십니까? 이곳 포도원 열매들은 원래 너무나 달콤해서 목으로 스르르 넘어가, 잠든 사람도 입술을 움직여 말하게 만든답니다."

신명기 23:24; 아가 7:9

그리고 얼마 후 잠에서 깨어 하늘의 성으로 가려는 두 사람의 모습이 내 꿈속에 보였다. 내가 앞에서 말한 대로 순금으로 만들어진 하늘의 성이 태양빛을 받아 반사되자, 그 모습이 너무나 찬란한 나머지 두 사람은 얼굴을 들어 똑바로 바라볼 수 없었다. 그래서 특별히 만든 도구를 통해서야 비로소 제대로 볼 수 있었다. 내가 꿈에서 보니 크리스천과 소망은 길을 가다가 금빛으로 빛나는 옷을 걸치고 얼굴에서 광채가 나는 두 사람을 만나게 되었다.

요한계시록 21:18; 고린도후서 3:18

그들이 순례자들에게 어디에서 왔으며 순례를 하는 동안 어디에서 묵었는지, 또 어떤 위협과 고초를 겪었으며 어떤 위안과 기쁨을 얻었는지를 물었고 순례자들은 그 질문에 대답했다. 그러자 길에서 만난 사람들이 순례자들에게 이렇게 말했다. "아직 어려움을 더 겪어야 하늘의 성으로 들어갈 수 있습니다."

크리스천과 소망이 같이 가자고 청하니 그들은 그러자고 하면서 이렇게 말했다. "하지만 천국은 자신의 믿음으로만 도달할 수 있지요." 내가 꿈에서 보니 그렇게 네 사람은 하늘의 성의 문이 보일 때까지 함께 길을 가고 있었다.

또 보니 하늘의 성 문 앞에 강*이 출렁이고 있었다. 하지만 그 강에는 건너갈 다리도 없었고, 수심도 꽤 깊어 보였다. 강을 보고 순례자들은 무척 당황했다. 이곳까지 함께 와 준 두 사

* "자세히 알아보기"의 '강' 참고.

람은 이렇게 말했다. "반드시 이 강을 건너야 합니다. 그렇지 않고서는 저 문에 도달할 수 없으니까요." 순례자들은 다른 방법을 통해 저 문에 도달한 사람은 없는지 물었다. "있긴 있지요. 하지만 이 세상이 만들어진 후 그 길로 가도 좋다고 허락받은 사람은 에녹과 엘리야, 이렇게 딱 두 사람밖에 없습니다. 앞으로도 마지막 나팔 소리가 울릴 때까지 그렇게 허락받을 사람은 또 없을 것입니다."

고린도전서 15:51-52

그 말에 특히 크리스천은 너무나 낙심하여 이리저리 두리번거렸다. 하지만 강을 건널 방법은 딱히 보이지 않았다. 그래서 그는 강물이 아주 깊냐고 물었다.

"아닙니다." 그러나 이어진 그들의 말은 두 사람에게 별 위안이 되지 못했다. "이 강물은 하늘의 성에 사시는 하나님을 얼마나 믿느냐에 따라 깊을 수도 있고 얕을 수도 있습니다."

강을 건너기 위해 두 순례자는 강물로 풍덩 뛰어들었다. 몸이 가라앉자 크리스천은 울부짖으며 소망을 향해 소리쳤다. "강물이 너무 깊습니다! 수심이 제 키보다 깊은 데다가 물살이 집어삼킬 듯해요!"

"형제님, 힘을 내세요. 발이 바닥에 닿아요. 괜찮습니다."

그러자 크리스천이 말했다. "형제님, 죽음의 슬픔이 내 온몸을 감싸 버렸습니다. 전 젖과 꿀이 흐르는 땅을 보지 못할 것만 같네요."

순간, 크리스천에게 깜깜한 어둠과 공포가 닥쳤다. 그는 앞을 전혀 볼 수 없었다. 그리고 감각을 완전히 잃어버려 순례를 하는 동안 겪었던 신났던 일들을 전혀 기억해 낼 수도, 말을 할 수도 없었다. 다만 이제 꼼짝없이 이 강에 빠져 죽게 되었으니 저 문 안으로는 절대 들어가지 못할 것이라는 두려움에 가득 찬 말만 입에서 맴돌았다. 게다가 사람들이 옆에서 보니 크리스천은 순례를 떠나기 전과 떠난 후에 지었던 죄로 인해 너무나 고통스러워하고 있었다. 그리고 중얼거리는 말을 들어 보니 잡귀들과 악한 영들에게 시달리고 있는 게 분명했다.

그래서 소망은 크리스천의 머리를 물 밖으로 꺼내려고 갖은 애를 다 썼다. 크리스천은 이따금씩 강물에 푹 잠겼다가 반쯤 넋이 나간 모습으로 얼마간 떠오르기도 했다. 소망은 그를 격려하기 위해 말을 걸었다. "형제님, 문이 보입니다. 우리를 맞으려고 사람들이 기다리고 있어요."

하지만 크리스천은 이렇게 말했다. "그건 제가 아니라 형제님을 기다리는 겁니다. 제가 형제님을 만난 후 형제님은 줄곧 희망을 잃지 않으셨잖아요."

"형제님도 그러셨잖아요." 소망이 크리스천에게 말했다.

"형제님, 제가 옳게 살았다면 그분이 오셔서 절 일으켜 주셨을 겁니다. 하지만 제가 지은 죄가 워낙 커서 그분이 절 함정에 빠뜨리신 겁니다."

그러자 소망이 말했다. "형제님, 사악한 자들에 대한 말씀을 잊으셨나요? '그들은 죽는 때에도 고통이 없고 그 힘이 건강하며 타인과 같은 고난이 없고 타인과 같은 재앙도 없다'고 하셨습니다. 지금 형제님이 강물 속에서 겪은 고통과 재앙은 하나님이 형제님을 버리셨다는 신호가 아닙니다. 다만 형제님이 그분께 받은 선의를 마음에서 떠올릴 수 있는지, 그리고 고통 속에서 그분을 의지하는지 시험하시는 것입니다."

시편 73:4-5

내가 꿈에서 보니 크리스천은 한동안 생각에 잠겼다. 소망이 다시 이렇게 말했다. "힘을 내세요. 예수 그리스도께서 형제님을 온전하게 해 주십니다." 그 말에 크리스천은 크게 외쳤다. "오, 그분이 다시 보입니다. 그리고 이렇게 말씀해 주십니다. '네가 물 가운데로 지날 때에 내가 함께할 것이라. 강을 건널 때에 물이 너를 침몰치 못할 것이니라.'"

이사야 43:2

그러자 두 순례자는 용기를 내었고 강을 다 건널 때까지 대적들은 돌처럼 꿈쩍도 하지 않고 서 있기만 했다. 결국 크리스천은 강바닥을 향해 두 발을 힘껏 버티었다. 그러자 그 후론 강물이 얕아졌다. 마침내 두 사람은 강을 완전히 건넜다. 반대편 강둑에는 빛나는 천사 둘이 그들을 기다리고 있었다. 크리스천과 소망이 강을 완전히 건너 오자 두 천사는 순례자들에게 인사를 하며 이렇게 말했다. "우리는 구원의 상속자들을 섬기라고 보내심을 받은 섬기는 영들입니다." 그렇게 그들은 모두 함께 하늘의 성 문을 향해 걸어갔다.

하늘의 성은 매우 높은 산 위에 있었다. 하지만 앞에서 손을 끌어 주고 당겨 주는 섬기는 영들의 도움을 받아 순례자들은 그 산을 거뜬히 걸어 올라갔다. 순례자들은 처음에 육신의 옷을 입고 강물에 뛰어들었으나, 강에서 나올 때는 그 옷을 강물에 벗어 버리고 나왔다. 그래서 그런지 구름보다도 훨씬 더 높은 곳에 지어진 성으로 걸어 올라가면서도 가뿐히, 매우 홀가분하게 산을 오를 수 있었다. 그들은 안전하게 강을 건넜고, 그들을 돕는 영화로운 동행자들까지 있었기에 즐겁게 이야기를 나누면서 산을 올랐다. 그들이 빛나는 천사들과 나눈 대화는 천국의 영광에 관한 것이었다. 천사들은 천국의 영광과 아름다움은 말로 표현할 수 없다고 했다.

"그곳에는 시온산이 있으며, 하늘의 예루살렘과 수많은 천사가 있으며, 온전케 된 의인의 영들이 있지요.

히브리서 12:22-24

지금 성도님들은 하나님의 낙원으로 향하고 계십니다. 그곳에 가면 생명나무를 보고 그 나무의 시들지 않는 과실을 맛보게 될 것입니다. 그곳에 들어가면 성도님들은 흰 옷을 입게 될 것이며, 매일매일 영원히 하나님과 대화를 나누게 된답니다. 그곳에 가면 인간 세상에서 보았던 슬픔, 병, 피로움, 죽음 따위는 볼 수 없어요. '처음 것들은 다 지나갔다'는 말씀처럼요."

요한계시록 2:7; 3:4-5; 요한계시록 21:4; 22:5

"이제 두 분께서는 아브라함, 이삭, 야곱 그리고 선지자들, 또 장차 닥칠 악으로부터 구원받아 편히 쉬고 있는 사람들을 만나게 되십니다. '무릇 정로로 행하는 자는 자기들의 침상에서 편히 쉬느니라.'"

이사야 57:1-2

그러자 순례자가 물었다. "그 성스러운 곳에 가면 뭘 어떻게 해야 합니까?"

"그곳에 가면 모든 고통을 위로받고, 성도님들이 그동안 겪었던 슬픔에 대해 기쁨을 얻고, 그동안 그분을 위해 심어 왔던 기도와 눈물과 고통의 열매를 수확해야 합니다. 그곳에서 여러분은 황금 면류관을 쓰고 하나님을 영원히 뵈며 즐거워할 것입니다. '그의 참모습 그대로 볼 것이기 때문이니.' 또한 그분을 찬양하고 환호하며 감사하면서 영원히 모시게 될 것입니다. 저 아래 세상에서는 육신의 약함 때문에 그분을 섬기는 데 많은 고난이 따랐었죠. 그러나 이곳에서는 성도님의 눈에 보이는 모든 것이 즐거울 것이며, 귀는 하나님의 목소리로 기분 좋아질 것입니다. 두 분보다 먼저 그곳에 간 친구들을 다시 만나 즐거워할 것이며, 두 분보다 나중에 올 사람들을 맞이하면서 기뻐할 것입니다. 또한 영광스럽고 기품 있는 옷을 입고 준비된 마차에 영광의 왕과 함께 오르게 될 것입니다. 그리고 하나님께서 나팔 소리와 함께 바람의 날개를 타고 구름 속에서 임하실 때 여러분도 그분과 함께하실 것입니다. 하나님께서 심판의 보좌에 앉으셔서 천사든 사람이든 불의를 저지른 모든 자들에게 형을 내리실 때, 여러분은 그 옆에 앉아 그들을 심판하는 목소리를 함께 버실 것입니다. 왜냐하면 그들은 하나님의 대적인 동시에 여러분의 대적이기도 하니까요. 그리고 다시 그분이 하늘의 성으로 돌아오실 때 여러분도 나팔 소리를 들으며 같이 돌아와 영원히 그분과 함께 있을 것입니다.

갈라디아서 6:7-8; 요한일서 3:2; 데살로니가전서 4:14-17; 유다서 14-15절; 다니엘 7:9-10; 고린도전서 6:2-3

하늘의 성 문에 다다르자 천사들이 그들을 맞이하러 나와 있는 모습이 보였다. 두 순례자와 동행한 빛나는 천사들은 성문 앞 천사에게 말했다. "이분들은 지상에 있을 때 우리 주님을 사랑했기에 그분의 거룩한 이름을 위해 모든 것을 버렸습니다. 하나님께서 우리를 보내시어 이분들을 맞이하라고 하셨지요. 그래서 이렇게 훌륭한 순례를 하신 분들을 여기까지 모셔 왔습니다. 이제 이분들이 들어가 기쁘게 하나님을 직접 영접하게 해 주십시오."

그러자 천사들은 큰 소리로 외쳤다. "어린 양의 혼인 잔치에 청함을 입은 자들이 복이 있도다!"

요한계시록 19:9

그러자 이번에는 왕의 나팔수들이 여러 명 몰려나왔다. 하양고 빛나는 옷을 입은 이들이 아름다운 곡조를 크게 연주하자 천국은 그 소리로 가득 찼다. 이들은 크리스천과 소망이 지상을 떠나 이곳으로 오게 된 것을 진심으로 환영해 주었다. 참으로 아름다운 나팔 소리와 힘찬 함성이 두 사람을 맞이해 주었다.

그런 다음 이들은 두 사람을 빙 둘러섰다. 앞뒤 좌우로 에워싼 후 높은 곳까지 호위하는 모양으로 두 사람이 걸음을 버딜을 때마다 아름답고 높은 선율의 음악을 계속 연주해 주었다. 그 모습은 마치 천국이 아래로 버려와 몸소 그들을 맞이하는 것처럼 보였다. 모두들 발걸음을 옮기자 반가운 표정으로 환영의 몸짓을 하고 있는 나팔수들이 흥겨운 곡조를 연주해 주었다. 이 모습은 이들이 천국에서 함께하게 된 크리스천과 소망을 얼마나 기뻐하며 환대하는지 보여 주었다. 순례자들은 빙 둘러선 천사들의 모습을 보고 아름다운 음악 소리를 들으니, 아직 하늘의 성에 도착하지 않았지만 이미 와 있는 것 같은 기분이 들었다. 또한 이곳에서는 천국이 보였고, 그들을 환영하는 하늘의 성의 종소리가 들려왔다. 무엇보다도 그곳에서 천사들과 함께 영원히 살 생각을 하니 생각만으로도 마음이 따뜻해지고 기쁨으로 벅차올랐다. 이 기분을 어찌 말이나 글로 표현할 수 있단 말인가! 그렇게 순례자들은 하늘의 성 문에 다가갔다.

문에 다다르자 황금으로 이렇게 쓰여 있었다. "이는 저희가 생명나무에 나아가며 문들을 통하여 성에 들어갈 권세를 얻으려 함이다." 그때 내가 꿈에서 보니 빛나는 천사들이 순례자들에게 문에서 외치라고 했다. 그래서 순례자들이 그렇게 했더니 문 위쪽으로 에녹, 모세, 엘리야 및 다른 사람들이 모습을 나타냈다. 순간, 누군가 그들을 위해 이렇게 외쳤다. "이 순례자들은 하늘의 성의 왕을 사모하여 멸망의 도시를 떠나왔습니다." 그러자 순례자들은 순례를 시작할 때부터 간직하고 있던 증명서를 그들에게 건넸다. 그들이 이 증명서를 하나님께 올리자 그분께서는 그것을 읽으시고 "순례자들은 어디 있느냐?"고 물으셨다. 그들은 "지금 문 밖에서 기다리고 있습니다"라고 대답했다. 왕은 문을 열라고 명하시면서 이렇게 말씀하셨다. "너희는 문들을 열고 신의를 지키는 의로운 나라로 들어오게 할지어다."

이사야 26:2; 요한계시록 22:14

나는 꿈에서 두 명의 순례자가 서 있는 모습을 보았다. 문 안으로 들어가는 순간 그들은 찬란하게 빛나는 황금 옷을 입게 되고, 하프와 면류관도 받았다. 그 하프는 찬양을 할 때 쓰는 것이며, 면류관은 영예로움의 상징이었다. 그때 내 꿈속에서 기쁨의 종소리가 울려 퍼지면서 이렇게 외치는 소리가 들렸다. "네 주인의 즐거움에 참여할지어다." 그런 다음 순례자들이 큰 소리로 찬양하는 소리도 들렸다. "보좌에 앉으신 이와 어린양에게 찬송과 존귀와 영광과 능력을 세세토록 돌릴지어다."

요한계시록 5:13

196

순례자들을 향해 하늘의 성 문이 활짝 열렸을 때 나는 그 안을 슬쩍 들여다볼 수 있었다. 성 안은 태양처럼 빛나고 있었다. 거리는 온통 금으로 덮여 있었고, 머리에 면류관을 쓰고 손에는 황금 하프를 든 수많은 사람들이 찬양하며 거닐고 있었다. 날개 달린 자들은 쉴 새 없이 얘기를 주고받으면서 "거룩하신 주님이시여"라고 찬송하고 있었다. 순례자들이 안으로 들어가자 문은 곧 닫혔다. 그 모습을 보니 나도 그들과 함께하고 싶은 생각이 간절했다.

이 모든 광경을 지켜보다가 뒤를 돌아보았더니 무지가 강가로 다가오고 있었다. 하지만 무지는 두 순례자가 겪었던 어려움을 거의 겪지 않고 강을 건넜다. 그건 '헛된 희망'이란 뱃사공의 배에 올라탔기 때문이었다. 무지는 산을 올라 하늘의 성 문에 다다랐다. 하지만 그곳에는 자기 혼자 있을 뿐, 그를 격려해 줄 이들이 아무도 없었다.

그 문에 다다르자 무지는 거기 쓰여 있는 글귀를 읽고는 당장이라도 자신을 향해 문이 열릴 것이라 생각하며 문을 두드렸다. 그러자 문 위쪽에서 어떤 남자들이 무지에게 물었다. "어디에서 왔으며 무엇을 바라는가?"

무지가 대답했다. "저는 주 앞에서 먹고 마셨으며 주는 또한 우리를 길거리에서 가르치셨습니다."

그러자 그들은, 왕에게 올릴 증명서를 보여 달라고 했다. 무지는 품 안을 뒤적였으나 아무것도 내보일 것이 없었다.

그들이 말했다. "아무것도 없느냐?"

무지는 한마디도 하지 못했다. 그들은 왕에게 말씀을 올렸지만 그분은 그를 보러 버려오지 않으셨다. 대신 크리스천과 소망을 하늘의 성으로 인도했던 빛나는 천사들에게 명령하시길, 문 밖으로 나가 무지의 손과 발을 꽁꽁 묶은 다음 저 멀리 끌고 가라고 하셨다.

명령이 떨어지자마자 그들은 무지를 잡아다가, 내가 산등성이에서 봤던 그 문으로 끌고 가 안으로 집어던졌다. 내가 보니 그곳은 지옥으로 가는 길이었다. 멸망의 도시에서뿐만 아니라 천국의 입구에도 지옥으로 떨어지는 문이 있었다. 나는 잠에서 깨었다. 깨어 보니 내가 본 것은 모두 꿈이었다.

꿈 이야기를 마치며

지금까지 나는 독자들에게 내 꿈 이야기를 했다.
만약 여러분이 나에게 또는 여러분 자신이나 이웃에게
이 얘기를 전하고 싶다면
그 의미를 잘못 해석하지 않도록 주의해야 한다.
잘못된 해석은 여러분 스스로를 속게 할 것이다.
잘못된 해석은 악한 결과를 초래한다.
또한 내 꿈의 겉 뜻만 대충 훑어보고 놀려 대는
극단적인 행동을 하지 않도록 해야 한다.
상징과 비유를 조롱하거나
이를 두고 다투어서도 안 된다.
그건 아이들이나 바보들이 할 짓이니
여러분은 내 말의 요점을 꿰뚫어 보기를.
커튼을 젖히고 나의 베일 안쪽을 들여다보고
내가 한 은유를 곱씹어 보아 그 뜻을 놓치지 않도록 해야 한다.
그 숨은 뜻을 찾는다면
정직한 마음을 가진 이에게 도움이 됨을 알게 될 것이다.
책 속에서 쓸모없는 것을 찾았다면 과감히 버던지고
황금을 찾았다면 소중히 간직하기를.
돌멩이 속에 황금이 들어 있다면 어떻게 해야 할까?
씨가 들어 있는 딱딱한 속 때문에 사과를 버리는 사람은 없다.
하지만 여러분이 이 모든 것을 다 헛되다 여겨 버린다면
나는 다시 꿈을 꿀 수밖에 없다.

버니언의 의자

존 버니언의 일생

  존 버니언은 1628년 영국 베드퍼드셔의 엘스토우에서 태어났다. 그의 가문은 13세기 초반부터 베드퍼드셔에 뿌리를 내렸다. 존의 아버지 토마스 버니언은 땜장이였으며 존도 아버지의 직업을 이어받았다. 하지만 1644년 어머니가 사망하자, 존은 의회군 수비대에 들어갔다. 그 경험은 오랫동안 버니언의 기억에 남았는데, 특히 그가 죽을 뻔한 한 사건이 그랬다. "수비대에 있을 때, 나는 다른 군인들과 어떤 장소를 포위하기 위해 소집당했다. 막 출동할 채비를 하는데 어떤 군인이 내 방에 와서 대신 가겠다고 했다. 나는 그러라고 했고, 그는 나 대신 나갔다. 그런데 그는 포위 공격을 하기 전에 망을 보다가 머스캣 총탄을 머리에 맞고 그 자리에서 즉사했다."

  19세가 되자 존은 제대하고 베드퍼드셔로 돌아와 가업을 계속 이어 나갔다. 얼마 후 신앙이 깊은 아가씨와 결혼해서 예쁜 딸 메리를 낳았으나 아기는 태어날 때부터 앞을 볼 수 없었다.

버니언은 자서전에서 그 자신을 가장 큰 죄인이라고 했다. 버니언은 거짓말을 하고, 욕을 하고 신에 대해서도 말을 함부로 하는 안 좋은 습관이 있었다. 아버지는 그를 자제시키느라 온갖 애를 쓴 것으로 보이며, 버니언은 아버지 덕분에 더 나은 삶을 살고 싶다는 바람을 갖게 된 것 같다. 하지만 버니언이 진정한 영적 깨달음을 얻은 것은 그로부터 한참 뒤였다.

버니언이 상스러운 말을 자꾸 내뱉는 것을 우연히 듣게 된 어떤 노부인은 그를 심하게 나무라면서 "지금까지 만나 본 사람 중에 가장 욕을 심하게 하는 불경한 사람"이라고 말할 정도였다. 그러던 어느날 버니언이 길을 가는데 어떤 집 앞에 여인들이 모여 앉아 거듭남을 기뻐하며 자신들이 지은 죄를 애통해하고 있었다. 이 평범한 아낙네들의 이야기를 들은 그는 평생을 살면서 들은 어떤 설교보다도 더 강한 감흥을 받았다. 버니언은 자신이 그 전까지 전혀 알지 못했던 새로운 세상을 아낙네들이 발견했다는 사실을 깨닫게 되었다.

이후 몇 년 간의 힘든 고투 끝에 버니언은 마침내 구원받았음을 확신할 수 있었다. 결국 그는 예수 그리스도 안에서 그가 오랫동안 찾아 헤맸던 평화를 찾게 되었다.

1653년, 버니언은 베드퍼드의 성 요한 교구의 성도로 등록한다. 그곳을 담당하는 목사는 존 기퍼드였다. 2년 후, 버니언은 상처하게 되었고 존 기퍼드 목사도 세상을 뜨고 말았다. 1659년에 그는 재혼하였고 목사의 사망 이후 성도 아홉 명과 함께 교구의 설교자로 지명받았다.

당시 영국의 정치 상황은 왕당파, 의회파 그리고 올리버 크롬웰의 세력으로 나뉘어 심각한 내전을 겪고 있었다. 1660년 왕정복고로 인해 찰스 2세가 즉위하게 되면서, 버니언과 비국교도 및 청교도들은 종교적 자유를 만끽했다. 버니언은 어디든 가서 설교할 수 있었다. 그러나 곧 의회가 예배 통일법(Act of Uniformity)을 공포하면서 상황은 급변했다. 이 일로 비국교도의 설교는 금지되었고 버니언을 비롯한 다른 청교도들은 견디기 힘든 상황을 맞이하였다.

1660년 3월 12일, 그의 나이 서른둘에 국교회의 요구를 따르지 않았다는 죄명으로 체포되어 베드퍼드 감옥에서 12년간 형을 살게 된다. 마흔넷이 되어서야 출소하였지만, 이런 자유도 잠시뿐이었다. 그는 다시 투옥되었다가 이전에 올리버 크롬웰의 군목이었던 존 오웬 박사의 영향력으로 1677년 마침내 석방되었다. 1678년 버니언은《천로역정》를 출간했고, 이 책은 지금까지 200여 개의 언어로 번역되어 읽히고 있다.

　버니언은 석방된 후 10년을 더 살았다. 그동안 그는 복음을 전파하기 위해서 영국 전역을 떠돌아다녔는데, 1688년 열병에 걸린 후 다시 일어나지 못했다. 그는 런던의 번힐 필즈에 묻혔으며 그의 동상은 베드퍼드의 성 베드로 스트리트에 서 있다.

버니언을 찾아 떠나는 여행

엘스토우

존 버니언의 생가 : 버니언은 1628년 엘스토우 교구에서 멀리 떨어진 작은 오두막에서 태어났다. 그곳은 해로우덴의 작은 마을 근처에 있었다. 생가는 현재 남아 있지 않지만 그 부지에는 기념비가 세워져 있다. 존이 태어나기 전, 버니언 가문은 약 400년간 그곳에서 뿌리를 내리고 살고 있었다.

엘스토우 수도원(Elstow Abbey) : 1880년 재건된 성 헬레나와 성 마리아 수도원 교회는 13세기 대규모 수도원의 유적지이다. 엘스토우 초원에서 교회를 바라보면 두 개의 색 유리창(stain-glassed windows)이 보인다. 하나는 《천로역정》 중의 한 장면을 그린 것이며, 또 하나는 성전(Holy War)을 그린 것이다. 1628년 11월 30일에 버니언이 영세를 받았다고 기록한 당시의 글씨는 아직도 그대로 남아 있다. 《천로역정》에서 묘사된 좁은 문은 원래 교회의 북쪽 입구에 있던 것으로 지금도 볼 수 있다. 존 버니언의 부모와 누이는 이곳의 묘지에 잠들어 있다.

베드퍼드

베드퍼드에 있는 성 요한 교회 사제관 : 이 영지는 강의 남쪽으로 약 274미터 정도 떨어져 있다. 이곳은 《천로역정》에서 크리스천이 길을 물으러 들렀던 해석자의 집처럼 보인다.

203

"계속 길을 가던 크리스천은 마침내 해석자의 집에 도착했다. (중략) 여기에 오면 선생님께서 제 여행길에 도움이 될 굉장한 것을 보여 줄 거라고 하던데요."

세례 장소: 버니언이 새사람으로 거듭난 후 첫 번째 투옥 전에 그는 그레이트 우즈 강의 지류에서 존 기포드 목사에게서 세례를 받는다. 실제 장소는 강의 남쪽에 위치한다.

스완 호텔(Swan Hotel): 17세기 스완 호텔은 순회법정이 시내에서 열리게 될 때를 대비해 재판실을 갖추어 놓았다. 버니언의 두 번째 부인인 엘리자베스는 형기가 늘어난 남편의 청원을 위해 이곳의 법정에 섰다.

헤르네 교회당(Chapel of Herne): 1661년 1월, 버니언은 헤르네 교회당이라고 알려진 낡은 건물에서 열린 베드포드 재판소의 치안 판사 앞으로 끌려왔다. 이 오래된 교회당 부지에는 현재 시청 건물이 들어서 있다.

주 감옥(County Gaol): 하이 스트리트와 실버 스트리트가 만나는 인도에 새겨진 명판은 1801년에 헐리기 전까지 그 부근이 주 감옥이 있던 자리였음을 말해 준다. 버니언은 이곳에서 1660년에서 1672년까지, 그리고 1676년에서 1677년까지 두 번 복역한 것으로 알려져 있다.

존 버니언의 집: 성 커스버트 스트리트 17번지에 새겨진 명판에는 이곳이 1655년 이사 온 버니언 가족이 살던 집이 있던 자리라고 쓰여 있다. 1838년 이 집이 헐리면서 굴뚝 한편에 있던 벽돌 뒤에 숨겨진 버니언의 기증 증서(Deed of Gift)가 발견되었다. 또 형을 살게 되어 재산을 빼앗길까 봐 두려워한 버니언은 1685년 이 기증 증서를 작성하여 아내 엘리자베스에게 유산을 남겼다. 이 증서는 현재 버니언 박물관에 전시되어 있다.

런던

버니언은 런던 이즐링턴 구 남쪽에 있는 번힐 필즈에 잠들어 있다. 찰스 2세 재임 시 번힐 필즈는 비국교도들을 위한 묘지로 만들어졌다. 현재 이곳에는 존 버니언, 윌리엄 블레이크, 다니엘 디포, 아이작 와츠, 수잔나 웨슬리, 존 오웬 등이 묻혀 있다. 존 버니언의 무덤은 묘지 한가운데 위치한다.

존 버니언 연표

1628   찰스 1세가 재정문제로 인해 권리 청원 승인.

        존 버니언 탄생.

1629   찰스 1세가 1940년까지 의회를 열지 않고 독자적으로 통치.

1630   매사추세츠 만 식민지 건설.

1639   찰스 1세와 스코틀랜드 교회 사이의 첫 번째 주교전쟁 발발, 던스 강화협정으로
        매듭.

1640   찰스 1세 의회 소집 후 즉각 해산. 두 번째 주교전쟁 발발, 리폰 조약으로 매듭.

1641   의회를 3년에 한 번 소집하는 3년 회기법(Triennial Act) 탄생.

1642   왕당파(Cavaliers)와 의회파(Roundhead)의 내전 발발.

1643   웨스트민스터 총회 소집, 엄숙동맹 체결.

1644   마스턴 무어 전쟁, 올리버 크롬웰이 루퍼트 기병대 격파.

        존 버니언 의회군 입대.

1645   크롬웰이 신형군(New Model Army)을 편성, 찰스 1세 격파.

1646   찰스 1세가 스코틀랜드 군에게 항복.

1647   스코틀랜드 군이 찰스 1세의 신병을 의회파에게 넘겼으나 찰스 1세는 라이트섬
        으로 탈출.

존 버니언 제대.

1648   스코틀랜드 군이 잉글랜드 침공, 프레스톤 전에서 크롬웰에게 패함. 장로파, 국회에서 추방당함. 웨스트팔리아 조약으로 30년전쟁의 종지부를 찍음.

1649   찰스 1세 처형당함. 잉글랜드가 공화국임을 선언한 공화정이 성립되어 1660년까지 계속됨.

존 버니언 결혼.

1650   찰스 2세, 스코틀랜드 도착, 새로운 왕으로 인정받음.

1651   찰스 2세의 잉글랜드 침공, 우스터 전에서 대패. 찰스 2세 프랑스로 피신. 최초의 항해조례로 잉글랜드는 외국 무역의 독점권을 갖게 됨.

1653   크롬웰, 의회를 해산시키고 종신호국경이 됨.

1654   네덜란드의 공화파와 잉글랜드 사이에 웨스트민스터 화약 맺음.

1655   크롬웰이 잉글랜드를 12개의 군사구역으로 나눔. 스페인령이었던 자메이카 정복.

존 버니언, 베드퍼드 교구의 성도가 됨.

1658   올리버 크롬웰 사망. 그의 아들 리차드가 종신호국경 직 승계.

존 버니언의 아버 사망.

1659   리차드 크롬웰, 군대의 요구로 사임.

존 버니언, 엘리자베스와 재혼.

1660   왕정복고, 찰스 2세 즉위.

존 버니언 투옥.

1661   찰스 2세가 비국교도를 억압하는 자치법 통과시킴. 영국, 봄베이를 양도받음.

1662   예배 통일령 통과.

1664   영국, 네덜란드로부터 뉴 암스테르담을 넘겨받은 후 이름을 뉴요크로 바꿈.

1665   런던에 대역병 창궐.

1666   런던 대화재 발생.

《죄인의 피수에게 넘치는 은혜》 출판. 존 버니언 잠시 동안 석방.

1670	영국에서 로마가톨릭을 부활시키기 위해 영국의 찰스 2세와 프랑스의 루이 14세가 도버 비밀 협정을 맺음. 허드슨 베이 컴퍼니 설립.
1672	제2차 영란전쟁 발발. 오렌지 공 윌리엄 3세, 네덜란드 총독이 됨. 존 버니언, 베드퍼드에서 설교자로 지명받음. 존 버니언 석방.
1673	영국 로마가톨릭과 비국교도가 영국에서 공직을 가질 수 없도록 한 심사령 제정.
1677	네덜란드 총독 윌리엄 3세가 제임스 요크 공의 딸이자 영국 왕위 계승자인 메리와 결혼.
1678	《천로역정》 출판.
1679	재판을 생략한 부당한 투옥을 금지하는 인신보호령 통과. 찰스 2세가 의회 소집 요청을 거부함.
1680	《악인 씨의 삶과 죽음》 출판
1681	찰스 2세, 의회 해산시킴.
1682	《성전》 출판.
1684	《속 천로역정》 출판.
1685	제임스 2세 재위(1688년까지).
1687	제임스 2세, 양심의 자유 발표.
1688	명예혁명. 오렌지 공 윌리엄 3세가 영국의 왕이 됨. 존 버니언 사망.
1689	권리장전 제정, 영국 입헌군주제의 기초가 됨. 로마 가톨릭을 의회에서 금지시킴. 윌리엄 3세와 메리 2세, 잉글랜드와 스코틀랜드의 공동 왕위에 오름. 영국의 비국교도들에게 종교의 자유 허용.
1691	엘리자베스 버니언 사망

멸망의 도시

크리스천은 멸망의 도시에 곧 위험이 닥칠 것임을 알고 떠나자고 하지만 가족들이 말을 듣지 않는다. 그는 어쩔 수 없이 가족을 남겨 두고 홀로 길을 떠난다. 멸망의 도시는 파괴될 것이다. 멸망의 도시는 언덕의 주인이자 하늘의 성 지배자에 대한 직접적인 반항이다. 멸망의 도시는 아볼루온이 다스리고 있다. 이 도시는 우리의 세계와 여러 가지 면에서 비슷하다. 버니언은 멸망의 도시에 빗대어 우리가 어떤 모습인지, 우리의 죄 많은 세계가 어떤 모습인지 보여 준다. 언덕의 주인이신 주 예수 그리스도는 크리스천의 말을 통해, 우리가 우리의 죄를 회개하지 않고 십자가에 달려 죽임을 당하신 주 예수의 무한한 은총을 받아들이지 않는다면 완전히 파멸하고 말 것이라고 경고한다.

멸망의 도시를 다스리는 아볼루온은 순례자들이 도달하려는 하늘의 성의 대적이다. 크리스천이 겪은 바에 따르면 아볼루온은 이 세상의 왕인 악마이다. 그는 주 예수 그리스도를 따르는 모든 자들의 적이다. 크리스천이 다가올 진노를 피해 떠난 것처럼 우리도 그래야만 한다. 우리는 죄에서 벗어나 구원받기 위해 그리스도에게 의지해야 한다. 크리스천이 멸망의 도시를 빠져나간 것처럼 우리도 그래야 한다. 크리스천이 좁은 문과 하늘의 성을 향해 버달린 것처럼 우리도 버달려야 한다.

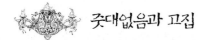

줏대없음과 고집

줏대없음과 고집은 처음에 완전히 상반된 인물처럼 보였다. 줏대없음은 크리스천에게 친절하지만, 고집은 그를 멍청한 바보라고 생각했다. 고집의 성격은 고린도전서 2장 14절에 자세히 정리되어 있다. "육에 속한 사람은 하나님의 성령의 일들을 받지 아니하나니 이는 그것들이 그에게는 어리석게 보임이요, 또 그는 그것들을 알 수도 없나니" 성령은 그리스도를 따르다가 조롱거리가 되어 힘든 상황에 처한 그리스도인들에게 옳은 말을 해 준다.

줏대없음은 크리스천의 말을 따를 것 같아 보였다. 줏대없음의 들뜬 모습을 보고 크리스천은 용기를 낸다. 하지만 줏대없음은 자신이 얻게 될 이익에만 온통 정신이 쏠려 있을 뿐, 하나님께 복종하는 데는 별 관심이 없다. 많은 사람들이 천국에 가고 싶어 하지만 그들은 예수 그리스도가 하나님께 다다를 수 있는 유일한 길이라는 사실을 받아들이지 않는다. 마태복음 13장 20절에서 21절을 보면 줏대없음의 성격이 정리되어 있다. 그는 예수님이 말씀하신 비유에 나오는 흙이 얕은 돌밭이다. 기쁘게 말씀을 듣긴 하지만 이 말씀을 평생 간직하지는 않는다. 줏대없음이 등 뒤에 자신의 죄짐을 메고 있지 않은 점을 눈치 챘는가? 우리는 하나님 앞에 우리 죄를 회개해야 한다. 죄를 지었음을 깨닫는 것은 우리 삶에서 역사하시는 하나님에 대한 중요한 증거이다.

세상현인

세상현인은 크리스천을 크게 낙심하게 만들었고, 전도자가 그에게 말해 주었던 진실에 대해 거짓말을 늘어놓으며, 쉽게 구원받는 길을 찾도록 하여 그를 거의 망가뜨릴 뻔했다. 세상현인이 약속했던 방법에는 예수님을 믿는 일이 전혀 들어 있지 않았다. 그는 크리스천을 도덕이라는 마을로 보내어 그곳에 사는 율법과 그의 아들 예의가 크리스천으로 하여금 하늘의 성으로 가는 길에서 벗어나도록 만들게 하려 했다.

전도자가 권해 준 순례의 길은 훨씬 멀고 험해 보이는 데다가 그 시작이 불분명했지만, 크리스천은 반드시 그 길로 가야만 자신의 짐을 진정으로 버려놓을 수 있다. 그러나 세상현인은 자신이 권해 준 길로 가면 힘들고 고생해 가며 순례를 하지 않아도 짐을 쉽게 버려놓을 수 있다고 크리스천을 꼬드겼다. 크리스천은 그의 충고를 따르다가 하마터면 목숨을 잃을 뻔했다.

우리도 그런 꾐에 넘어가지 않도록 매우 주의해야 한다. 구원을 받기 위해 지름길을 택하거나 우리 마음대로 길을 가게 되면 우리도 그런 위험에 처하게 된다. 남들이 우리를 좋은 사람이라고 말하거나 친절하다고 여기는 것은 소용없다. 크리스천이 마침내 해냈던 것을 우리도 본받아야 하며 그가 갔던 십자가의 길을 좇아야 한다.

 ## 선의와 좁은 문

전도자의 말을 거역하고 길을 벗어난 파오를 저질렀던 크리스천은 선의가 과연 좁은 문 안으로 자신을 통과시켜 줄지 의문이었지만, 선의는 좁은 문에 도착하기 전에 그가 무슨 일을 했는지 전혀 상관하지 않았다. 그는 그 누구라도 좁은 문을 두드리기만 하면 안으로 받아 주었다. 그래서 크리스천도 안으로 통과시켜 주었고 앞으로 가야 할 순례길을 벗어나지 말라는 충고도 해 주었다.

좁은 문으로 들어간다는 것은 버니언이 회심을 상징적으로 표현한 것이다. 크리스천은 이 문으로 들어서게 되면서 하나님께로 가는 큰길을 걷게 되었다. 바른 길만이 오로지 곧고 좁았기 때문에 다른 샛길과는 확연히 구분된다.

선의는 요한복음 6장 37절에서 주님이 하신 말씀을 인용하여 약속을 했다. 우리는 예수님께 거절당할까 봐 두려워할 필요가 없다. 우리가 과거에 무슨 일을 했는가에 관계없이 우리가 그 좁은 문으로 간다면 영접될 수 있다. 왕의 큰길로 가는 유일한 방법은 예수님을 통해서이며 이는 그곳에 이르는 분명하면서도 확실한 길이다. 우리는 예수님을 따르는 것과 우리 마음에 맞는 대로 성경을 이용하며 다른 길을 가는 것을 반드시 구별해야 한다.

정자

《천로역정》을 보면 왕께서 크리스천과 다른 순례자들을 돕기 위해 고난의 언덕에 정자를 지으셨다. 하지만 크리스천은 이곳에서 게으르게 구는 바람에 두루마리를 잃어버렸다. 한참 지나서야 그는 두루마리를 잃어버린 사실을 알게 된다. 결국 그는 정자 때문에 기쁘기보다 오히려 피로운 경험을 하게 되었다.

우리는 여기에서 두 가지 교훈을 배울 수 있다. 첫째, 우리는 하나님이 원래 의도하신 대로 그분이 주신 은총을 조심스레 사용해야 한다. 우리는 타고난 재능과 소질을 그분이 주신 영광을 드러내기 위해서 사용해야 하며, 남들보다 더 잘났다는 것을 과시하기 위해서가 아니라 다른 사람들을 돕기 위해 써야 한다.

둘째, 반드시 깨어 있어야 할 때 잠들지 않도록 주의해야 한다. 우리의 노력이 아니라 하나님의 은총으로 구원받았다고 해서 느긋하게 두 다리를 쭉 뻗고 게으르게 행동해서는 절대로 안 된다. 그렇게 하면 크리스천이 그랬던 것처럼 우리의 신념을 잃어버리는 위험에 빠지게 된다. 주님이 값없이 주시는 선물인 구원, 가장 놀라운 이 선물에 대해 끊임없이 감사하는 일은 매우 중요하다. 여러분은 절대 구원을 잃지 않지만 구원의 기쁨은 잃을 수도 있기 때문이다. 베드로후서 1장 1절에서 12절을 보라. 또한 시편 51장을 보면 다윗 왕이 하나님께 자신의 영혼을 새롭게 해 주시고 기쁨을 회복시켜달라고 간청한다. 만약 여러분이 주님을 믿는다면 오늘 당장 그렇게 부탁해도 좋다. 혹 아직 그리스도를 믿지 않는다면 더 이상 미루지 말기를.

아름다움이라는 궁전

크리스천은 될 수 있는 한 빨리 아름다움이라는 궁전에 도착하기 위해서 애를 썼다. 하지만 겁쟁이와 의심의 말을 듣는 바람에 겁을 잔뜩 먹었다가 주의라는 문지기에게 사자가 줄에 묶여 있다는 얘기를 듣고 그제야 두려움을 떨쳐버리게 되었다.

이 궁전은 지상에 있는 교회를 상징한다. 이곳에서 크리스천은 용기와 가르침을 얻고 왕을 사랑하는 다른 성도들을 만나게 된다. 사자는 교회를 멀리하게 만들고 하나님을 믿는 자들과 공개적으로 사귀지 못하게 방해하는 일을 상징한다.

우리는 남들이 우리를 놀릴까 봐, 아니면 싫어할까 봐, 또는 우리가 따라야 하는 기준에 따라 살지 못할까 봐 두려워한다. 그러나 이 사자들은 줄에 매어 있다. 하나님께서는 우리가 교회에서 용기를 얻기 원하시기 때문에 그 길을 방해하는 걸림돌을 막아 주실 것이다. 그분은 우리가 그 걸림돌을 통해 우리의 믿음을 시험하고 더욱 굳건히 만들어 그 틈을 헤쳐 나가기를 바라신다.

아볼루온

크리스천은 멸망의 도시 왕인 아볼루온에게 공격을 당한다. 아볼루온은 크리스천이 시온산으로 가는 것을 막으려고 한다. 그는 크리스천의 결심을 와해시키고 포기하게 만들려던 말이 안 통하자 날카로운 창으로 공격했다. 하지만 크리스천은 아름다움이라는 궁전에 사는 이들이 준 갑옷으로 무장하고 있었다.

크리스천은 악마에게 여러 가지로 공격을 받았을 것이다.

우리는 우리를 의심하게 만드는 여러 이야기를 들을지도 모른다.

또한 마음속의 유혹이나 외적 박해를 겪게 될 수도 있다.

우리가 받은 갑옷은 이런 공격을 충분히 막아 낼 수 있을 만큼 강하다.

크리스천이 아름다움이라는 궁전에서 갑옷을 받은 것처럼 우리도 교회에서, 우리가 겪을 투쟁에 대비해야 한다. 유혹이나 다른 어떤 어려움과 싸워 이겨야 하는 어려운 시기가 닥치면 다른 그리스도인들을 만나 함께 하나님을 찬양하도록 해야 할 것이다. 하나님의 교회에서 다같이 그분을 찬미하는 일은 은혜를 입을 수 있는 진정한 근원이 된다.

크리스천이 입은 갑옷은 등 뒤가 뻥 뚫려 있기 때문에 절대로 뒤돌아 도망가서는 안 된다. 우리도 크리스천이 그랬던 것처럼 악마의 공격에 용감하게 맞서고, 갑옷을 잘 이용하여 싸우고, 믿음이라는 방패로 날카로운 창을 막아 내야 한다. 에베소서 6장 10절에서 18절을 보면 하나님의 갑옷에 대한 구절을 읽을 수 있다.

 불만

불만은 믿음에게 자만, 거만, 자기기만, 세상명예 같은 친구들을 저버리는 일이라며 그가 치욕의 골짜기로 통과해 가는 것을 막았다. 그러나 믿음은 용기를 잃지 않았고 갈 길을 멈추지 않았다. 믿음은 이들이 더 이상 자신을 가로막거나, 하나님에 대한 충성 대신 그들에 대한 충성을 요구할 권한이 없다는 사실을 깨달았다.

그리스도의 율법을 따르는 삶을 살다 보면, 우리가 그분의 뜻만 섬기고 다른 것은 모두 묵살한다고 생각하는 사람들이 꼭 있다. 그들은 뚜렷한 명분도 없으면서 믿음에게 자신들의 생각을 강요했던 자들과 같다. 하지만 아무리 이 세상사가 중요하다고 한들, 예수님보다 더 중요한 분은 없다는 사실을 반드시 명심해야 한다.

믿음에게 그랬던 것처럼, 사람들은 우리가 순례를 떠나기로 결정하면 우리가 큰 손해를 입게 될 거라고 말하기도 한다. 하지만 우리가 향하고 있는 나라는 이 생에서 갖은 고난을 다 겪고서라도 가야 할 만큼 값진 곳이라는 사실을 꼭 명심해야 한다.

 ## 수다쟁이

수다쟁이는 자기식대로 성경을 '빠삭하게' 이해하고 있기 때문에 믿음과 크리스천을 예리하게 공격했다. 하지만 그는 말만 청산유수일 뿐 진정한 순례여행을 떠난 적은 없다. 그의 삶을 자세히 들여다보면 순례자의 삶을 살지 않은 것은 물론이고 그것을 직접 경험한 적도 전혀 없기 때문에, 그가 아무리 예리한 지적을 한다 해도 실상 그 일들을 제대로 알고 있지 못했다.

성경 말씀을 이해하는 것은 매우 좋은 일이며, 그리스도의 정신이 그 안에 살아 있는 성경을 깊이 있게 읽는 것은 매우 도움이 된다. 그러나 하나님께서는 우리가 그분을 믿고 따르기를 바라시지, 그저 그분을 정확하게 묘사하기를 바라시지는 않는다.

수다쟁이 같은 삶을 산다면 많은 이들이 그리스도의 정신을 오해해서 이를 매우 비판적으로 받아들이게 될 것이다. 예수님께서 바리새인들에게 위선의 죗값을 물으셨던 것처럼 우리도 같은 죗값을 치르게 될 것이다. 수다쟁이 같은 삶은 결국 우리 자신을 속이게 하고, 그러다 보면 우리는 절대로 제대로 된 순례길을 떠날 수 없다. 구원을 무시하는 일은 결코 하지 말아야 한다. 이 사실을 반드시 명심해야 한다. 성경과 하나님에 대해서 아무리 많이 '알고' 있다고 해도 소용없다. 우리는 우리의 구세주이신 예수 그리스도께 직접 다가가야 한다.

 ## 허영의 시장

허영의 시장에서 순례자들은 두 가지 시험에 직면하게 되었다. 그중 하나는 너무나 좋아 보이는 세상의 물건이며, 또 하나는 직접적인 박해였다. 시장 사람들은 순례자들이 순례를 그만두게 하려고 꼬드기기도 하고 강요하기도 한다. 하지만 믿음과 크리스천은 이런 두 부류의 압박을 이겨 낼 만큼 강인했다.

시장 사람들은 처음에 자기들 물건을 사라고 순례자들을 설득하다가 뜻대로 되지 않자 재빨리 안면을 바꾸어 이들을 잘못된 법정에 세웠다. 처음엔 친절하게 대하던 사람들도 우리가 그들이 원하는 대로 따르지 않으면 바로 그 순간부터 태도를 바꾼다.

하지만 결국 크리스천과 믿음은 시장에 사는 자들 중 착한 사람들의 존경을 받게 되고, 이들 중에는 '믿음'의 신앙과 순교를 목격한 후 순례자를 따라나서는 이도 생긴다. 우리는 우리 삶에 도사리고 있는 유혹을 조심해야 한다. 죄인인 우리는 크리스천처럼 죄를 짓기 쉽다. 그러나 하나님께서는 우리에게 그 유혹을 이겨 낼 장비를 주셨다. 하나님께 도움을 간청하고 성경을 읽어야 한다. 이렇게 해야 죄에 맞설 수 있으며 하나님을 위한 증인으로서 중요한 역할을 할 수 있다. 그 당시에는 깨닫지 못했다 하더라도 하나님께서는 증인을 이용하시어 우리도 모르는 방법으로 사람들의 마음을 움직이신다.

절망의 거인과 의심의 성

크리스천과 소망은 하늘의 성으로 가는 큰길을 벗어나는 바람에 절망의 거인에게 붙들리게 된다. 샛길풀밭으로 가면 훨씬 수월할 거라고 생각했던 것인데 알고 보니 그 길은 하늘의 성으로 가는 큰길에서 벗어나 있었다. 이는, 아무리 나란히 나 있는 길이라도 하나님이 정해 주신 길을 절대로 벗어나면 안 된다는 경고이다.

의심의 성에 갇혀 있는 동안 크리스천과 소망은 큰 고초를 겪었다. 크리스천은 거의 목숨을 포기할 뻔했지만 소망은 그를 독려했다. 이 모습은 우리가 낙심해 있을 때 다른 그리스도인들에게 도움 받는 일이 얼마나 큰 힘이 되는지를 보여 준다.

결국 그들은 의심의 성 문을 모두 열 수 있는 '약속'이라는 열쇠 덕분에 그곳에서 도망칠 수 있었다. 성경은 약속으로 가득 차 있어서, 우리가 낙담하고 의심할 때 그 약속에 의지할 수 있게 해 주고, 그 대답을 찾으리라는 확신을 갖게 해 준다. 성경을 읽고 암기하는 일은 우리가 어려움과 유혹에 맞닥뜨리게 될 때마다 하나님의 약속을 기억하도록 해 주기 때문에 중요하다.

기쁨의 산

크리스천과 소망은 임마누엘 땅에 있는 기쁨의 산에 올라 순례가 거의 끝나 갈 무렵 다시 한 번 마음을 다졌다.

아름다움이라는 궁전에서 본 많은 이미지들이 그들에게 여러 가지를 가르쳐 주듯 기쁨의 산은 교회의 모습을 보여 주며 가르침을 준다. 기쁨의 산에서 그들은 많은 것을 배웠다. 용기도 얻었고, 꾸짖음과 경고도 들었다. 그리스도인의 길을 걸으려면 이 세 가지가 모두 필요하다. 우리는 우리에게 꾸짖음과 경고가 필요한 때에 격려를 받으려고 해서는 안 된다.

우리는 이를 통해, 하나님을 따르는 사람들의 도움을 받고 동료애를 얻는 일이나 더 많이 배우는 일이 나이와 상관 없다는 사실을 알 수 있다. 샛길로 갔다가 지옥으로 떨어진 사람들은 기쁨의 산에 도착할 수 없었다. 우리는 길을 벗어나지 않을 강인함을 달라고 진심으로 기도하고, 필요한 순간 목자들이 해 준 충고를 따라야 한다.

 ## 약한 믿음

크리스천과 소망은 약한 믿음에 대해 얘기를 나눈다. 약한 믿음은 위험한 곳에서 졸다가 겁쟁이, 불신, 유죄라는 건달 삼형제를 만나 강도를 당했다. 쓸 돈을 모두 빼앗기게 된 그때부터 그의 순례는 아주 힘들고 불편한 고난길이 되어 버렸다. 어려움에 빠졌을 때, 예수님을 믿지 못하고 슬픔에만 사로잡혀 있게 된다면 순례길은 약한 믿음의 경우처럼 고난길이 될 것이다.

약한 믿음은 많은 것을 잃었지만 결국 하나님의 전사 덕분에 살아났다. 예수님께서는 그분을 믿는 자를 절대로 버버려 두지 않으신다. 약한 믿음은 순례의 여정을 걸었다. 그리고 우리도, 크나큰 곤경에 빠지게 되더라도 순례의 길을 계속 걸어야 한다.

약한 믿음은 천국 문을 통과할 때 필요한 그 보물이 이 세상 무엇보다 값지다는 것을 알고 있었기에, 여비를 빼앗겨 더 이상 순례를 할 수 없을 지경이 되었어도 그것을 저당 잡히지 않았다. 우리도 그렇게 행동해야 한다. 하나님께서 우리를 위해 주신 것을 절대로 포기해서는 안 된다.

218

 강

　뿔라의 땅과 하늘의 성은 강으로 나뉘어져 있었다. 버니언은 이 강을 통해 죽음을 상징했다. 뿔라의 땅이 쾌적하긴 했지만, 순례자들은 하늘의 성이 그곳을 떠나서 강을 건너 도착할 만한 가치가 있음을 알고 있었다.

　크리스천이 강을 힘겹게 건넜다고 해서 그가 힘든 죽음을 맞이했다고 해석해서는 안 된다. 크리스천은 강을 건너면서 의심과 공포로 고초를 겪었지만 소망이 곁에 있어서 도움을 받았다. 무엇보다도 그가 이사야 43장 2절에 나오는 것처럼 예수님의 약속을 믿고 그것을 기억해 버자 강물은 훨씬 얕아졌다.

　버니언은 이렇게 설명한다. 우리가 죽음을 제대로 맞이하지 못했을 때 되돌아가 다시 죽을 기회가 있는 것은 아니다. 하지만 우리가 예수님을 제대로 믿는다면 그분께서는 우리가 죽음을 맞이하는 곳에 함께하시며 우리를 맞으실 준비를 하고 계시기 때문에 두려워할 필요가 없다.

《천로역정》에 대한 명인들의 한마디

빈센트 반 고흐

존 버니언의 《천로역정》은
토마스 아 켐피스의 성경 필사라 할 수 있다.
내게 더 이상의 것은 필요 없다.

찰스 스펄전

존 버니언의 《천로역정》은 성경 이후 최고의 걸작이다.
……또 다른 모습의 성경이다.

사무엘 콜리지

이 위대한 작품은 여러 세대에 걸쳐 계속 읽히는 몇 안 되는 책 중 하나이다.
읽을 때마다 매번 새롭고 그 재미가 다르다.
성경을 제외하고 이 책에 견줄 만한 책을 찾지 못했다. 내 생각과 경험에 따르면,
예수 그리스도의 마음으로 모든 구원의 진실을 가르쳐 주고 주장하기 위해 마음 놓고
권해 줄 만한 책은 존 버니언의 《천로역정》뿐이다.

나는 《천로역정》을 신학자의 눈으로 한 번 읽었다. 이 책에는 위대한 신학적 통찰력이 들어 있다고 확언할 수 있다. 나는 이 책을 신앙의 마음으로 또 한 번 읽었고, 시인의 눈으로 또다시 읽었다. 이 책을 읽지 않았더라면 칼뱅주의가 이렇게 절묘하게 아름다운 색채로 그려질 수 있다는 사실을 믿지 못했을 것이다.

존 버컨

나도 곧 《천로역정》을 의무가 아니라 기쁨으로 읽게 되었다. 이 진솔한 고전에서 일상생활의 새로운 보물을 발견하게 되었다.

❂ 등장인물과 장소 ∞∞∞∞∞∞∞∞∞

인물(가나다순)

거만(Arrogancy)
거짓(Mr. Liar)
게으름(Sloth)
겁쟁이(Timorous)
건방(Mr High-mind)
경건(Piety)
경고(Caution)
경험(Experience)
고집(Obstinate)
교황(Pope)
기회주의 경(Lord Time-Server)
냉소(Mr. Any-thing)
능구렁이(Mr. Smooth-man)
단순(Simple)
도움(Help)
독실(Sincere)
돈환장(Money Love)
말만 번지르르(Say Well)
말발 경(Lord Fair-Speech)
목자들(the Shepherds)
무례(Presumption)
무모(Mr. Heady)
무신론자(Atheist)
무지(Ignorance)
미신(Superstitious)
믿음(Faithful)
바알세불(Beelzebul)
박복(Graceless)
방탕(Mr. Live-loose)
배신(Apostasy)
변심 경(Lord Turn-about)
변절(Turn Away)
분별(Discretion)
불만(Discontent)
불신(Mistrust)
빛나는 자(Shining One)
빛나는 천사(Shining Ones)
선의(Goodwill)
소심(Faint-Heart)
수다쟁이(Talkative)
수전노(Save-all)

수치(Shame)
선을 혐오하는 귀족(Lord Hate-Good)
성실(Sincere)
세상명예(Worldly Glory)
세상집착(Hold the World)
세상현인(Worldly Wiseman)
시기(Envy)
신중(Prudence)
아첨꾼(Pickthank)
아첨쟁이(Flatter)
악착(Mr. Gripe-man)
안목의 정욕(Lust of the Eyes)
앙심(Mr. Implacable)
약한 믿음(Little-Faith)
예의(Civility)
옛사람 경(Lord Old Man)
욕망(Passion)
원한(Mr. Enmity)
위대한 은총(Great Grace)
위선(Hypocrisy)
위장(Feigning)
유죄(Guilt)
육신의 정욕(Lust of the Flesh)
육신의 쾌락 경(Lord Carnal Delight)
율법(Legality)
의심(Mistrust)
음침(Mr. Hate-light)
음탕(Wanton)
이교도(Pagan)
이생의 자랑(Pride of Life)
이중인격(Mr. Facing-both-ways)
이쪽저쪽(By-Ends)
인내(Patience)
자기구원(Save-self)
잠깐(Temporary)
절망의 거인(Giant Despair)
자기기만(Self-Conceit)
자만(Pride)
자선(Charity)
잔혹(Mr. Cruelty)
전도자(Evangelist)
주눅(Diffidence)
주의(Watchful)

줏대없음(Pliable)
첫사람 아담(Adam the First)
크리스천(Christian)
타락(Graceless)
탐욕 경(Lord Luxurious)
퇴보(Turnback)
한입으로 두 말(Mr. Two-tongues)
해석자(Interpreter)
헛된 자신감(Vain Confidence)
헛된 희망(Vain Hope)
형식(Formalist)

장소(이동·경로순)

멸망의 도시(City of Destruction)
낙담의 수렁(Slough of Despond)
좁은 문(Wicket-gate)
구원(Salvation, wall)
고난의 언덕(Hill Difficulty)
고난(Difficulty, way)
정자(Arbour)
아름다움 궁전(Palace Beautiful)
평화(Peace, chamber)
치욕의 골짜기(Valley Humiliation)
사망의 음침한 골짜기(Valley of the
　　Shadow of Death)
허영(Vanity, town)
허영의 시장(Vanity Fair)
평안(Ease, plain)
재물(Lucre, hill)
하나님의 강(the river of God)
생명수의 강(the river of life)
샛길풀밭(By-path Meadow)
의심의 성(Doubting Castle)
임마누엘의 땅(Immanuel's land)
기쁨의 산(Delectable Mountains)
실수(Error, hill)
경고(Caution, mountain)
청명(Clear, hill)
마법의 땅(Enchanted Ground)
뿔라(Beulah, country)
하늘의 성(Celestial City)

222

옮긴이 **김미정**

서울여자대학교 영문과를 졸업하고 같은 대학 영문학 박사과정을 수료하였다. MBC, EBS 영상 번역가를 거쳐 현재 전문번역가로 활동하고 있다. 옮긴 책으로 《이토록 달콤한 고통》, 《캐롤》, 《칼리의 노래》, 《사람은 어떻게 나이 드는가》, 《서른 살의 여자를 옹호함》 등이 있다.